125 Jahre Berliner Fußball

Berliner Fußball-Verband e.V. (Hrsg.)

Daniel Küchenmeister & Thomas Schneider

125 Jahre Berliner Fußball

Geschichte und Geschichten in Porträts

Arete Verlag Hildesheim

Gefördert durch die Kulturstiftung des Deutschen Fußball-Bundes

DFB-
KULTURSTIFTUNG

Bibliografische Information der Deutschen Nationalbibliothek
Die Deutsche Nationalbibliothek verzeichnet diese Publikation in der Deutschen Nationalbibliografie; detaillierte bibliografische Daten sind im Internet über http://dnb.dnb.de abrufbar.

Coverfotos (v.l.n.r.): Hertha BSC, imago/Christian Schroedter, ullstein bild, imago/Ulmer, privat, Bildarchiv Heinrich von der Becke im Sportmuseum Berlin
Fotos hinterer Umschlag (v.l.n.r.): imago/Fishing 4, Risto Hurskainen, Hans-Rosenthal-Stiftung, 1. FC Union, imago/Petra Scheider, imago/Horstmüller
Layout, Satz, Umschlaggestaltung: Composizione Katrin Rampp, Kempten
Druck und Verarbeitung: Grafisches Centrum Cuno, Calbe
ISBN 978-3-96423-096-6

Inhalt

Grußwort

125 Jahre Berliner Fußball-Verband – das ist ein stolzes Jubiläum, zu dem ich auch im Namen des gesamten Berliner Senats und der Sportstadt Berlin sehr herzlich gratuliere.

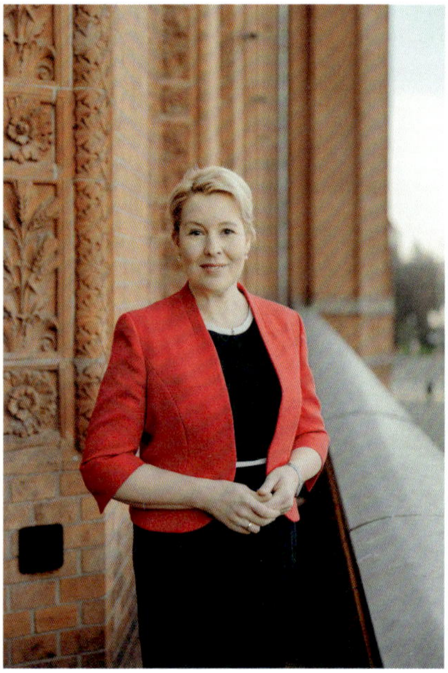

Als der Fußball in der zweiten Hälfte des 19. Jahrhunderts von den britischen Inseln nach Deutschland kam, genoss er hierzulande längst nicht die Popularität unserer Zeit. Im deutschen Sport dominierte das Turnen. Das Fußballspiel mit seinem Wettkampfgeist wurde demgegenüber zunächst eher mit Geringschätzung bedacht. Berlin gehörte damals zu den Pionierstädten. Man kann sogar feststellen: Der Siegeszug des Fußballs in Deutschland ist mit den Entwicklungen in unserer Stadt eng verbunden. Hier entstanden einige der ersten Fußballvereine, hier gründete sich am 11. September 1897 mit dem Verband Deutscher Ballspielvereine, wie er zunächst hieß, der älteste, heute noch existierende Fußball-Verband Deutschlands.

Seither hat der Verband ebenso wie seine Heimatstadt eine wechselvolle Geschichte durchlaufen, das geschichtliche Auf und Ab Berlins spiegelt sich in seiner Chronik. Aber unser Berliner Fußball-Verband hat alle schwierigen Kapitel und Rückschläge überstanden. Heute ist er mit seinen mehr als 187.000 Mitgliedern in rund 370 Vereinen eine starke Stimme des Berliner Sports. Er steht dabei ebenso für große Fußballereignisse und Spitzensport in und aus der Hauptstadt wie für erfolgreichen Breitensport und enormes ehrenamtliches Engagement. In vielen unserer Berliner Fußballvereinen wird darüber hinaus der soziale Zusammenhalt gelebt, da wird Kindern und Jugendlichen eine sinnvolle Freizeitgestaltung geboten, die Integration gefördert, da bekommen junge wie ältere Menschen attraktive Angebote für ein gesundes und bewegtes Leben.

Ein großes Dankeschön dafür besonders an die unzähligen Ehrenamtlichen, die sich in unterschiedlichen Funktionen und Bereichen für den Berliner Fußball engagieren. Ich danke zudem den hauptamtlichen Mitarbeiterinnen und Mitarbeitern im Berliner Fußball-Verband. Gemeinsam tragen Sie viel dazu bei, dass Berlin heute als Sportmetropole so erfolgreich ist.

In diesem Sinne nochmals: Herzlichen Glückwunsch zu 125 Jahren Berliner Fußball-Verband! Ich wünsche schöne Jubiläumsfeierlichkeiten sowie dem Verband, seinen Mitgliedsvereinen und dem Fußball in Berlin insgesamt und besonders den vielen Freiwilligen alles Gute für eine weiterhin erfolgreiche Zukunft.

Franziska Giffey
Regierende Bürgermeisterin von Berlin

Grußwort

Im Namen des Berliner Sports gratuliere ich dem Berliner Fußball-Verband zum 125. Geburtstag auf das Herzlichste. Wer auf eine so lange Geschichte zurückblicken kann, der muss etwas Besonderes sein und die Herausforderungen der Zeit immer richtig angepackt haben. So spiegelt sich die wechselvolle Geschichte unserer Stadt mit Krieg und Wiederaufbau, Kaltem Krieg und Wiedervereinigung in der Verbandschronik wider. In jüngster Vergangenheit stellte die Corona-Pandemie die Menschen vor große Herausforderungen. In dieser Zeit wurde deutlich, dass Sport im Verein am schönsten und wichtiger denn je ist – für die Gesundheit und den Zusammenhalt in der Gesellschaft. Dafür setzt sich der Berliner Fußball-Verband seit Jahrzehnten ein.

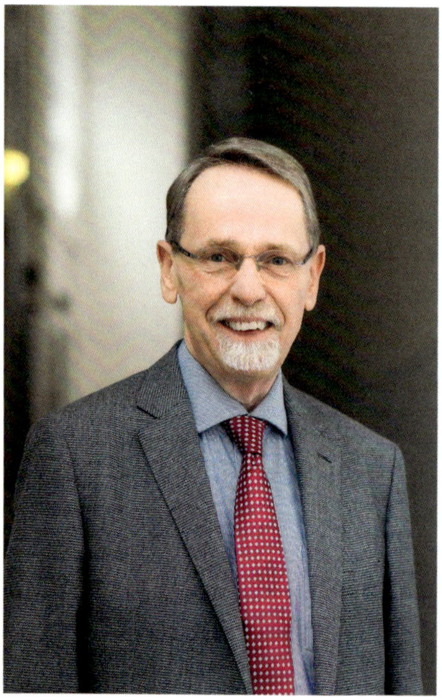

Der Verband ist immer wieder ganz vorn: Er ist der größte Fachverband im LSB. Die größten Berliner Sportvereine sind Fußballvereine. Die Vereine mit den meisten Mitgliederzuwächsen im vergangenen Jahr während der Pandemie sind ebenfalls Fußballvereine. Wir alle wissen aber: Zahlen und Statistik sind im Sport nicht alles. Es ist wichtig, dass der Berliner Fußball-Verband über den regulären Spielbetrieb hinaus gesamtgesellschaftliche Verantwortung übernimmt: Er hat als einer der ersten Sportverbände in Berlin das Kinderschutzsiegel des Landessportbunds erworben, das an strenge Vergabekriterien geknüpft ist. Er setzt sich für Vielfalt und Diversität ein – er hat Ansprechpersonen zum Thema „geschlechtliche und sexuelle Vielfalt" benannt. Er startet wichtige soziale Kampagnen, Aktionen und Initiativen für das Ehrenamt, für Integration und Inklusion, für Förderung von Fairplay und Toleranz, gegen Gewalt und Diskriminierung jeglicher Art. Der Berliner Fußball-Verband ist ein zentraler Mosaikstein im Bild der Sportmetropole Berlin. Es wird auch durch viele attraktive Sportveranstaltungen geprägt, die mit Unterstützung des Berliner Fußball-Verbandes stattfinden. Ein Beispiel ist das DFB-Pokalfinale im ausverkauften Olympiastadion. Es sind vor allem aber die wöchentlich rund 1.100 zu organisierenden Spielansetzungen, die der Verband stemmen muss!

Das vorliegende Buch stellt 125 herausragende Persönlichkeiten aus Geschichte und Gegenwart des Berliner Fußball-Verbandes vor. Es würdigt ihre Leistungen und setzt sich in einigen Fällen auch kritisch mit ihrem Wirken auseinander. Heute sind es vor allem Kinder und Jugendliche, die in den Vereinen ein Zuhause finden und sich Tag für Tag über die Angebote und das Miteinander freuen. Und es sind die vielen Ehrenamtlichen, die sich mit viel Engagement um den Verband und seine Vereine kümmern. Ihre Arbeit ist unbezahlbar. Ihnen allen möchte ich sehr herzlich danken: Die Sportstadt Berlin wird lebendiger und reicher durch sie.

Ich wünsche dem Berliner Fußball-Verband und seinen Mitgliedern weiterhin viel Erfolg, Freude am Sport und auch an der Arbeit im Verein und Verband im Hinblick auf die künftigen sportpolitischen und gesellschaftlichen Herausforderungen.

Thomas Härtel
Präsident des Landessportbundes Berlin

Grußwort

Liebe Fußballfreundinnen und Fußballfreunde, liebe Berlinerinnen und Berliner,

wie unter einem Brennglas bündelt sich die Geschichte unseres Landes in der Stadt Berlin – Kaiserreich und Erster Weltkrieg, Weimarer Republik, NS-Diktatur und Zweiter Weltkrieg, Nachkriegszeit, Teilung Berlins, Mauerfall und wiedervereinigte Stadt. So unterschiedlich die historischen Zeitabschnitte auch waren, der Fußball in Berlin und auch der Berliner Fußball-Verband waren stets ein Teil dieser Geschichte: Im Guten wie im Schlechten.

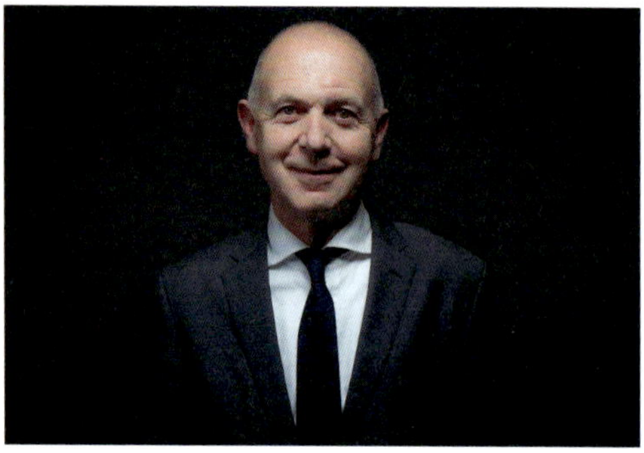

Berlin ist heute eine weltoffene, innovative und moderne Stadt. Sie besitzt so viele Grünflächen wie keine andere Metropole in Deutschland. Kein Wunder also, dass der Fußball in Berlin traditionell eine große Bedeutung hat. Unter den Landesverbänden im Deutschen Fußball-Bund ist der Berliner Fußball-Verband der älteste, er ist sogar drei Jahre älter als der DFB selbst. Heute ist der BFV Heimat für 371 Vereine, 3.300 Mannschaften und 187.134 Mitglieder.

In den 125 Jahren seines Bestehens hatte der BFV viele Herausforderungen zu bestehen. Der Wiederaufbau nach dem Zweiten Weltkrieg gehört dazu, ebenso die Zusammenführung von Ost und West nach dem 9. November. Insbesondere nach dem Fall der Mauer wirkte der Fußball als Beschleuniger einer der gesellschaftlichen und politischen Entwicklung. Noch im November 1989 folgten viele West-Berliner Vereine dem Aufruf des BFV zu Freundschaftsspielen mit Ost-Berliner Vereinen, Fußballerinnen und Fußballer aus beiden Teilen der Stadt lernten einander kennen, Kontakte und Freundschaften wurden geknüpft, die Stadt wuchs zusammen – lange bevor der Einigungsvertrag im August 1990 unterzeichnet wurde.

Herausforderung und Chance zugleich war und ist das Thema Integration, das wohl nirgendwo so wichtig und relevant ist, wie im multikulturellen Berlin. In seiner Satzung hat der Verband die Themen Migration und Integration fest verankert, bereits seit 2004 leistet die AG Integration mit vielen Initiativen überragende Arbeit. Nennen möchte ich das Willkommensprojekt „FUSSBALL GRENZENLOS“, das seit 2016 erfolgreich den Austausch zwischen Vereinen, sozialen Projekten und Unterkünften für Geflüchtete fördert.

Der BFV steht für Progressivität und Aufbruch. Er war der erste Landesverband, der das Spielrecht für das dritte Geschlecht eingeführt hat, eine Regelung, die wir nun auch flächendeckend umgesetzt haben. Weitere Beispiele belegen, wie modern und zukunftsorientiert der BFV aufgestellt ist. Etwa, dass im Seniorenbereich Frauen und Männer in Berlin in einer Mannschaft spielen können oder dass für die Generation Ü70 im BFV Walking Football eingeführt wurde.

Diese Jubiläumsschrift nähert sich der so wechselvollen Geschichte des Verbandes über die Menschen, denen der BFV eine Heimat war und ist, die ihn geprägt haben: 125 Erzählungen über 125 Persönlichkeiten des Berliner Fußballs. Große Namen, große Stars finden sich darunter, noch aktive wie Jérôme und Kevin-Prince Boateng, ehemalige wie Torsten Mattuschka und Andreas Thom. Aber auch Menschen wie Uwe Hammer und Uwe Piontek, die sich bei der Zusammenführung des Fußballs in Ost und West große Verdienste erworben haben sowie Mehmet Matur, bei dem das Thema Integration seit 2004 bis heute in den besten Händen liegt.

Bei der Lektüre dieses bemerkenswerten Buches wünsche ich viel Vergnügen!

Bernd Neuendorf
Präsident des Deutschen Fußball-Bundes

Vorwort

Mit der Gründungsversammlung des Verbandes Deutscher Ballspielvereine am 11. September 1897 begann die Geschichte unseres heutigen Berliner Fußball-Verbandes. Das historische Ereignis in der Restauration „Zum dusteren Keller" in der Kreuzberger Bergmannstraße führte Fußballpioniere zusammen, die damals in Berlin ihren Sport betrieben. Nachdem sich seit einem Jahrzehnt erste stabile Vereine etabliert hatten, war es am Ende der 19. Jahrhunderts an der Zeit, durch eine höhere Form der Organisation des Sports den Fußball in einen geordneten Spielbetrieb zu überführen und in der Gesellschaft zu etablieren. Ein Verband mit festen Strukturen als Motor und Interessenvertreter erschien den Anwesenden der denkwürdigen Zusammenkunft als Garant der Zukunft.

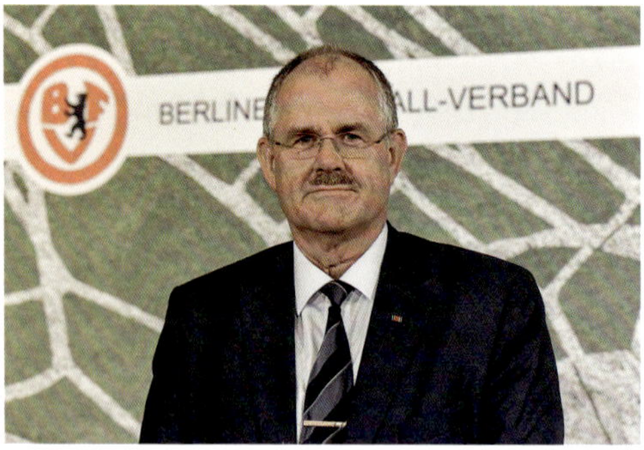

Der Berliner Fußball-Verband – mehrfach umbenannt und umgruppiert – wurde zu einer anerkannten Institution des Sports und der Gesellschaft Berlins. Wie die Stadt selbst durchlebte er die wechselvolle Geschichte der Stadt mit Krieg und Wiederanfang, NS-Diktatur und SED-Regime, Kaltem Krieg und Wiedervereinigung und den aktuellen gesellschaftlichen Umbrüchen. Dem Verband gelang es in den vergangenen 125 Jahren seit seiner Gründung, den Fußball zu fördern, den Entwicklungen des Sports gerecht zu werden und sich zunehmend als gesellschaftlicher Akteur zu profilieren.

Unser Blick auf die Geschichte des Fußballs, seiner Vereine und Verbände sowie der handelnden Personen hat sich insbesondere seit der Deutschen Wiedervereinigung geweitet. Lange Zeit war er oft auf die rein sportliche Entwicklung gerichtet und blendete wichtige Aspekte der gesellschaftlichen Verantwortung aus. In den letzten Jahren jedoch stellte sich die Fußball-Familie zunehmend den kritischen Phasen deutscher Vergangenheit und dem Handeln ihrer Verantwortlichen. Diese Form der Auseinandersetzung mit der eigenen Geschichte wird unser Verband künftig fortsetzen.

Die Mitglieder des Berliner Fußball-Verbandes leisteten in der Vergangenheit mit Leidenschaft und Engagement eine herausragende Arbeit, die sie zurecht mit Stolz erfüllen kann. Das vorliegende Buch würdigt herausragende Vertreter des organisierten Fußballs in Berlin und verweist auf Momente, in denen sie den Sport nachhaltig prägten oder zu Persönlichkeiten ihrer Zeit wurden.

Der Berliner Fußball-Verband wird sich den aktuellen wie kommenden sportpolitischen und gesellschaftlichen Herausforderungen stellen und einen aktiven Beitrag bei der Gestaltung des Sports und der Berliner Stadtgesellschaft leisten. In diesem Bemühen setzt er auf die Erfolge und Errungenschaften seiner 125-jährigen Geschichte auf und führt die Gründungsidee zeitgemäß fort.

Bernd Schultz
Präsident des Berliner Fußball-Verbandes

Einführung

Die Geschichte des Verbandes

Am 11. September 1897 gründeten Vertreter von sieben Berliner Fußballvereinen im „Dustren Keller“ in der Bergmannstraße, dem Vereinslokal des BFC Preussen von 1894, den Verband Deutscher Ballspielvereine (VDB), der sich später in Verband Berliner Ballspielvereine umbenannte und als Berliner Fußball-Verband bis heute existiert. Die Versammlung der Vertreter von Argo, Akademischer B.C., Brandenburg 92, Britannia, Friedenauer S.C., Fortuna und Preussen fand in geselligem Rahmen statt, wie überhaupt die jungen Fußballer Wert auf Kameradschaft und respektvollen, freundschaftlichen Umgang miteinander legten.

Das stetig wachsende Berlin bot für die Entwicklung des Fußballs herausragende Voraussetzungen und wurde zum Zentrum des Rasensports in Deutschland. Nachdem in der Anfangszeit zahlreiche Verbände miteinander konkurriert hatten und in den 1890er-Jahren zunächst der Deutsche Fußball- und Cricket-Bund (DFuCB) das Geschehen bestimmte, bewirkte die strenge Führung des VDB einen Qualitätssprung in der Selbstorganisation des Fußballs. Der neue Verband grenzte sich zum DFuCB ab und baute

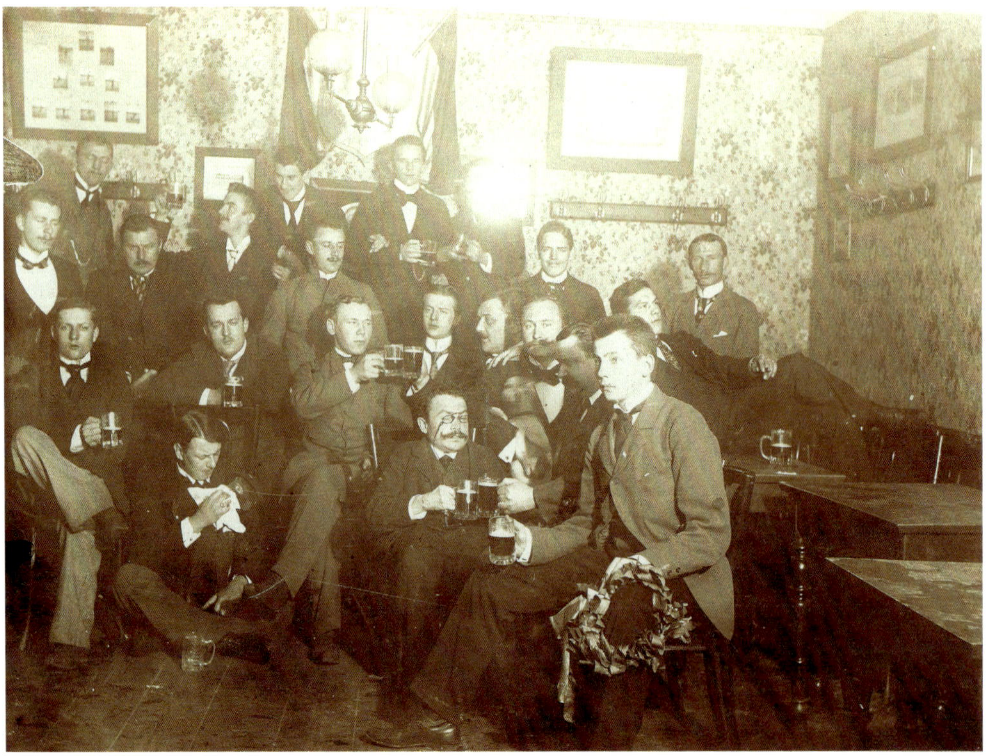

gleichzeitig auf dessen Erfahrungen auf. Ein Hauptkritikpunkt, der zur Gründung des VDB führte, bestand in den damals üblichen Doppelmitgliedschaften der Spieler bei mehreren Vereinen, da sie der sportlichen Entwicklung hinderlich waren.

Zweck des Verbandes war die Organisation des Spielbetriebs. Darüber hinaus setzten sich die Verbandsgründer das Ziel, „dem Fußball- und Cricketspiel in den besseren Kreisen Eingang und Verbreitung zu verschaffen". So wurden schon früh die gesellschaftliche Anerkennung des Sports und seine Popularisierung angestrebt.

In den ersten Jahren seiner Existenz sah sich der VDB der Konkurrenz durch andere Berliner Verbände ausgesetzt und die Entwicklung war mit zahlreichen Schwierigkeiten verbunden. Doch nach der Auflösung des DFuCB im Jahre 1902 und der Fusion mit dem Märkischen Fußball-Bund und dem Verband Berliner Athletik-Vereine im Jahre 1911 hatte sich der dann in Verband Brandenburgischer Ballspielvereine (VBB) umbenannte Fußball-Verband im Berliner Fußball erfolgreich durchgesetzt. Es folgten Jahre wechselvoller Geschichte und vielfältiger Entwicklung. In der Gegenwart ist seine Bedeutung im Sport und in der Stadtgesellschaft völlig unbestritten.

Die Entwicklung des Verbandes ist auf das Engste mit der deutschen und der Berliner Geschichte insgesamt verbunden. Die historischen Zäsuren Deutschlands führten auch zu tiefen Einschnitten und Wendemarken des Verbandslebens sowie seiner Organisation. Die Errichtung der NS-Diktatur und der Zweite Weltkrieg, der Kalte Krieg und die Spaltung Deutschlands und Berlins in der Nachkriegszeit sowie der Mauerfall und die Deutsche Wiedervereinigung ragen als Ereignisse und Zeitabschnitte heraus.

Festschriften als Gedächtnis des Verbandes

Festschriften zu besonderen Jubiläen waren und sind für den Berliner Fußball-Verband und seine Vereine seit jeher von großer Bedeutung. In diesen Büchern bilanziert und würdigt der Fußball öffentlichkeitswirksam seine Leistungen und stellt Selbstverständnis und Ziele dar. Als „Gedächtnis des Verbandes", als historische Quellen der Ereignisse, der Personen und des Erreichten sind sie von höchstem Wert. Darüber hinaus prägen sie langfristig Inhalte, Darstellung und somit die Überlieferung von Fußball-Geschichte.

Die Festschriften des Berliner Verbandes seit 1949 waren für die Autoren dieses Buches neben vielen weiteren Veröffentlichungen Materialbasis und Anregung. Das eigene Konzept entstand unter Verwendung und in Auseinandersetzung mit den Büchern von Carl Koppehel (Geschichte des Berliner Fußballsports, 1957), Lutz Rosenzweig (75 Jahre Verband Berliner Ballspielvereine, 1972, und Fußball in Berlin – eine Zwischenbilanz an der Schwelle zum letzten Jahrzehnt des ersten Jahrhunderts, 1987) sowie Wolfgang Hartwig und Günter Weise (100 Jahre Fußball in Berlin, 1997).

Die angeführten Festschriften weisen jedoch übereinstimmend ein gravierendes Problem auf: Ihnen gemeinsam ist unter anderem die unkritische, mitunter fast beschönigende Position zum Fußball-Sport, seinen Institutionen und den handelnden Akteuren in der Zeit des Nationalsozialismus. So werden in diesen Schriften die überwiegend bereitwillige Unterordnung unter die NS-Diktatur und die Ausgrenzung jüdischer Sportler schlichtweg übergangen. Darüber hinaus konzentrieren sich die Autoren der früheren Festschriften auf den Fußball im engeren Sinne, ohne die Gesamtentwicklung des Sports sowie die gesellschaftlichen Bedingungen und Herausforderungen in den verschiedenen Zeitabschnitten zu thematisieren.

In der Gegenwart versteht sich der Berliner Fußball-Verband wie bei seiner Gründung vorrangig als Interessenvertreter des Sports und Organisator des Fußballs. Sein Selbstverständnis und Handeln gehen aktuell jedoch weit darüber hinaus. So stellte sich der BFV erfolgreich den Aufgaben der Förderung von talentierten Spielern oder Schiedsrichtern sowie der fachlichen Qualifizierung und Schulung von Sozialkompetenzen der Mitglieder. Seit der deutschen Einheit wendet sich der Verband verstärkt den vielfältigen gesellschaftlichen Herausforderungen zu, die überwiegend außerhalb des Sports entstehen, ihn jedoch in erheblichem Maße beeinflussen.

Deutlich werden die Veränderungen des Verbandes bei seinem Engagement gegen Gewalt, Diskriminierung, Rassismus und Antisemitismus sowie für Integration, Vielfalt und Menschenrechte. Stärker als zuvor wendet sich der BFV seiner eigenen Geschichte zu und hinterfragt sie kritisch. Ein Präsidiumsbeschluss zur Aufarbeitung seiner Geschichte in der Zeit der NS-Diktatur, der in den kommenden Jahren umgesetzt werden soll, belegt die Entwicklung. Der Blick auf die Geschichte zwischen 1933 und 1945 nimmt dabei aber nicht nur die Institutionen und ihre Spitzenvertreter in den Fokus, sondern auch die gesellschaftlichen Bedingungen und das Handeln einzelner Sportler und Funktionäre. Neben dem Wissen um die Verbandsgeschichte scheinen die Einzelbiographien von großer Bedeutung für die individuelle und gesellschaftliche Orientierung der Verbandsmitglieder in Gegenwart und Zukunft.

Zugang über Biographien

Ein bloßer Abriss des Wachsens und Werdens des Berliner Fußball-Verbandes in seiner 125-jährigen Geschichte sowie die Konzentration auf Organisationsformen und rein sportliche Ereignisse erschien den Autoren in der Vorbereitung des vorliegenden Buches nicht angemessen. Demgegenüber soll mit „125 Jahre Berliner Fußball. Geschichte und Geschichten in Porträts“ über kurze biographische Texte, die jeweils beispielhaft bestimmte Aspekte der Zeit und des Sports beleuchten, dem Leser der Zugang zur Fußballhistorie eröffnet werden. Durch die Darstellung von Lebensgeschichte und Verdiensten von Spielerinnen und Spielern, Trainerinnen und Trainern, Funktionärinnen und Funktionären – eben den „Machern" unseres Sports –, wird veranschaulicht, dass es immer Menschen waren und sind, die den Verband und den Fußball in Berlin voranbringen und lebendig machen.

Für die 125-jährige Geschichte des Berliner Fußballs wurden repräsentative Akteure ausgewählt, die für die jeweiligen Epochen stehen – Kaiserreich und Erster Weltkrieg, Weimarer Republik, NS-Diktatur und Zweiter Weltkrieg, Nachkriegszeit, Teilung Berlins, Mauerfall und wiedervereinigte Stadt. Es sind naturgemäß unterschiedliche Persönlichkeiten sowie konkrete Rahmenbedingungen und Handlungszusammenhänge, in denen sie agierten. Auch kritische Punkte, heikle Phasen oder verbrecherische Taten werden in den Beiträgen nicht ausgespart.

Eingang in das Buch fanden Porträts von 125 Spielerinnen und Spielern, Trainerinnen und Trainern, Funktionärinnen und Funktionären, die in der Geschichte sportlich oder im Bereich der Organisation besondere Leistungen vollbracht, die Entwicklung maßgeblich geprägt oder beeinflusst oder sich anderweitig um den Fußball in Berlin verdient gemacht haben. Die Länge der Beiträge variiert, sodass allein durch den Umfang prägende Akteure in den Blickpunkt rücken. So ragen vor allem historische Persönlichkeiten wie beispielsweise die Fußballpioniere Walther Bensemann, Fritz Boxhammer oder Georg Demmler, die bedeutenden Trainer Richard Girulatis und Sepp Herberger, die Spieler Simon Leiserowitsch und Hanne Sobek oder die Funktionäre Alfred Lesser und Wilhelm Wernicke heraus.

Für das Verfassen einzelner Beiträge wurden Autorinnen und Autoren gewonnen, die sich auf dem Gebiet der Fußballgeschichte, insbesondere der Vereinsgeschichte der bedeutenden Berliner Vereine hervorgetan haben. Beiträge steuerten der Kenner der Geschichte von Tennis Borussia Berlin, Jan Buschbom, der Spezialist auf dem Gebiet des Sports in der Zeit der Weimarer Republik, Erik Eggers, der Verfasser mehrerer Publikationen zur Historie von Hertha BSC, Michael Jahn, der Klubchronist des 1. FC Union Berlin, Gerald Karpa, die Bildungsreferentin zur Geschichte des Nationalsozialismus, Juliane Röleke, und der Archiv- und Historienbeauftragte von Hertha BSC, Frank Schurmann, bei.

Das Buch versteht sich nicht nur als Rückschau aus Anlass des 125. Jubiläums des Berliner Fußball-Verbandes, sondern auch als Beitrag zu aktuellen Debatten über gegenwärtige Herausforderungen des Sports. Die Porträts zeigen, dass die Persönlichkeiten des Fußballs in der Vergangenheit immer dann erfolgreich waren, wenn sie sich den Anforderungen ihrer Zeit aktiv und zukunftsorientiert stellten. Ebenso verdeutlichen die Beiträge historisches Versagen von Verantwortlichen des Sports, vor allem in der Zeit der NS-Diktatur. Die Artikel zur Geschichte des Berliner Fußballs belegen, dass der Fußball-Verband und seine Akteure stets Teil der Berliner Stadtgesellschaft waren und die Entwicklung aktiv mitbestimmten.

Leser des Buches werden sicherlich zahlreiche, ihnen bekannte Persönlichkeiten wiederentdecken. Die Autoren versuchen darüber hinaus, weniger bekannte bis unbekannte Akteure des Fußballs in Berlin vorzustellen. Wünschenswert wäre, wenn die Lektüre dazu anregt, in seiner eigenen Biographie nach außergewöhnlichen und prägenden Menschen aus dem Sport zu suchen, diese in Erinnerung zu bringen, vielleicht sogar im eigenen Umfeld über sie zu berichten und sie als verdienstvolle Persönlichkeiten zu würdigen.

Daniel Küchenmeister & Thomas Schneider

Gerd Achterberg

*4. Dezember 1940

Ein Verzeichnis des Berliner Amateur-Fußballs

Die Liste seiner Trainer-Stationen liest sich wie ein Verzeichnis der erfolgreichen Vereine des Berliner Amateur-Fußballs: Ausschließlich in Berlin tätig, trainierte Gerd Achterberg nacheinander den Spandauer BC, den BFC Südring, den BBC Südost, wiederum den Spandauer BC, den Spandauer SV, die Reinickendorfer Füchse, den SC Charlottenburg, den BFC Preussen und schließlich Tennis Borussia.

Sein einziger Profi-Verein war Tennis Borussia, deren erste Mannschaft er zur Saison 1984/85 in der dritten Liga übernahm. Ihm gelang der Aufstieg in die 2. Fußball-Bundesliga, wo in der folgenden Spielzeit mit Hertha BSC und Blau-Weiß 90 insgesamt drei Berliner Vereine vertreten waren. Nach nur drei Siegen, zwei Unentschieden und sieben Niederlagen aus den ersten zwölf Spielen der Saison 1985/86 wurde Achterberg durch Eckhard Krautzun ersetzt. Am Saisonende stieg TeBe aus der 2. Bundesliga wieder ab.

Am 4. Dezember 1940 in Berlin geboren, war Achterberg als Spieler ausschließlich beim Amateurverein Spandauer BC aktiv, wo er folgerichtig auch seine Trainerlaufbahn begann. Obwohl ihm in seiner Karriere die großen Erfolge verwehrt blieben, war sein Name im Berliner Fußball stets ein Begriff.

Der FC Spandau 06, dem Achterberg auch als Präsident vorstand, verfolgte zwischenzeitlich große Pläne: Nach der Fusion des Spandauer BC mit dem 1. FC Spandau, der wiederum 1997 auf Initiative des langjährigen Bezirksbürgermeisters Werner Salomon gegründet worden war, um Spandaus Fußballkräfte – einschließlich der großen Rivalen Spandauer BC 06 und Spandauer SV – zu bündeln, strebte der Verein an, hinter Hertha und Union die dritte Kraft im Berliner Fußball zu werden und in die 2. Bundesliga aufzusteigen. Doch daraus wurde bekanntlich nichts, im Gegenteil ist der Verein durch finanzielle Probleme sogar in seiner Existenz bedroht.

Gerd Achterberg hat seine Trainer-Tätigkeit inzwischen längst beendet, seinem Sport ist er jedoch stets treu geblieben. Als Ehrenpräsident des FC Spandau 06 beobachtet er weiterhin aufmerksam das Fußball-Geschehen in der Hauptstadt.

Abraham „Bram“ Appel

*30. Oktober 1921 †31.Oktober 1997

„Trotz alledem verspüre ich keinen Hass gegen die Deutschen“

Während des Zweiten Weltkriegs bestanden in Berlin rund 3.000 Zwangsarbeiterlager. In den von der Wehrmacht besetzten Gebieten wurden Millionen Menschen zur Arbeit verpflichtet und deportiert, um die deutsche Kriegswirtschaft, Industrie und Landwirtschaft aufrechtzuerhalten. Die Zwangsarbeiter waren überall tätig, in Fabriken, auf Baustellen, in Handwerksbetrieben, Geschäften, Bauernhöfen und Privathaushalten.

Während Arbeiter aus der Sowjetunion und Polen in der NS-Rassenideologie als minderwertig galten und entsprechend behandelt wurden, gewährten die Behörden der Nazis Westeuropäern begrenzte Freizeitmöglichkeiten wie das Fußballspiel.

Der Krieg ab 1939 veränderte die Situation der deutschen Fußballvereine. Allein der Mangel an Spielern, die als Soldaten eingezogen waren und zu Millionen Gesundheit und Leben im Eroberungsfeldzug des NS-Staates verloren, stellte selbst Spitzenklubs vor kaum lösbare Personalprobleme und gefährdete den Spielbetrieb.

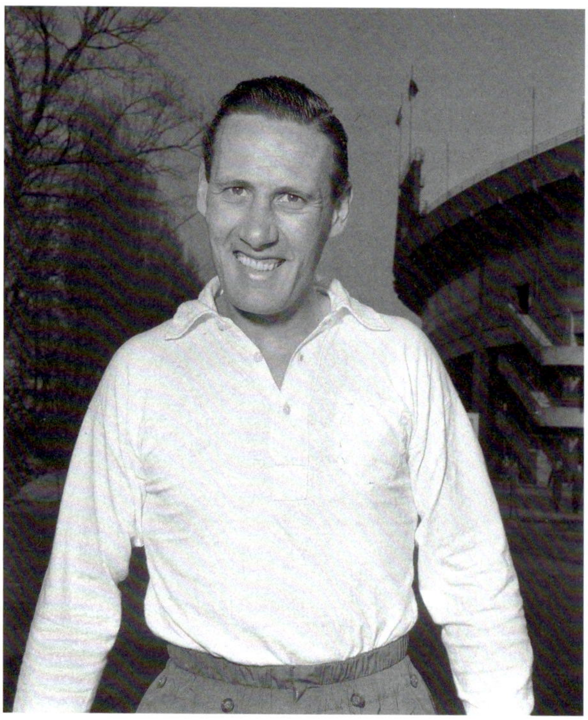

Bram Appel im Jahre 1957 vor einem Fußballstadion

Abraham „Bram“ Appel aus Rotterdam wurde 1942 von den deutschen Besatzern seines Landes verhaftet, deportiert und zur Zwangsarbeit in einem Rüstungsbetrieb in Berlin verpflichtet. Der 21 Jahre alte Niederländer war begeisterter Fußballer und hatte bereits in Wassenaar in verschiedenen Vereinen seinen Sport aktiv betrieben.

In Berlin fielen die Fähigkeiten des jungen Niederländers dem Trainer von Hertha BSC, Hans Sauerwein, auf, der ihn 1943 gemeinsam mit seinen Landsleuten Eli de Heer und Nout Bierings in den Verein holte. Die persönliche Situation Appels hat sich mit dieser Verpflichtung deutlich verbessert, seine generelle Lage als Zwangsarbeiter nicht.

„Bram“ Appel spielte von 1943 bis 1945 bei Hertha und wurde zum Torgarant für den Verein. Seine Qualitäten als Stürmer auf dem Platz hatten maßgeblichen Anteil am Gewinn der Gaumeisterschaft 1944 kurz vor Kriegsende.

1945 wurde „Bram“ Appel befreit und er kehrte in seine Heimat zurück. Später erinnerte er sich: „Meine Mutter hat immer gesagt, dass ich etwa ein Jahr brauchte, um nach meiner Rückkehr nach Holland alle Erlebnisse in Nazi-Deutschland zu verarbeiten. Trotz alledem verspüre ich keinen Hass gegen die Deutschen. ... Nein, ich verspüre keinen Hass, solche Gefühle führen zu nichts. Außer zu neuer Not und neuem Elend.“ Hertha BSC stellte er das Zeugnis aus, kein Nazi-Klub gewesen zu sein.

Bis zum Ende seiner aktiven Laufbahn als Fußballer 1960 gehörte „Bram“ Appel noch verschiedenen Mannschaften an, wie dem legendären französischen Spitzenteam Stade de Reims. In der niederländischen Auswahl bestritt er zwölf Länderspiele.

Hans-Jürgen Bartsch

*4. März 1941 †11. November 2013

„Mister Drumbo-Cup“

Der „Drumbo-Cup“ existiert seit 1975 und hat sich seitdem zu Deutschlands größtem Hallenfußballturnier für Grundschulen, Gymnasien und Gemeinschaftsschulen bis zur sechsten Klasse entwickelt. Weit über 100.000 Schülerinnen und Schüler nahmen in mittlerweile bald fünf Jahrzehnten am Drumbo-Cup teil, darunter echte Fußball-Größen wie Jerôme und Kevin-Prince Boateng, Pierre Littbarski, Thomas Häßler, Christian Ziege und vielversprechende Talente wie Márton Dárdai.

Ins Leben gerufen hat dieses Schulturnier ein Mann namens Hans-Jürgen Bartsch, Leiter der damaligen Privatkundenabteilung der BHI – der „Bank für Handel und Industrie“, die so hieß, weil der Name Dresdner Bank in West-Berlin nicht verwendet werden durfte. Bei der Bank brachte er es im Verlauf seiner beruflichen Karriere bis zum Mitglied der Geschäftsleitung bei der Commerzbank AG.

Doch weit mehr noch war er in ganz Berlin bekannt für sein vielfältiges ehrenamtliches Engagement. Hans-Jürgen Bartsch war Vize-Präsident des Berlin Capital Club, Förderer der Berliner Staatsoper und Ehrenpräsident der Deutschen Olympischen Gemeinschaft in Berlin. Überhaupt der Sport: Vor allem im Fußball war er stets präsent, wenn es darum ging, Kontakte zu knüpfen oder Sponsoren zu gewinnen.

Der gebürtige Berliner war sowohl bei Hertha BSC als auch beim 1. FC Union Mitglied. Im Berliner Fußball-Verband gehörte Hans-Jürgen Bartsch als Vize-Präsident Finanzen & Marketing dem Präsidium an und kümmerte sich leidenschaftlich um die Zusammenarbeit mit der Wirtschaft. 2008 erhielt er das Bundesverdienstkreuz am Bande für sein außerordentliches Engagement für den Berliner Sport.

Angefangen hatte alles mit der Sportvereinigung Dresdenia. Dort hatte Bartsch 1958 eine Fußballabteilung für die Mitarbeiter der späteren Dresdner Bank gegründet. Der Name „Drumbo“ stammte übrigens von dem kleinen Plastik-Elefanten, der das Maskottchen der Dresdner Bank war und als Spardose in vielen Kinderzimmern stand. Zu Lebzeiten trugen ihm die Idee und der Erfolg des Schulturniers den Spitznamen „Mister Drumbo-Cup“ ein. Nicht nur als solcher wird er im Berliner Fußball in Erinnerung bleiben.

Klaus Basikow

*12. Juni 1937 †5. März 2015

Eine Legende im Tor und an der Seitenlinie

Klaus Basikow ist im Berliner Fußball eine Legende. Zum einen spielte der 1937 geborene Torhüter in der Saison 1965/66 für Tasmania 1900 in der Bundesliga, zum anderen machte er sich anschließend als Trainer und Funktionär, vor allem bei Wacker 04 und später bei Alemannia 90, einen Namen.

Ursprünglich als Mittelstürmer spielend, wurde sein Talent als Torwart auf einem Berliner DFB-Sichtungslehrgang in Wannsee unter der Leitung von Sepp Herberger entdeckt. Mit seinem Stammverein, dem BFC Südring, stieg Basikow 1956 als Meister der Amateurliga Berlin in die Stadtliga auf und nahm als Berliner Vertreter an den Spielen um die deutsche Amateur-Meisterschaft teil. Der 20-Jährige wurde in dieser Spielzeit zweimal in die deutsche Fußball-Nationalmannschaft der Amateure berufen, unter anderem beim 3:2-Sieg im Länderspiel am 12. Oktober 1957 gegen England.

Nach Ab- und erneutem Wiederaufstieg absolvierte er zwei Spielzeiten in der höchsten Berliner Spielklasse. Als der BFC Südring 1959 die Klasse nicht halten konnte, wechselte Basikow zum Liga-Konkurrenten Tasmania 1900, mit dem er in den Jahren 1960 und 1962 die Meisterschaft in der Stadtliga sowie 1964 in der Regionalliga Berlin feierte.

Als Hertha BSC wegen Verstoßes gegen das Lizenzspielerstatut 1965 in die Regionalliga strafversetzt wurde, nahm der DFB Tasmania 1900 zur Spielzeit 1965/66 als Berlin-Vertreter in die Bundesliga auf. Da die sportlichen Voraussetzungen für die höchste deutsche Spielklasse nicht gegeben waren, geriet die Saison für Verein und Spieler – darunter Klaus Basikow, der 14 Einsätze für Tasmania 1900 bestritt – zu dem bekannten Desaster.

Schon während der Bundesliga-Saison 1965/66 erwarb Basikow die B-Lizenz als Fußball-Trainer. Nachdem er 1966 seine aktive Laufbahn als Spieler beendet hatte, begann er seine Trainer-Karriere beim BBC Südost, war dann bei Wacker 04 tätig und trainierte von 1974 bis 1976 den SV Meppen. 1976 ergänzte er an der Deutschen Sporthochschule in Köln seine A-Lizenz. Wieder in Berlin, wurde Basikow mit Wacker 04 Berliner Meister und Pokalsieger und trainierte die Mannschaft mit Unterbrechungen über mehrere Spielzeiten in der 2. Bundesliga Nord, wo er zwischenzeitlich auch für Tennis Borussia tätig war.

Nachdem Basikow einen Dienst in der Berliner Verwaltung aufnahm, arbeitete er nur noch nebenberuflich als Fußball-Lehrer. Über mehrere Jahrzehnte hinweg trainierte er Wacker 04, nach der Fusion den BFC Alemannia 1890 Wacker, dem er von 1998 bis 2005 auch als 1. Vorsitzender vorstand. Klaus Basikow verstarb am 5. März 2015 in Berlin.

Fritz Baumgarten

*21. Dezember 1886 † 17. Mai 1961

Der erste Nationaltorwart

Fritz Baumgarten gehörte zu den ersten Elf, die am 5. April 1908 das erste Länderspiel der deutschen Nationalmannschaft in Basel gegen die Schweiz bestritten, und hütete dabei das Tor der DFB-Auswahl. Damit steht er am Anfang einer langen Reihe von herausragenden Torhütern in der deutschen Länderspiel-Geschichte. Der Verein, den er damals vertrat, war der BFC Germania 1888, der älteste deutsche Fußball-Verein.

Fritz Baumgarten spielte zunächst zusammen mit Schülern des Gymnasiums zum Grauen Kloster auf dem Spielplatz hinter der Schule. Sein erster Verein war Tennis Borussia, von wo aus er zur Saison 1906/07 zum BFC Germania 1888 wechselte. Dort wurde er im Tor Nachfolger von Paul Eichelmann, der zum Lokalrivalen BFC Union 1892 gegangen war.

Baumgarten wurde ein Mal für die Berliner Auswahl nominiert und stand als Oberprimaner dicht vor dem Abitur, als er seine Berufung zum ersten offiziellen Länderspiel des DFB erhielt. Die Partie ging 3:5 verloren, wobei der Spielverlauf deutlich spannender war, als es das Ergebnis vermuten ließe. In der „amtlichen Kritik" hieß es: „Der Torwart genügte", im Berliner „Lokal-Anzeiger" wurde ihm hingegen attestiert: „Baumgarten (Germania-Berlin) als Torwart war hervorragend."

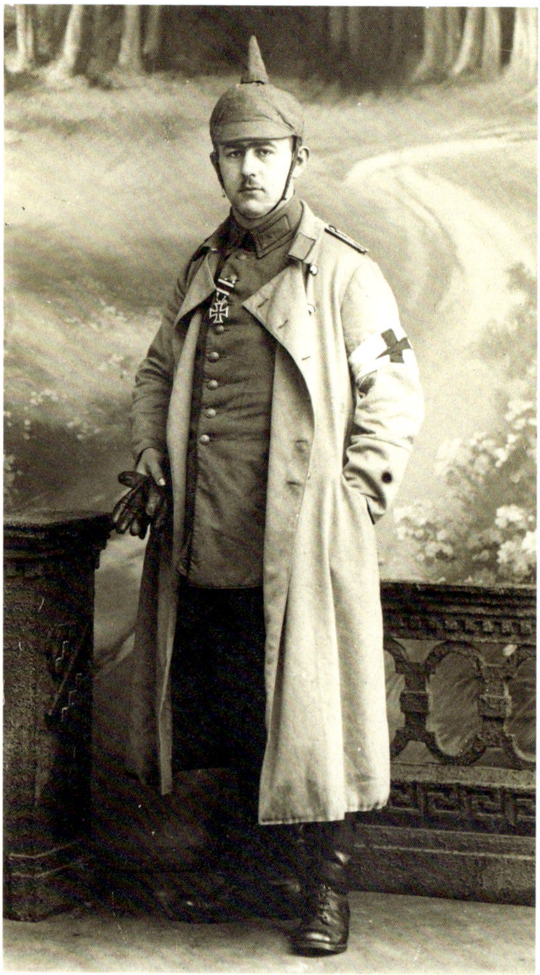

Fritz Baumgarten in der Uniform eines Sanitätssoldaten

In der Schule hatte Baumgarten wegen der Reise nach Basel unentschuldigt gefehlt und war nach seiner Rückkehr sehr froh, dass niemand unter seinen Lehrern den Sportteil einer Berliner Zeitung gelesen hatte. Dabei äußerte er sich selbst: „Ich hätte mir gewünscht, dass mein Mathematikprofessor meine Leistungen in diesem Länderspiel ebenso freundlich und nachsichtig beurteilt, wie die Berliner Sportreporter."

Es blieb sein einziger Einsatz im Nationaltrikot, denn bereits im zweiten Länderspiel, dem ersten Heimspiel der DFB-Elf, das am 20. April 1908 in Berlin gegen England stattfand und 1:5 verloren wurde, wurde er durch einen anderen Keeper aus der Reichshauptstadt ersetzt – nämlich ausgerechnet Paul Eichelmann, seinen Vorgänger im Germania-Tor, der bereits an den Ur-Länderspielen teilgenommen hatte.

Nach dem Abitur absolvierte Fritz Baumgarten ein Medizinstudium an der Universität Königsberg und arbeitete später als Arzt. Im Ersten Weltkrieg diente er als Sanitätsgefreiter. Baumgarten lebte eine Zeit lang in Breslau und spielte beim SC Schlesien, kehrte jedoch schließlich nach Berlin zurück und ging zum Berliner SV 1892, wo er noch drei Jahre aktiv war.

Erich Beer

*9. Dezember 1946

Spielmacher und gefragter Zeitzeuge

Nach dem Abstieg des Bundesliga-Konkurrenten Rot-Weiss Essen wollte der in Neustadt bei Coburg geborene Erich Beer unbedingt weiterhin in der Bundesliga spielen. Im Sommer 1971 entschied sich der 24-Jährige gegen die ihm ebenfalls vorliegenden Angebote des FC Bayern München und vom 1. FC Köln und wechselte zu Hertha BSC, weil die Berliner ihm seine Lieblingsposition im zentralen Mittelfeld anboten.

In seiner ersten Saison 1971/72 bestätigte Erich „Ete" Beer mit elf Treffern in 37 Bundesliga-, DFB-Pokal- und UEFA-Pokal-Spielen seine Verpflichtung durch die Berliner, die die Spielzeit auf dem sechsten Tabellenrang abgeschlossen. Am letzten Spieltag der Saison 1974/75 sicherten sich die Blau-Weißen mit einem Heimsieg gegen den VfL Bochum sogar die inoffizielle Vize-Meisterschaft – es blieb bis zum heutigen Tage die beste Erstliga-Platzierung von Hertha BSC.

Nachdem Erich Beer zu Beginn der Saison 1975/76 das Kapitänsamt übernahm, entwickelte sich Hertha unter ihrem Spielmacher zu einer gefürchteten nationalen und internationalen Pokal-Mannschaft. In den folgenden Spielzeiten führte der Mannschaftskapitän seine Elf zwei Mal in das bundesdeutsche Pokal-Endspiel sowie ins Halbfinale des UEFA-Pokal-Wettbewerbs. Es waren für Erich Beer und die Mannschaft denkwürdige Spiele, in denen Hertha BSC jeweils vor dem größten Triumph seit dem Gewinn der beiden deutschen Meistertitel 1930 und 1931 stand.

In seiner letzten Spielzeit 1978/79 bei Hertha BSC musste Beer sich damit begnügen, wenigstens den Klassenerhalt sichergestellt zu haben. Von 1971 bis 1979 bestritt Erich Beer unter den Trainern Helmut Kronsbein, Hans Eder, Georg Kessler und Kuno Klötzer insgesamt 307 Bundesliga-, DFB-Pokal- und UEFA-Pokal-Spiele und erzielte dabei 109 Treffer. Seine 83 Torerfolge für die „Alte Dame" in 253 Partien im bundesdeutschen Fußball-Oberhaus blieben für nahezu 24 Jahre unerreicht.

Im Trikot von Hertha BSC avancierte Erich Beer unter Bundestrainer Helmut Schön zum Nationalspieler und debütierte am 17. Mai 1975 im Frankfurter Waldstadion in der Neuauflage des WM-Finales von 1974 im Freundschaftsspiel beim 1:1 gegen Vize-Weltmeister Niederlande. Nach 24 Länderspielen mit sieben Treffern endete für den Vize-Europameister von 1976 die Karriere im DFB-Trikot mit dem unerwarteten Ausscheiden der bundesdeutschen Auswahl in der Zwischenrunde der WM 1978 in Argentinien, bei der er bei seinen Einsätzen dennoch zu den leistungsstärksten Spielern zählte.

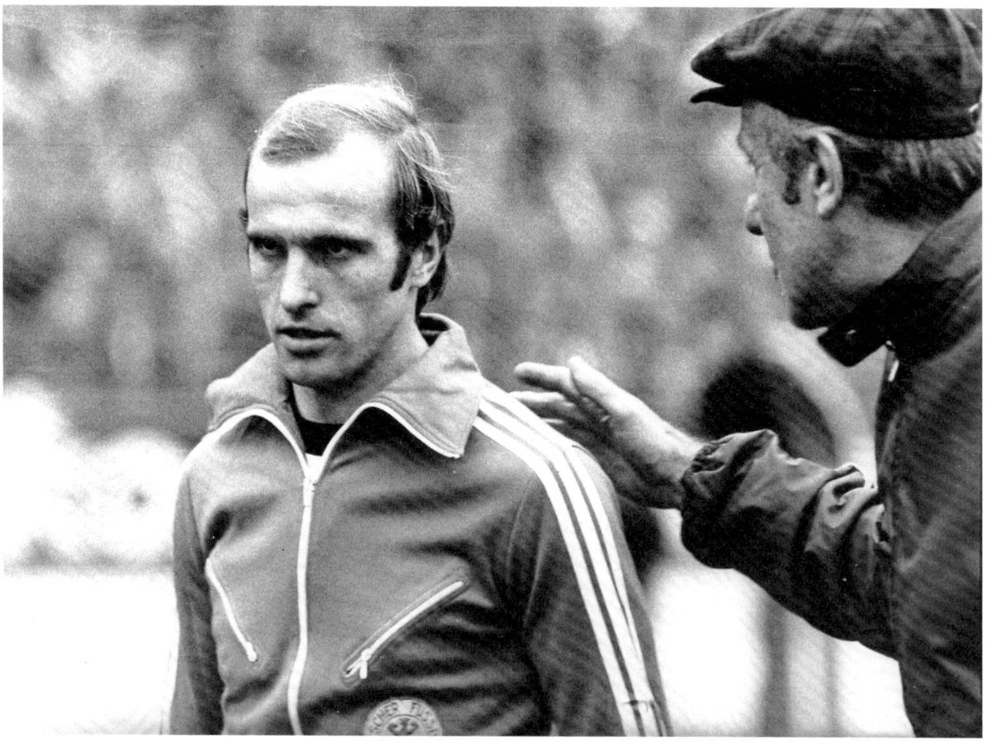

Erich Beer (links) mit Bundestrainer Helmut Schön

Nach der Saison 1978/79 folgte Erich Beer für zwei Spielzeiten dem verlockenden Angebot und dem Ruf des deutschen Trainers Dettmar Cramer von Ittahad Dschidda aus dem saudi-arabischen Königreich, bevor er im Anschluss für drei Spielzeiten nach Deutschland zum TSV 1860 München zurückkehrte und dort seine Karriere im Sommer 1984 beendete. Nach wie vor verfolgt der ehemalige Spielmacher jede Begegnung von Hertha BSC am TV-Gerät. Erich Beer ist in Berlin auch immer wieder als begehrter Zeitzeuge bzw. Experte bei Podiumsdiskussionen gefragt und mischt sich bei Veranstaltungen unter die blau-weißen Anhänger.

Frank Schurmann

Helmut Behrendt

*18. Januar 1904 † 4. September 1985

Funktionär des Fußballs in der DDR

Helmut Behrendt war Sport- und Fußball-Funktionär in der DDR auf höchster Ebene. Seine Biographie steht für viele Repräsentanten des Landes im ersten Jahrzehnt nach dessen Gründung 1949.

Der sportliche Weg des aus Königsberg stammenden gelernten Elektrikers begann im Arbeitersport der Weimarer Republik. Gleich nach der Novemberrevolution schloss er sich im Alter von 15 Jahren in seiner Heimatstadt dem Verein Concordia und anschließend dem Arbeiter-Rasensportverein an. Von 1929 bis 1933 lief er als Spieler von Fichte Südost Berlin auf, die in Berlin-Baumschulenweg auf dem eigenen Sportgelände mit mehreren Plätzen und Vereinshaus beheimatet waren.

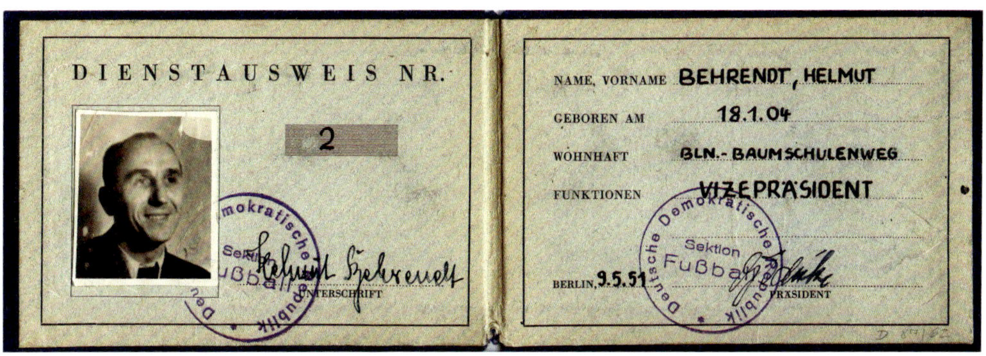
DIENSTAUSWEIS NR. 2

UNTERSCHRIFT

NAME, VORNAME BEHRENDT, HELMUT
GEBOREN AM 18.1.04
WOHNHAFT BLN.-BAUMSCHULENWEG
FUNKTIONEN VIZEPRÄSIDENT
BERLIN, 9.5.51 PRÄSIDENT

Der Dienstausweis von Helmut Behrendt

Das Milieu des Arbeitersports beeinflusste Behrendt politisch nachhaltig. Prägend war für ihn ein Besuch der Schule des Arbeiter-Turn- und Sportbundes (ATSB) in Leipzig. Das Mitglied der KPD emigrierte sehr bald nach Errichtung der NS-Diktatur in die Sowjetunion, um bereits 1934 im Auftrage seiner Partei zurückzukehren und sich dem politischen Widerstand in der Illegalität anzuschließen. Nach Verhaftung 1934 und Verurteilung zu Zuchthaus erlebte er das Ende des Zweiten Weltkriegs im Konzentrationslager.

Behrendt arbeitete nach dem Krieg im Berliner Hauptsportamt und war von 1949 bis 1952 Mitarbeiter des Deutschen Sportausschusses (DS), Sektion Fußball. Hier nahm er entscheidend Einfluss auf die Entwicklung des DDR-Fußballs und setzte die Direktiven der SED um. In die Zeit seines Wirkens fällt die Spaltung des Berliner Sports, insbesondere des Fußballs.

Die Partei schätzte Behrendts Engagement für die Reorganisation des Sports in der SBZ und der DDR und berief ihn 1952 zu einem Spitzenfunktionär seines Landes. Er wurde zum Abteilungsleiter für internationale Verbindungen im Staatlichen Komitee für Körperkultur und Sport, der höchsten staatlichen Instanz in allen Angelegenheiten des DDR-Sports, Vizepräsident des Fußball-Verbandes und Generalsekretär des Nationalen Olympischen Komitees (NOK) berufen.

In seiner Zeit war Helmut Behrendt international hoch angesehen. Als erster Bürger der DDR erhielt er 1978 den Olympischen Orden des IOC. Mit historischem Abstand muss man den Fußballbegeisterten aber zu jenen Funktionären zählen, die den Sport der DDR mit Macht in das Korsett der SED zwangen.

Stefan Beinlich

*13. Januar 1972

Die neuen Möglichkeiten genutzt

Stefan „Paule“ Beinlich wuchs im Ostteil Berlins auf und begann beim BFC Dynamo mit dem Fußball. Der spätere Mittelfeldspieler wurde bei Dynamo mit 16 Jahren ausgesondert, da nach eigener Aussage die familiären Westkontakte der Familie der leistungssportlichen Karriere im Weg standen.

Beinlich wechselte 1988 zur BSG Bergmann-Borsig und begann im gleichnamigen Trägerbetrieb dieser Gemeinschaft eine Lehre als Elektriker. Für den Verein spielte er fortan bei den Junioren und 1990/91 in der zweitklassigen DDR-Liga.

Die gesellschaftlichen Veränderungen in der DDR 1990 stellten Beinlich vor Herausforderungen und boten ihm zugleich neue Perspektiven. Der Zusammenbruch des Betriebes im Zuge der Währungs-, Wirtschafts- und Sozialunion vom 1. Juli 1990 in Vorbereitung der Deutschen Einheit entzog Beinlich auf doppelte Weise den Boden. Zum einen musste er mangels Bedarfs an ausgebildeten Industrie-Elektrikern eine Umschulung zum Handelskaufmann beginnen, die er aber abbrach, um sich arbeitslos zu melden und täglich mehrmals trainieren zu können. Zum anderen bedeutete das Aus des Großbetriebs, der unter den neuen Bedingungen gegen die westlichen Firmen nicht mehr konkurrenzfähig war, das Ende der bisherigen Sportförderung und der BSG.

Solange es ging, blieb Beinlich bei Bergmann-Borsig und setzte alle Kräfte ein, um Profi-Fußballer zu werden. Im Herbst 1991 unterschrieb er einen Vertrag bei Aston Villa. In England ging er durch die harte Schule für Fußball-Profis und erweiterte seinen Blick. Die Tatsache, dass Beinlich in England als der „Neue von Bergmann-Bonsai" aus Ostberlin angekündigt wurde, gehört zu den amüsanten Anekdoten.

1994 wechselte Beinlich in die Bundesliga zu Hansa Rostock, wo er bis 1997 blieb. Es folgten die Stationen Bayer 04 Leverkusen (bis 2000), Hertha BSC (bis 2003) und Hamburger SV (bis 2006). Seine Profi-Laufbahn beendete er in Rostock 2008.

In seiner Zeit bei Hertha BSC gehörte der technisch versierte offensive Mittelfeldspieler zu den besten Profis seiner Mannschaft. Er absolvierte für die Charlottenburger 64 Bundesliga-Begegnungen und schoss acht Tore.

Beinlich lebt heute in Rostock und trägt seit Dezember 2019 die Gesamtverantwortung für das Hansa-Nachwuchsleistungszentrum.

Walther Bensemann

*13. Januar 1873 † 12. November 1934

Engagement und gesellschaftliche Verantwortung

„Sport ist eine Religion. Ist vielleicht das einzige wahre Verbindungsmittel der Völker und Klassen." Diese Grundüberzeugung schrieb Walther Bensemann nieder, für den der Fußball keine gesellschaftlichen Grenzen kannte und ein Mittel war, soziale, politische und religiöse Schranken zu überwinden.

Der 1873 in Berlin geborene Bensemann war einer der herausragenden Persönlichkeiten des deutschen Fußballs von seinen Anfängen bis in die Zeit der Weimarer Republik. Große Verdienste erwarb er sich auf sportpolitischem Feld durch seine Vereins- und Verbandsgründungen sowie die Organisation von zahlreichen internationalen Begegnungen von Auswahlmannschaften und als Pionier der Sportpublizistik.

Walter Bensemann entstammte einer jüdischen Bankiersfamilie. Mit dem Fußball kam er erstmals auf einem Internat in der Schweiz in Berührung, das er nach bisheriger Forschung von 1883 bis 1889 besuchte. Diese Bildungsanstalt in Montreux wurde wohl von Engländern betrieben oder – wie in zahlreichen Schweizer Internaten für die gehobenen Schichten verschiedener Länder – nach englischen Erziehungsgrundsätzen geführt. Hier erlebte Bensemann im Kleinen eine kosmopolitische Welt, in der neben Sprachen auch English Sports von zentraler Bedeutung waren. Seine Leidenschaft für den Fußball begann in jenen prägenden Jahren. Als Internatsschüler gründete Bensemann 1887 gemeinsam mit Mitschülern den Football Club Montreux.

Nach dem Umzug der Familie 1889 nach Karlsruhe hatte Bensemann erheblichen Anteil an der Verbreitung des Fußballs in Süddeutschland. Er gründete 1891 die Karlsruher Kickers und 1893 den Straßburger Fußball-Klub. Im gleichen Jahr war er an der Bildung der Süddeutschen Fußball-Union beteiligt. Seine enormen Bemühungen, in jener Zeit internationale Begegnungen von Repräsentativ-Mannschaften zu organisieren, scheiterten weitgehend, bis auf das Spiel einer süddeutschen Auswahl gegen ein Team aus Lausanne.

Mehr Erfolg bei seinen Bestrebungen um internationale Wettspiele hatte Bensemann 1899 als Organisator der sogenannten Ur-Länderspiele – also der Begegnungen von nationalen Auswahlmannschaften vor der Gründung des DFB. In diesem Zusammenhang erlangte seine Geburtsstadt Berlin besondere Bedeutung. Hier wurden zwei der insgesamt vier Spiele ausgetragen, bei denen die damaligen Berliner Spitzenvereine einen Großteil der Auswahl stellten.

Bensemann war nicht nur von der Idee der Völkerverständigung durch Sport überzeugt, sondern erkannte auch frühzeitig die Impulse, die von internationalen Wettkämpfen für die Weiterentwicklung des Fußballs ausgehen. Darüber hinaus war ihm bewusst, dass Begegnungen mit Mannschaften anderer Länder die öffentliche Aufmerksamkeit und gesellschaftliche Anerkennung deutlich steigern. In Berlin – seit 1871 Hauptstadt des Reichs und stetig wachsende Millionenmetropole – fand Bensemann für seine Ideen unter Spielern und Funktionären wie Fritz Boxhammer den nötigen Zuspruch.

Gegen die Widerstände vor allem des einflussreichen Süddeutschen Fußball-Verbandes und trotz lange Zeit kaum lösbarer finanzieller Probleme gelang es Bensemann – unterstützt durch seinen Freund Ivo Schricker, der zu jener Zeit in Berlin studierte –, dass am 23. und 24. November 1899 auf dem „Platz der Athletiksportgesellschaft bei der Rennbahn Kurfürstendamm“ eine „repräsentative englische Mannschaft gegen deutsche Mannschaften“ antrat. Die an Werktagen angepfiffenen Spiele besuchten 500 bzw. 1.500 Zuschauer, was hinter den Erwartungen der Organisatoren zurückblieb. Obwohl sich jeweils die englischen Teams deutlich durchsetzten, begeisterte die Szene das „Ereignis, das in der Fußballgeschichte noch nicht vorgekommen ist“. Die Zeitschrift „Spiel und Sport“ stellte Anfang Dezember fest: In „zwei Tagen haben wir mehr Neues, mehr Combination, mehr Tricks – faire und ehrliche –, mehr brillantes Einzelspiel zu sehen bekommen, wie in den verflossenen sechs Jahren zusammengenommen“.

Ab 1900 arbeitete Bensemann als Lehrer in der Schweiz und in England. Den Ausbruch des Ersten Weltkrieges 1914 erlebte er während eines Ferienaufenthaltes in Deutschland. An der Rückkehr nach Großbritannien durch die kriegerischen Umstände gehindert, trat er eine Stelle als Pädagoge in Würzburg an. Der Erste Weltkrieg erschütterte Bensemann zutiefst. Später erinnerte er sich an diese Jahre: „Dann kam der Krieg. Ich habe ihn doppelt empfunden: es waren Jahre der Trauer um meine eigenen Landsleute, deren Pyrrhussiege mir das Ende nicht verschleiern konnten; Jahre der Trauer um liebe

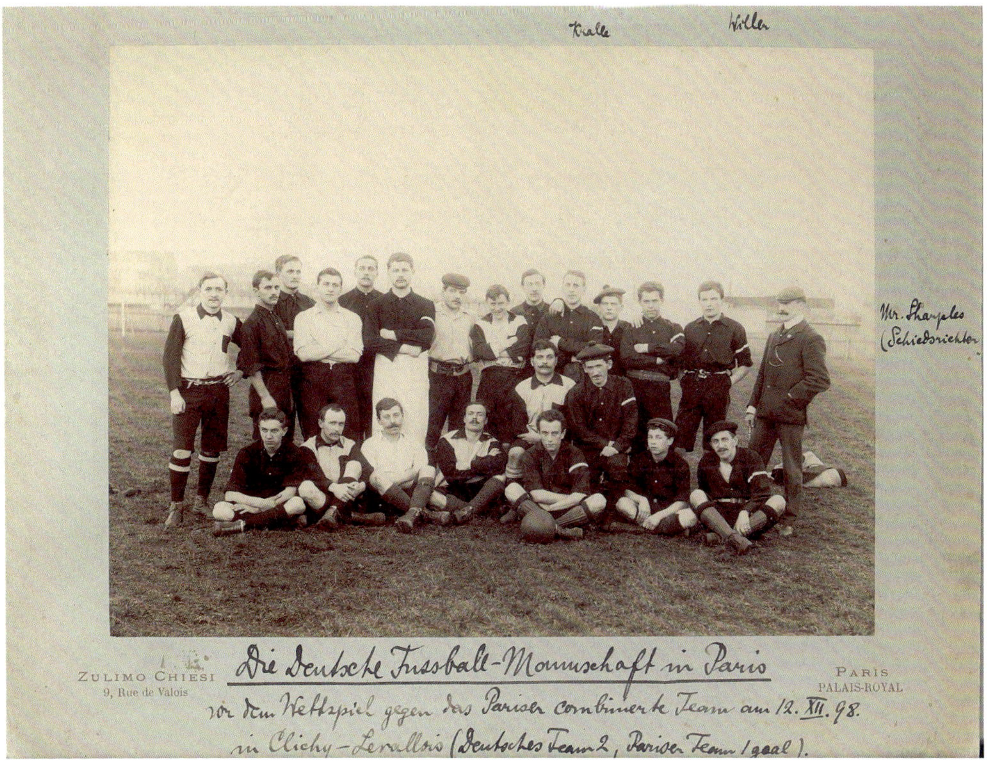

Walther Bensemann (stehend, mit weißer Hose)
mit einer deutschen Fußball-Mannschaft in Paris

Kollegen, liebe Schüler aus meiner fünfzehnjährigen Tätigkeit in England. … Der Weltkrieg hat mir daher nicht nur auf beiden Seiten meine besten Freunde geraubt; er hat auch eine große Hoffnung endgültig begraben. Bei jedem Tagesbericht, bei jeder Torpedierung habe ich stets das Gefühl gehabt, dass die Kluft, die gähnende Kluft sich weiter spaltet – bis sie nicht mehr zu überbrücken ist."

Seit den 1890er-Jahren war Walther Bensemann gelegentlich sportpublizistisch tätig, indem er in Fachzeitschriften für den Fußball warb oder Spielberichte verfasste. Mit der Gründung des „Kicker" 1920 – dessen Titel wohl sehr bewusst englisch klingen sollte – bereicherte er die deutsche Sportpresse erheblich. Auch wenn das Blatt zu seinen Lebzeiten nicht die Auflagenhöhe der Konkurrenzblätter erreichte, war es laut Sportjournalist Richard Kirn „das Bedeutendste, was je ein deutscher Sportjournalist geschrieben hat".

Der „Kicker" war von Bensemann als „Symbol der Völker-Versöhnung durch den Sport" gedacht. Mit dieser Position setzte er sich zum Teil heftiger Kritik und Anfeindung aus und geriet zum Ende der Weimarer Republik in den Debatten immer stärker in die Defensive. Seine kosmopolitische Haltung und seine jüdische Herkunft machten es ihm nach der Machtergreifung der Nationalsozialisten 1933 unmöglich, weiter in Deutschland zu publizieren und zu leben. Im Frühjahr des Jahres reiste er in die Schweiz und kehrte nicht mehr zurück. Bensemann verstarb am 12. November 1934 in der Emigration in Montreux, jenem Ort, in dem er seine Jugend verbracht hatte.

Nach seinem Tod geriet Walther Bensemann weitgehend in Vergessenheit. Nach 1945 stellten sich Vertreter und Organisationen des deutschen Fußballs jahrzehntelang nicht ihrer Verantwortung in der Zeit des Nationalsozialismus und bei der Verfolgung der Juden. In der Gegenwart wird der Fußballpionier jedoch gewürdigt und seine Haltung zur Völkerverständigung herausgestellt. Eine besondere Ehrung Bensemanns ist der seit 2006 von der Akademie für Fußball-Kultur verliehene, nach ihm benannte „Sonderpreis für Engagement und gesellschaftliche Verantwortung".

Walther Bensemann leistete Herausragendes für die historische Entwicklung des Fußballs in Deutschland. Vor allem seine Positionen zur Rolle des Sports und seiner Akteure in der Gesellschaft bleiben aktuell und sind auch heute noch eine wertvolle Orientierungshilfe im Fußball.

Eberhard Bernatzki

*12. Juli 1936 † 24. April 2017

Große Verdienste um den Jugendfußball

Sein Name ist untrennbar mit dem Berliner Jugendfußball verbunden: Eberhard Bernatzki machte sich in der Stadt und weit darüber hinaus um die Förderung des Nachwuchses verdient.

1936 geboren, war er als Spieler von 1949 bis 1976 für den TSV Grünau-Bohnsdorf, später bei der SG Grünau, dann bei Hertha 03 Zehlendorf und schließlich beim SFC Stern 1900 aktiv, doch vor allem als Sportfunktionär hat sich Bernatzki ins Gedächtnis des Fußballs eingeschrieben. Das Eberhard-Bernatzki-F-Juniorenturnier, das der SFC Stern 1900 seit 2006 ausrichtet, wird folgerichtig seit dessen Tod im Jahr 2017 als Eberhard-Bernatzki-Gedächtnis-F-Juniorenturnier weitergeführt. Insgesamt war Bernatzki über 50 Jahre Vereinsmitglied bei SFC Stern 1900.

Bereits 1967 hatte er im damaligen Verband Berliner Ballspielvereine das heute noch bestehende Vier-Städte-Turnier für Junioren initiiert, an dem Mannschaften aus Amsterdam, Wien, Paris, Bern und Berlin teilnahmen. Ebenso begründete er den Sportjugendaustausch mit Jerusalem, Istanbul, Schweden, Helsinki und Bukarest. Für den DFB begleitete er Delegationen von Jugendnationalmannschaften in Deutschland und im Ausland.

Auf Verbandsebene arbeitete Bernatzki lange Jahre im Präsidium des Nordostdeutschen Fußballverbandes mit, wo er sich insbesondere für den Jugendfußball einsetzte. Darüber hinaus war er auch Mitglied im DFB-Jugendausschuss. Von 1969 bis 1985 engagierte er sich, mit einigen Unterbrechungen, auch in der Sportjugend Berlin. Zur Zeit der deutschen Wiedervereinigung war Bernatzki wesentlich an der Zusammenführung der Jugendspielbetriebe von Ost- und West-Berlin beteiligt.

Die zahlreichen Auszeichnungen, die Bernatzki zeitlebens für sein Wirken erhielt, reichen von der Goldenen Ehrennadel des Berliner Fußball-Verbandes über die Ehrenmitgliedschaft im BFV und im Nordostdeutschen Fußballverband sowie die Goldene Ehrennadel des DFB bis hin zum Bundesverdienstkreuz am Bande. Außerdem vergibt der BFV, schon seit Lebzeiten Bernatzkis, zu seinen Ehren den Eberhard-Bernatzki-Preis für herausragende Jugendarbeit, der 2010 aus dem Sepp-Herberger-Preis des BFV hervorgegangen ist. 2017 starb Bernatzki im Alter von 80 Jahren.

Hans „Hanne“ Berndt

*30. Oktober 1913 † 9. April 1988

Über 1000 Tore

Hans „Hanne“ Berndt begann 1924 im Alter von elf Jahren beim SC Staaken mit dem Fußballspiel und wechselte 1936 zu Tennis Borussia. TeBe blieb er – mit einer kurzen Unterbrechung, bedingt durch die Ereignisse des Zweiten Weltkriegs – bis 1952 treu und entwickelte sich in diesem Verein, mit dem er fünf Mal die Stadtmeisterschaft feiern konnte, zu einem außergewöhnlichen Torjäger. Legendär war seine Leistung am 7. April 1941, als er beim 8:2-Sieg über Hertha BSC sechs Tore erzielte und damit im entscheidenden Spiel Tennis Borussia die Berliner Meisterschaft sicherte.

Berndt schoss in seiner Laufbahn über 1000 Tore in offiziellen Spielen und war vielleicht der erfolgreichste Torschütze in der langen Geschichte des Berliner Fußballs überhaupt. Er wurde drei Mal in die DFB-Auswahl und 62 Mal in die Stadtauswahl berufen.

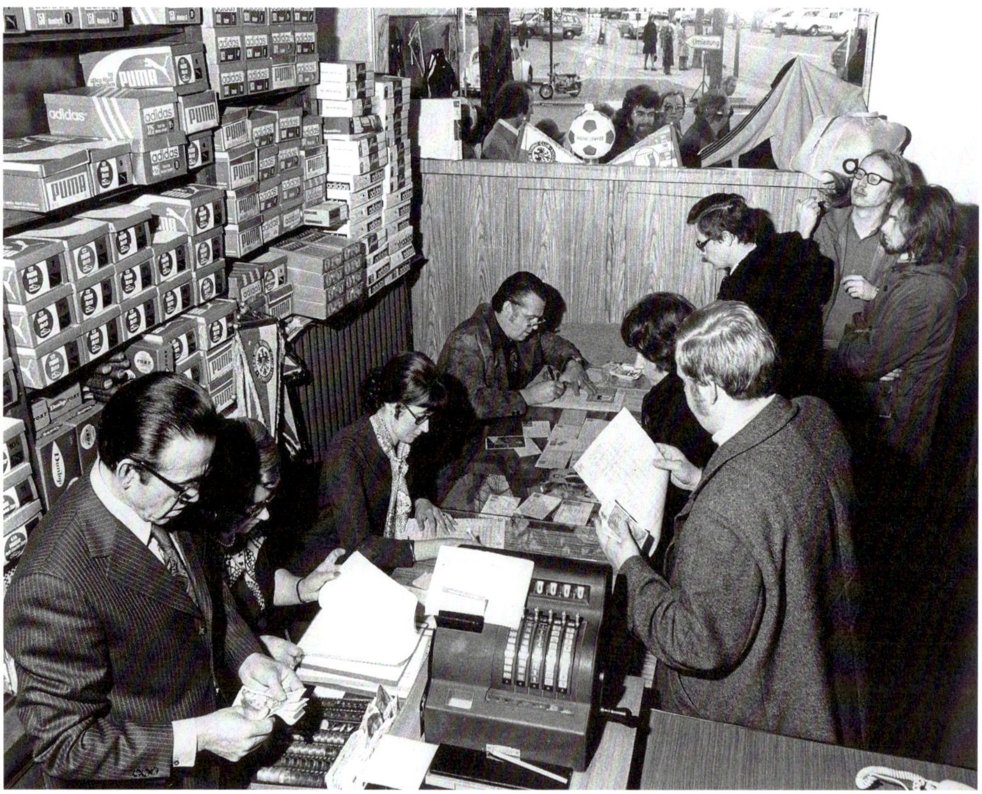

Hanne Berndt (ganz links) in seinem Sportgeschäft in der Damaschkestraße

Für die Sportler aus Berndts Generation bedeutete der Krieg mit seinen Folgen sowohl im gesellschaftlichen Leben als auch in den individuellen Lebenswegen einen tiefgreifenden Einschnitt in der sportlichen Entwicklung und oft sogar das abrupte Ende. Der Neubeginn des Fußballs in Berlin 1945 war mit dem beginnenden Wiederaufbau der Stadt eng verbunden. Die ersten Fußballspiele waren Ereignisse, die Hoffnung und Zuversicht gaben. So war die erste reguläre Saison einer Stadtliga nach dem Krieg 1946/47 ein besonders Ereignis im Leben Berlins. Da die Vereine von den Alliierten als Teil des nationalsozialistischen Systems eingestuft und noch immer verboten waren, traten Sportgemeinschaften an, die nach kommunalen Gesichtspunkten gebildet wurden.

„Hanne" Berndt schloss sich der SG Charlottenburg an, in der sich die frühere Mannschaft von Tennis Borussia zusammengefunden hatte. Er schoss mit 33 Jahren in 20 Spielen 53 Tore und damit das Team fast im Alleingang zur Stadtmeisterschaft. Seine Entschlossenheit auf dem Platz und vor allem vor dem Tor faszinierte nicht nur die jungen und alten Fußballanhänger, sondern wurde für manchen zum Sinnbild von Tatkraft. Berndt war Idol in einer Zeit, als die Gesellschaft den demokratischen Neubeginn gleichermaßen lebte, wie die Menschen durch den Handel auf dem Schwarzmarkt überlebten. Als der Fußball nach den Schrecken des verheerenden Krieges wieder einen Aufschwung nahm, war zupackender Aufbauwille gefordert, den „Hanne" Berndt verkörperte.

Nach seiner aktiven Laufbahn eröffnete Berndt ein florierendes Sportgeschäft in der Damaschkestraße 1, ganz in der Nähe des Kurfürstendamms. Er verstarb 1988 im Alter von 74 Jahren.

Alfred Birlem

*10. Januar 1888 † 13. April 1956

Vom respektierten Schiedsrichter zum beliebten Heimvater

Der erste internationale Schiedsrichter, den Berlin hervorgebracht hat, war Paul Neumann vom BFC Viktoria 1889. Er pfiff das erste Heimspiel einer deutschen Nationalmannschaft, das am 20. April 1908 gegen England stattfand – und zwar ausgerechnet auf dem Viktoria-Sportplatz an der Eisenacher Straße in Mariendorf. Dass bei der Partie ein Spieler der Heimmannschaft als Unparteiischer zum Einsatz kam, war ein Vertrauensbeweis seitens der Gäste aus dem Mutterland des Fußballs.

Zu noch weit größerem internationalen Renommee brachte es Alfred Birlem. Als Spieler bei Union 1892 und dem Berliner SC sowie später ebenfalls für den BFC Viktoria 1889 aktiv, kam Birlem neun Mal in Berliner Städtespielen zum Einsatz. Bekanntheit und weltweite Anerkennung erlangte er jedoch nach dem Ersten Weltkrieg als Schiedsrichter.

Zwischen 1927 und 1939 leitete Alfred Birlem insgesamt 21 Länderspiele, darüber hinaus nahm er als Schiedsrichter an den Fußball-Weltmeisterschaften 1934 in Italien und 1938 in Frankreich teil. Bei beiden Turnieren war er mit 46 bzw. 50 Jahren der Älteste der Unparteiischen und brachte es jeweils zu einem Einsatz als Schiedsrichter und zu einem an der Seitenlinie. Auch beim Fußballturnier im Rahmen der Olympischen Sommerspiele 1936 in Berlin pfiff Birlem eine Partie, nämlich das Spiel um die Bronzemedaille zwischen Deutschland-Bezwinger Norwegen und Polen (3:2).

Auf nationaler Ebene war Birlem ebenfalls auf höchstem Niveau tätig. Er leitete die Endspiele um die deutsche Fußballmeisterschaft 1931/32 zwischen FC Bayern München und Eintracht Frankfurt, als der heutige Rekordmeister seinen ersten Titel holte, sowie 1932/33 zwischen Fortuna Düsseldorf und dem FC Schalke 04. Zwei Jahre später war Alfred Birlem Schiedsrichter im ersten deutschen Pokalfinale – um den sogenannten Tschammer-Pokal, der von dem damaligen Reichssportführer Hans von Tschammer und Osten ins Leben gerufen und nach ihm benannt wurde – zwischen dem 1. FC Nürnberg und Schalke 04.

Darüber hinaus war Birlem Geschäftsführer des Gaus Berlin-Brandenburg. In welcher Weise er sich während der NS-Zeit mit den neuen Machthabern arrangierte oder ob er tatsächlich Nationalsozialist war, ist schwer zu sagen. Nach dem Zweiten Weltkrieg übernahm Alfred Birlem ab dem Sommer 1950 die Leitung der neu eröffneten Sportschule des VBB am Kleinen Wannsee. Das Haus – das heutige Landesleistungszentrum „Richard Genthe", das nach dem Ehrenpräsidenten des Verbandes benannt ist – hatte der Verband kurz zuvor erworben. Der als Heimvater beliebte Birlem starb 1956 im Alter von 68 Jahren.

John Bloch

*unbekannt †unbekannt

Der Rasen-Reporter

John Bloch gehört wie Walter Bensemann oder Gustav und Fred Manning zu den zahlreichen jüdischen Fußballpionieren, die heute beinahe vergessen sind, deren Bedeutung jedoch kaum überschätzt werden kann. Bloch stammte aus Birmingham und lebte seit den 1880er-Jahren in Berlin. Er war Vorsitzender des English Football Club, eines Zusammenschlusses von englischstämmigen, sportbegeisterten Männern, die ihren „English Sports" nachgingen und in manchen aufgeschlossenen Deutschen begeisterte Mitspieler fanden. Als sich um das Jahr 1890 mehr und mehr Vereine gründeten und Strukturen bildeten, entbrannte die Frage, wer die Verantwortung übernehmen sollte.

Protagonisten wie Georg Leux und der von ihm gegründete „Bund Deutscher Fußballspieler" (BDF) vertraten den Standpunkt, dass es zur Etablierung des Sports unerlässlich sei, diesen gewissermaßen „einzudeutschen". Bloch und andere waren dagegen weltoffener und gründeten quasi als Gegenentwurf den „Deutschen Fußball- und Cricket-Bund" (DFuCB), der sich bald durchsetzte und eine Zeit lang die Führungsrolle im Berliner Fußball innehatte, während der BDF sich bereits 1892 wieder auflöste. Bloch selbst wurde zum ersten Präsidenten des DFuCB gewählt. Da er sich zwischenzeitlich antisemitischen Anfeindungen ausgesetzt sah, trat er 1894 von diesem Amt zurück.

Noch weit wichtiger als seine Tätigkeit als Vereins- und Verbandsfunktionär war jedoch seine publizistische Arbeit. Bereits 1891 entstand die „Deutsche Ballspiel-Zeitung", die erste regelmäßig erscheinende Fachzeitschrift dieser Art in Deutschland überhaupt. John Bloch übernahm die Herausgeberschaft, benannte das Blatt in „Spiel und Sport" um und bezog Verlagsräume in der Mauerstraße 86, inmitten des Berliner Zeitungsviertels. Von 1892 bis 1900 fungierte Bloch als Chefredakteur dieser Wochenzeitschrift.

Bald kamen neue Publikationen wie „Sport im Wort" oder „Der Rasensport", später die „Fußball-Woche" und der „Kicker" hinzu. John Bloch steht damit am Anfang einer langen Reihe von medialen Formaten wie Vereinszeitschriften, Verbandsmagazinen oder Stadionheften, über Fußball-Fachzeitschriften, Sport-Zeitungen und Fan-Magazinen, bis hin zu Webseiten, Blogs oder Podcasts, die der Fußball entwickelt, um über Ereignisse zu berichten, Ergebnisse zu veröffentlichen und den Akteuren ein Forum für die Kommunikation untereinander zu bieten.

Steve Bloomer

*20. Januar 1874 †16. April 1938

Eine Legende in Gefangenschaft

Steve Bloomer war einer der ganz Großen in der Frühzeit des englischen Profi-Fußballs und schon zur Jahrhundertwende mit 138 Liga-Toren in 216 Spielen für seinen Verein Derby County eine lebende Legende. Nach dem Ende seiner aktiven Laufbahn, während der er auch 23 Einsätze für die englische Nationalmannschaft absolvierte, in denen er 28 Treffer erzielte, verschlug es ihn nach Berlin, da er eine Tätigkeit als Trainer anstrebte und in Deutschland englische Fachleute gefragt waren. Nicht ahnen konnte er, dass aus dem Engagement bei Britannia 1892 ein vierjähriger Aufenthalt werden würde.

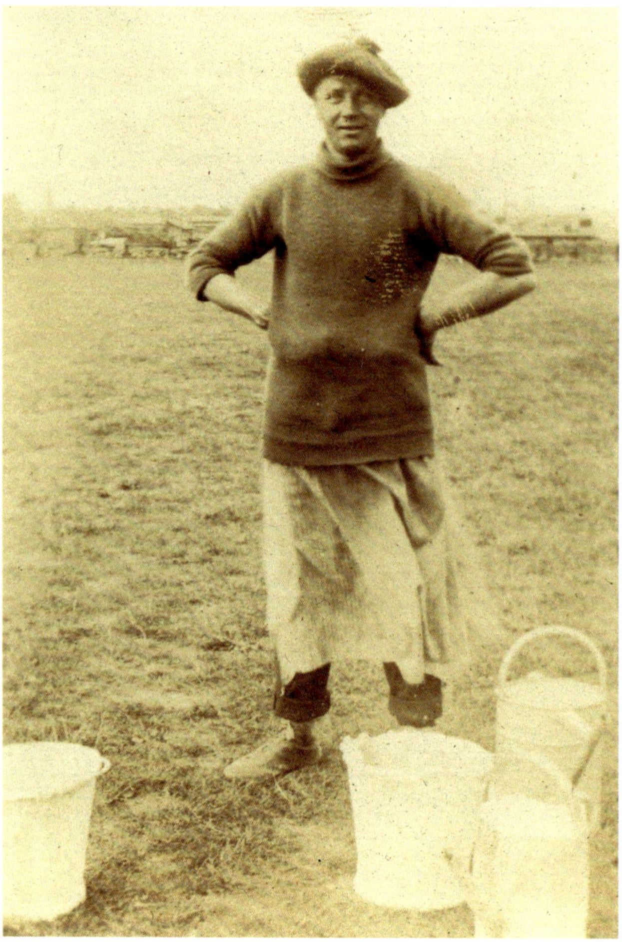

Steve Bloomer als Trainer bei Britannia 1892

Nur drei Wochen, nachdem er in Berlin angekommen war, brach der Erste Weltkrieg aus. Der Verein, mit dem er einen Kontrakt besaß, benannte sich in Berliner SV 1892 um und Steve Bloomer wurde als „Feindstaatenausländer“ in einem Internierungslager für Zivilisten in Ruhleben interniert. Das Lager wurde auf dem Gelände der dortigen Trabrennbahn errichtet, die Stallgebäude zu notdürftigen Unterkünften ausgebaut. Die Innenfläche dagegen bot genügend Raum für zahlreiche sportliche Betätigungen wie Tennis, Rugby, Cricket, Golf, Hockey oder Boxen – und natürlich Fußball.

Denn unter den zwischen 4.000 und 5.500 Personen, die in Ruhleben untergebracht waren, fanden sich zahlreiche aktive und ehemalige Sportler, die zum Zeitpunkt des Kriegsausbruchs in Deutschland weilten. Neben dem ehemaligen Profi-Fußballer und -Trainer Fred Spiksley, den englischen Nationalspielern Samuel Wolstenholme und Fred Pentland, der beim FC Middlesbrough sein Mannschaftskamerad war, dem schottischen Nationalspieler John Cameron und John Brearley, der zuvor für den FC Everton und Tottenham Hotspur gespielt hatte, gehörte mit Edwin Dutton – dem Sohn von Tom Dutton, der 40 Jahre zuvor die Fußball-Spiele auf dem Tempelhofer Feld initiiert hatte – auch ein ehemaliger deutscher Nationalspieler britischer Abstammung zu den Inhaftierten.

Im Lager entwickelte sich ein reges gesellschaftliches Leben und Fußball wurde zu einer beliebten Beschäftigung. Die Gefangenen organisierten einen regelmäßigen Spielbetrieb und trugen Meisterschaftsrunden und Pokalwettbewerbe aus. So vergingen die Jahre, bis Steve Bloomer nach Kriegsende seine Trainerkarriere fortsetzte und zunächst nach Holland ging, zeitweilig in Nord-Spanien tätig war und schließlich als Spielertrainer der Reserve-Mannschaft zu Derby County zurückkehrte.

Kevin-Prince Boateng

*6. März 1987

Brüder mit großen Karrieren

Auf Kevin-Prince Boateng und seinen Halbbruder Jerôme schaut die deutsche Öffentlichkeit seit Jahren mit besonderem Interesse. Sie stehen als herausragende Fußball-Profis ebenso im Fokus der Sportbegeisterten wie im Blick der Boulevardmedien. Selbst grundsätzliche politischen Debatten ranken sich um sie, wenn Rechtspopulisten ihre Namen nutzen, um bestehende gesellschaftliche Vorurteile zu verstärken.

Kevin-Prince Boateng wuchs im Wedding auf, der als Problemkiez gilt. Sein jüngerer Halbbruder Jerôme – beide haben einen ghanaischen Vater – erlebte die Kindheit in

Charlottenburg. Beide begeisterten sich schon früh für das Fußballspiel, dass sie stark verband. Für ihre Entwicklung als Fußballer sehen die Halbbrüder ihre vielen, mit dem Fußballspielen verbrachten Stunden auf einem Bolzplatz an der Panke als absolut prägend an. In einem Fußballkäfig hätten sie jene Eigenschaften erworben, die sie zu späteren Ausnahmekönnern mit starkem Durchsetzungsvermögen machte. In diesem Umfeld wuchs nach ihrer Erzählung die Kraft, um gesellschaftliche Anerkennung zu kämpfen, die ihnen oftmals verwehrt wurde, da sie Alltagsrassismus und Ressentiments erlebten.

Sicherlich erlernten die Boateng-Brüder auf dem Bolzplatz ganz wesentliche Eigenschaften und Fertigkeiten, doch ihr Vereinstraining und die organisierten Wettkämpfe leiteten das Talent in Bahnen. Kevin-Prince kickte ab seinem siebten Lebensjahr bei Hertha BSC und Jerôme schloss sich im Alter von zehn Jahren Tennis Borussia an. Ab 2002 gehörten sie beide zur Hertha und durchliefen dort die Jugendabteilung, deren Ausbildungsniveau noch nicht an die heutige Akademie heranreichte.

Bei Hertha BSC errangen die Boateng-Brüder ihre ersten Erfolge und sorgten für Aufmerksamkeit. Kevin-Prince wurde 2003 mit den B-Junioren Deutscher Meister. Jerôme errang mit seinem Team den gleichen Titel und stand zudem mit den A-Junioren zwei Mal in der Endrunde um die Deutsche Meisterschaft.

Kevin-Prince und Jerôme schafften ohne Probleme den Sprung vom Nachwuchs in die U23 und sogar in das Bundesliga-Team. Der ältere Boateng debütierte 2005 mit 18 Jahren in der Bundesliga und wenig später im UEFA-Cup. Jerôme bestritt 2007 sein erstes Bundesliga-Spiel. In jener Zeit standen die beiden jungen Profis für den Hauptstadtclub auch gemeinsam auf dem Platz. 2007 verließen die Boateng-Brüder Berlin und ihre Wege trennten sich. Kevin-Prince wechselte zu den Tottenham Hotspurs nach England und Jerôme zum Hamburger SV.

Für Mittelfeldspieler Kevin-Prince begann eine Wanderschaft durch Europa: 2009 Borussia Dortmund und FC Portsmouth, 2010 AC Mailand, 2013 Schalke 04, 2016 AC Mailand, 2016 DU Las Palmas, 2017 Eintracht Frankfurt, 2018 US Sassuolo Calcio, 2019 FC Barcelona, 2019 AC Florenz, 2020 Besiktas Istanbul, 2020 AC Monza. Seine Karriere verlief trotz der vielen Wechsel erfolgreich. Zu Buche stehen unter anderem der englische Ligapokal, die Italienische Meisterschaft und der Sieg im DFB-Pokalendspiel.

Jerômes Weg führte 2010 von Hamburg zu Manchester City und 2011 für zehn Jahre zum FC Bayern, bei dem er zu einem der besten Verteidiger der Welt reifte und zahlreiche Titel errang. Er wurde mit den Münchnern neun Mal Deutscher Meister, gewann fünf Mal den DFB-Pokal und wurde 2013 und 2020 Sieger der UEFA-Champions-League.

Die Boatengs entschieden sich, nachdem sie beide in den Junioren-Auswahlteams des DFB eingesetzt wurden, für unterschiedliche Nationalmannschaften. Kevin-Prince spielte 15 Mal für Ghana, das Herkunftsland seines Vaters, und Jerôme in 76 Partien für Deutschland.

Jerôme Boateng wurde 2014 mit der DFB-Mannschaft in Brasilien Weltmeister. Im denkwürdigen Endspiel am 13. Juli 2014 in Rio de Janeiro gewann er 83 Prozent seiner Zweikämpfe und hatte mit seiner Rettungstat auf der Linie in der 40. Spielminute erheblichen Anteil am Gewinn des Titels.

Die Leistungen von Jerôme Boateng, der hier in einer Reihe mit Spielern wie Mesut Özil und Sami Khedira genannt werden muss, waren wesentlich für die Erfolge und Wandlungen der deutschen Nationalmannschaft in den letzten Jahrzehnten. Sie gaben dem Team nicht nur das Antlitz einer „Internationalmannschaft“, sondern halfen mit, den

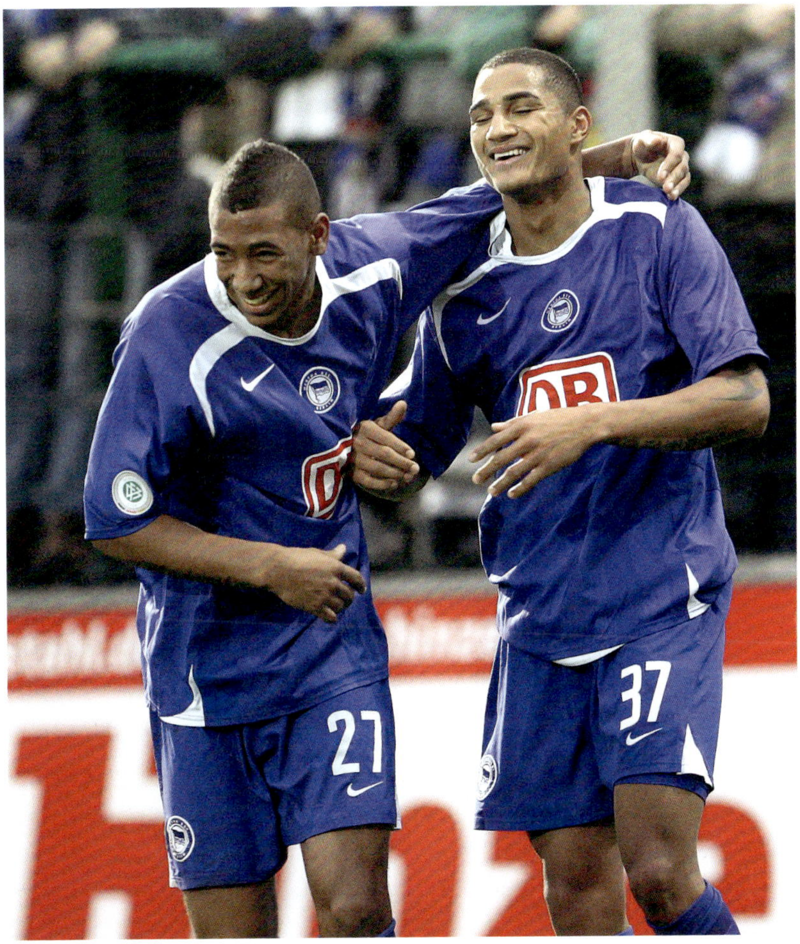

Kevin-Prince (rechts) gemeinsam mit Jerôme Boateng im Trikot von Hertha BSC

Spielstil und das Bild der deutschen Elf im In- und Ausland zu verändern. Es ist neben der sportlichen Seite in diesem Zusammenhang bedauerlich, dass sich Kevin-Prince gegen das deutsche Team entschied.

2021 kehrte Kevin-Prince nach Berlin zurück, während Jerôme im gleichen Jahr zu Olympique Lyon wechselte. Der ältere der Boateng-Brüder war in seine Heimatstadt geholt worden, um Hertha BSC in sportlich schwieriger Situation zu stabilisieren und der Mannschaft eine Richtung zu geben. Welchen Wert seine enormen Erfahrungen, fußballerischen Fähigkeiten und Durchsetzungskräfte haben, zeigte er eindrucksvoll im letzten Relegationsspiel der Charlottenburger in Hamburg. Seinem Einsatz ist der gelungene Klassenerhalt der „Alten Dame" 2022 in hohem Maße zu verdanken.

Die Karrieren von Kevin-Prince und Jerôme Boateng spiegeln die Entwicklung des Fußballs insgesamt wider. Sie weisen auf die Stärken und Schwächen des Berliner Ballsports hin, dessen großen Talente die Stadt immer wieder verlassen und in der Ferne mitunter zu Weltklasse-Athleten reifen. Die Lebenswege der beiden herausragenden Sportler, die in Berlin begannen und unterschiedliche Richtungen nahmen, sind in vieler Hinsicht einmalig und gleichermaßen typisch für Deutschlands Entwicklung der letzten Jahrzehnte.

Jürgen Bogs

*19. Januar 1947

Cheftrainer in besonderer Situation

Jürgen Bogs' Trainerstationen sind überschaubar, die Anzahl seiner Meisterschaftstitel dessen ungeachtet beachtlich. Mit dem BFC Dynamo gewann Bogs zwischen 1979 und 1988 zehn Meistertitel der DDR-Oberliga in Serie. Bereits während Bogs das Team coachte, kam im Land die Frage auf, wie diese Erfolge möglich wurden und welchen Anteil der Cheftrainer daran hatte.

Jürgen Bogs spielte von 1960 bis 1970 bei der BSG Aufbau Schwedt als Abwehrspieler. Er studierte bis 1970 an der Deutschen Hochschule für Körperkultur in Leipzig. Während des Studiums absolvierte er ein Praktikum beim BFC Dynamo, der ihn unmittelbar nach dem Studium anstellte. Erste Aufgaben im Klub wurden ihm im Nachwuchsbereich übertragen, die er erfolgreich löste, indem er unter anderem die Junioren 1974 und 1976 zur DDR-Vizemeisterschaft führte. Als Übungsleiter des BFC war er innerhalb des DDR-Fußballs in einer besonderen Situation. Dynamo unterhielt im Unterschied zu allen anderen Sportvereinigungen im Land flächendeckend Trainingszentren und sichtete ständig Fußball-Talente, die in Berlin oder Dresden zusammengezogen wurden.

1976 berief der BFC Dynamo Jürgen Bogs als Cheftrainer und stellte ihn gleichzeitig als Oberleutnant bei der Polizei an. Im Verlauf seiner Karriere übernahm ihn das Ministerium für Staatssicherheit. Dem jungen Trainer boten sich für DDR-Verhältnisse außergewöhnliche Voraussetzungen. Anfang der 1970er-Jahre begann der Klub, ein hochmodernes Trainingscamp in Uckley bei Königs Wusterhausen zu errichten, das in der Ausstattung mit den Zentren europäischer Spitzenvereinen mithalten konnte. Wichtiger war jedoch, dass Stasi-Chef Erich Mielke – Ehrenvorsitzender des BFC seit seiner Gründung 1966 – für die nötige materielle Unterstützung und sportpolitische Bevorzugung der Dynamos sorgte.

In der Saison 1978/79 errang der BFC Dynamo unter Jürgen Bogs seine erste Meisterschaft. Die Mannschaft setzte sein Konzept um und suchte aus allen Mannschaftsteilen heraus die Offensive. Die „Neue Fußballwoche" lobte den 32 Jahre alten Trainer nach dem ersten Titelgewinn für seine intensive Trainingsarbeit, sein psychologisches Fingerspitzengefühl, seine taktischen Fähigkeiten sowie seine hohe Konzentration auf das Saisonziel. Zweifelsfrei formte Jürgen Bogs den BFC Dynamo zu einer Spitzenmannschaft der DDR-Oberliga. In internationalen Pokal-Wettbewerben konnte sich der Serienmeister jedoch nicht durchsetzen.

1989 wechselte Bogs von der Trainerbank des BFC Dynamo in die sportliche Leitung des Vereins. Im Herbst des gleichen Jahres begannen in der DDR jene politischen Umbrüche, die auch die besondere Rolle des BFC Dynamo grundsätzlich in Frage stellten und den Niedergang des Klubs einleiteten. Jürgen Bogs war nach der Deutschen Einheit 1990 nur noch in unterklassigen Vereinen tätig und konnte nicht mehr annähernd an seine früheren Erfolge anknüpfen.

Willi Boos

*20. Oktober 1909 †30. Juli 2009

Ein Jahrhundert Fußballer

Der 1909 geborene Willi Boos begann sein Fußballer-Leben im Alter von 12 Jahren bei Frisch-Frei Niederschöneweide. Ab 1925 kickte er bei den Freien Sportlern Johannisthal, und bereits mit 16 Jahren übernahm er sein erstes Ehrenamt in einem Sportverein. Ab 1929 gehörte er der Freien Turnerschaft Neukölln an. Er war aktiv in der Berliner Arbeitersportbewegung, im Arbeiter-Sportverein Fichte und ab 1931 in der Freien Sportbewegung Fichte (FSF), die am 28. Juni 1931 von 40 sportbegeisterten Turnern und Handballern, darunter dem begeisterten Fußballer Boos, aus der 11. Abteilung des ASV Fichte heraus gegründet wurde.

Mit Beginn der NS-Zeit wurden die Arbeitersportvereine in Deutschland verboten, die Sportler fanden sich jedoch schnell in anderen Vereinen wieder. So gründeten die Fußballer des FSF 1935 den Sport-Club Südring, der sich in den 1950er-Jahren mit dem zuvor abgespaltenen Berliner Fußball-Club Eintracht zum BSC Eintracht/Südring 1931 vereinte.

Als entschiedener Gegner des NS-Regimes wurde Willi Boos 1945 Sportamtsleiter in Kreuzberg und hatte große Anteil daran, dass die Sportplätze nach dem Krieg wieder bespielbar gemacht wurden. 1948, als mit der Berlin-Blockade der Kalte Krieg begann, wurde der überzeugte Kommunist wegen seiner politischen Einstellung entlassen. Fortan machte er sich selbstständig und betrieb ein gut gehendes Sportgeschäft in der Zossener Straße, später verkaufte er Zigarren.

Im Verein blieb Boos zeit seines Lebens aktiv. Von 1931 bis 1992, also stolze 61 Jahre lang, war er ehrenamtlicher Vorsitzender des BSC Eintracht Südring. Vor allem erkannte und förderte er die Bedeutung des Breiten- und Vereinssports für die Erziehung und Ausbildung der Jugend. 1979 wurde ihm für seine Verdienste um den Sport das Bundesverdienstkreuz verliehen.

Willi Boos starb 2009 im Alter von fast 100 Jahren. Am 21. März 2010 wurde die Sportanlage des BSC Eintracht Südring nach ihm benannt und links neben dem Eingang eine vom Verein finanzierte Glastafel enthüllt.

Fritz Boxhammer

*17. September 1873 †11. April 1926

Ein Förderer der Friedensidee

Gleich vier Mal war Fritz Boxhammer Präsident des Verbandes Berliner Ballspielvereine, nämlich von 1899 bis 1900, im Jahre 1903, dann von 1905 bis 1911 und schließlich noch einmal 1915. Doch sein Wirken im und für den Berliner Fußball ging weit darüber hinaus und seine Bedeutung für die Anfänge des Fußballs in Deutschland kann gar nicht überschätzt werden. Er ist vielleicht nicht der prominenteste, aber mit Sicherheit einer der wichtigsten Akteure in der frühen Zeit des Fußballs in Deutschland.

Denn nicht nur im Berliner Fußball-Verband, sondern auch im Deutschen Fußball-Bund, an dessen Gründungsversammlung er am 28. Januar 1900 als Vertreter mehrerer Berliner Fußballvereine teilnahm, übernahm Fritz Boxhammer in verschiedenen Funktionen Verantwortung. So war er bereits seit dem Jahr 1901, nach dem Beitritt der Berliner Vereine, als Mitglied des Spielausschusses aktiv und übersetzte die Spielregeln der englischen Football Association ins Deutsche, was erheblich zu deren Verbreitung und Akzeptanz beitrug.

Seit dem 9. DFB-Bundestag am 21. Mai 1905 gehörte er dem Präsidium des Deutschen Fußball-Bundes unter Gottfried Hinze an und hatte als 2. Vorsitzender maßgeblich Anteil am Aufbau eines geregelten Punktspielbetriebs in Deutschland und der zunehmenden Professionalisierung der Strukturen des Verbandes. Während seiner Amtszeit, die bis 1911 andauerte, fand unter anderem das erste Länderspiel einer deutschen Nationalmannschaft am 5. April 1908 in Basel statt. Auch die großen Erfolge von Berliner Mannschaften in den Endrunden um die deutsche Meisterschaft, die seit 1903 ausgespielt wurden, fielen in diese Zeit, als der BFC Union 1892 im Jahre 1905 den ersten Titel in die Reichshauptstadt holte und der BFC Viktoria 1889 jeweils 1908 und 1911 die Meisterschaft für sich entscheiden konnte.

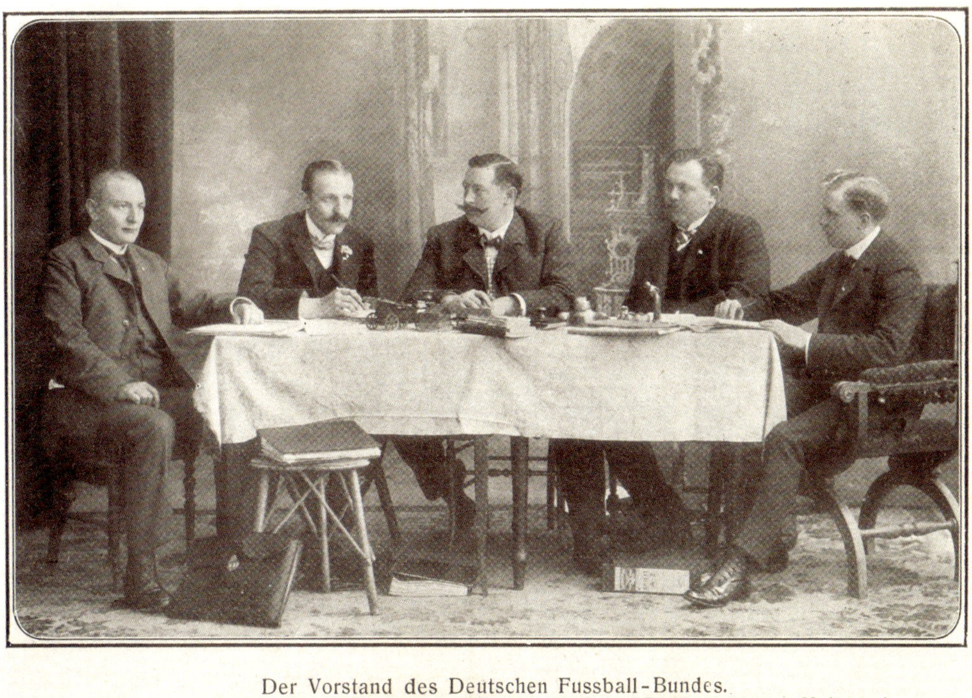

Der Vorstand des Deutschen Fussball-Bundes.
Roth. Sanss. Hinze. Boxhammer. Kubaseck.

Fritz Boxhammer (zweiter von rechts) im Vorstand des DFB

Als die Auseinandersetzungen zwischen den europäischen Großmächten sich immer weiter zuspitzten und auch die öffentliche Stimmung im Deutschen Reich sich imperialistisch aufheizte, nahmen ebenfalls im Deutschen Fußball-Bund die Debatten an Schärfe zu. Boxhammer zählte zu den entschiedenen Befürwortern von Verhandlungen, um den Frieden in Europa zu erhalten, und glaubte daran, dass der Sport – und insbesondere der Fußball – eine Rolle als Vermittler zwischen den Nationen spielen könnte.

So schrieb er bereits im DFB-Jahrbuch 1907, als auch im Verband im Vorfeld des Ersten Weltkrieges erste nationalistische und militaristische Tendenzen sichtbar wurden, über das Potenzial von Länderspielen für die Völkerverständigung: „In dieser internationalen Betätigung des Sports liegt ein außerordentlich wichtiges Moment zur Überbrückung politischer und nationaler Gegensätze, und in diesem Sinn ist der Sport einer der erfolgreichsten Förderer der Friedensidee. Dass ... der DFB, seine Verbände und Vereine an ihrem Teil sich dieser wichtigen internationalen Kultur- und Friedensaufgabe stets bewusst sein mögen, das ist unser aller aufrichtiger Wunsch."

Fritz Boxhammer war wie viele Sportler der frühen Zeit ursprünglich Leichtathlet, wechselte jedoch bald zum Fußball und gründete den Berliner Thor- und Fußball-Club Britannia 1892, den späteren Berliner SV 92, mit. Von dort ging er zum BFC Germania 1888, den er auch im Deutschen Fußball- und Cricket Bund vertrat und wo er auf andere Größen wie Georg Leux oder Georg Demmler traf, sowie schließlich zum Berliner FC Favorit von 1896. Als Funktionär war er 1894 auch an der Gründung des Allgemeinen Deutschen Sportbundes und 1898, gemeinsam mit Demmler, an der Gründung der Deutschen Sportbehörde für Athletik (DSBfA), dem späteren Deutschen Leichtathletik-Verband, beteiligt.

Fritz Boxhammer, der auch den Spitznamen „Ette" trug, starb am 11. April 1926 im Alter von gerade mal 52 Jahren. Der Verband Berliner Ballspielvereine benannte das Verbandshaus am Tiefensee bei Crossen an der Oder (heute: Krosno Odrzańskie), das 1927 anlässlich des 30-jährigen Bestehens des VBB erworben wurde, nach ihm. Das Fritz-Boxhammer-Haus diente bis 1945 dem Verband als Erholungsheim für die Jugend und erinnerte so die nachfolgenden Generationen an einen der bedeutendsten Vertreter ihres Sports.

Rita Cygon

*23. Juli 1957

Eine Fußballerin der ersten Stunde

Rita Cygon ist eine Berliner Fußballerin der ersten Stunde. Die Tegelerin begann bei Minerva 1910 – heute der SC Borsigwalde –, wechselte 1969 unmittelbar nach der Gründung zur Frauenfußball-Abteilung von Tennis Borussia und blieb bis 1981 im Verein. Dabei waren die Umstände keineswegs einfach: Sie habe, wie sie später erzählte, in jungen Jahren sogar ihre Eltern belügen müssen, um überhaupt auf den Sportplatz gehen zu können.

Unter Trainer Horst Nußbaum, Ex-Profi und später als Sänger und Produzent unter dem Pseudonym Jack White bekannt, nahm die Mannschaft nach der Aufhebung des Frauenfußball-Verbots durch den DFB an den ersten Meisterschaftsspielen im Berliner Fußball-Verband teil. Cygon entwickelte sich zu einer wichtigen Stütze des TeBe-Teams und gewann von 1974 bis 1977 vier Mal in Folge den Titel des Berliner Meisters.

Mit Nußbaums Nachfolger Helmut Jonas, der in früheren Jahren selbst als Spieler beim BFC Viktoria 1889 aktiv war und 44 Mal für die Berliner Stadtauswahl gespielt hatte, erreichte Tennis Borussia am 20. Juni 1976 das Finale um die Deutsche Meisterschaft gegen den FC Bayern München, das vor 3.700 Zuschauern im Siegener Leimbachstadion ausgetragen wurde. Rita Cygon erzielte zwei Treffer und egalisierte jeweils die Führung der Münchnerinnen, doch am Ende musste sich die Mannschaft mit 2:4 n.V. geschlagen geben.

Mittlerweile war ihre ehemalige Mitspielerin Barbara „Charly" Streuffert Trainerin geworden. Unter ihr erreichte Tennis Borussia am 20. Juni 1981 erneut das Finale um die Deutsche Meisterschaft. Diesmal aber blieben Rita Cygon und ihre Mitstreiterinnen chancenlos: Gegen die SSG 09 Bergisch Gladbach, die in den 1970er- und 1980er-Jahren zu den besten Frauenfußball-Mannschaften in Deutschland gehörte und zwischen 1979 und 1984 sechs Mal in Folge die Deutsche Meisterschaft gewann, unterlagen die Berlinerinnen im Stadion An der Paffrather Straße mit 0:4.

Nach dem Ende ihrer aktiven Laufbahn schlug Rita Cygon eine Karriere als Trainerin ein und war unter anderem beim SC Borsigwalde 1910 und danach für den FC Arminia Heiligensee 77 tätig. Gegenwärtig trainiert sie die B-Juniorinnen des FC Arminia Tegel 1977 und hilft jungen Spielerinnen mit ihrer langen Erfahrung dabei, ihr Talent zu entfalten. Für die Mädchen heute ist es zum Glück ganz normal geworden, Fußball im Verein spielen zu können.

Pál Dárdai

*16. März 1976

Blau-Weiße Ikone

Im Januar 1997 verstärkte Pál Dárdai das Team von Hertha BSC, das endlich den Aufstieg in die Erste Bundesliga schaffen wollte. Es war der Beginn einer erstaunlichen Karriere des kampfstarken und nimmermüden Mittelfeldmannes und vor allem auch einer sehr langen innigen Verbindung zwischen Dárdai und Hertha BSC. Diese umfasste später sogar seine komplette Familie. Als Profi erlebte „Ungarns Fußballer des Jahres 1999", der 61 Länderspiele bestritt, das komplette Spektrum einer schillernden Laufbahn im deutschen Spitzenfußball: Aufstieg in die Erste Liga, Klassenerhalt, das sensationelle Erreichen der Champions League, schmerzhafte Verletzungen und Blessuren, großartige Siege und bittere Niederlagen, auch den Abstieg in Liga zwei.

Dárdai gilt als Synonym für Vereinstreue. Nur Ende 1999 musste er ernsthaft überlegen, ob er Hertha verlassen sollte. Franz Beckenbauer war sehr angetan von den Leistungen des Ungarn und Bayern München warb heftig um seine Dienste. Doch Dárdai blieb Hertha BSC erhalten – sogar bis 2011. Am Ende seiner Karriere standen 286 Erstligaspiele zu Buche, was Dárdai zum Rekordspieler des Vereins macht. Dazu kamen 42 Spiele in Europacup-Duellen, was ebenfalls Rekord bedeutet – eine Bestleistung, auf die der stets freundliche Ungar besonders stolz ist.

Auch sein Abschied auf dem Rasen war rekordverdächtig. Am 15. Mai 2011 sahen 77.116 Zuschauer, Rekordkulisse für die Zweite Liga, einen 2:1-Sieg gegen Augsburg und den letzten Auftritt von Dárdai. Der wurde auf der Ehrenrunde euphorisch gefeiert. Doch damit endete die Hertha-Geschichte von Dárdai noch lange nicht.

Nach Trainerstationen bei Herthas U17 als Assistent von Andreas Thom, als Chef der U15 und einem erfolgreichen Intermezzo als Nationaltrainer von Ungarn wurde er in einer Notlage als Cheftrainer der Hertha-Profis verpflichtet.

Im Februar 2015 trat Dárdai die Nachfolge von Jos Luhukay an und prägte danach in viereinhalb Jahren als Chef eine Zeit, in der die Mannschaft ohne Abstiegssorgen blieb und er mit geringen finanziellen Mitteln gute Resultate erreichte. Es wurden die Plätze 15, 7, 6, 10 und 11, ehe sich Manager Michael Preetz im Mai 2019 von Dárdai trennte. Es hieß, man wolle in Zukunft attraktiveren und erfolgreicheren Fußball spielen lassen. Doch schnell kam es anders. Noch einmal, im Januar 2021, überredete Hertha Dárdai, das Team vor dem drohenden Abstieg zu retten. Der Kämpfer, der gern sagte, er habe blau-weißes Blut und ein ungarisches Herz, schaffte das Unterfangen unter schwierigsten Umständen – das Corona-Virus hatte das Team stark heimgesucht und zwang es komplett in Quarantäne – und hievte die Mannschaft auf Rang 14.

Doch vom Ruhm des Retters durfte Dárdai nicht lange zehren. Der neue Sportchef Fredi Bobic, einst Mitspieler des Ungarn bei Hertha, entließ ihn nach 13 Spielen in der desaströsen Saison 2021/22. Seitdem hat das Verhältnis von Dárdai zu seinem Herzensklub einen tiefen Riss erlitten, was an den handelnden Personen der Klubführung liegt. Auf 180 Spiele als Hertha-Trainer brachte es Dárdai – Platz zwei hinter Helmut Kronsbein.

Zur illustren Hertha-Geschichte der Dárdais gehört, dass alle drei Söhne im blau-weißen Trikot spielten oder noch spielen. Palkó (23) erlebte bei Hertha sein Bundesliga-Debüt, wechselte aber im Januar 2021 zu Ungarns Erstligist Fehervar FC. Márton (20) gehörte 2021/22 zum Bundesligakader der Berliner, trägt sich aber mit Wechselgedanken. Bleibt noch Bence (16), der Jüngste der Dynastie, der für Herthas U17-Mannschaft spielt.

2022 trennten sich die Wege von Hertha BSC und Pál Dárdai. Der Spieler und Trainer nimmt einen wichtigen Platz ein in der Historie von Hertha BSC, vor allem bei den Fans war der Ungar sehr beliebt.

Michael Jahn

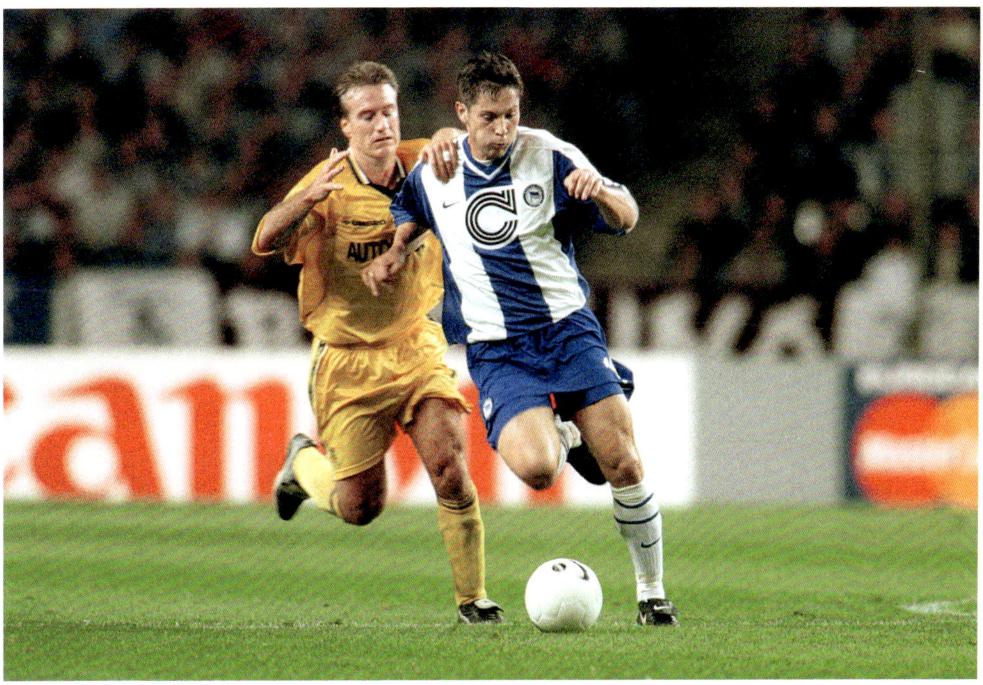

Pál Dárdai im Laufduell mit Didier Deschamps

Georg Demmler

*20. Januar 1873 †16. April 1931

Die Wiege des deutschen Fußballs

Georg Demmler war der Größte. Nicht nur auf dem Platz, wo er für seine Kopfballstärke gefürchtet war (was bei den damals noch recht unförmigen Bällen nicht ohne Risiko für die Spieler war), oder auf Mannschaftsfotos, wo er stolz seine errungenen Orden und Medaillen zur Schau trug, sondern auch als Sportfunktionär und später als Sportstätten-Architekt leistete er Erhebliches im und für den Fußball sowie den Sport in Berlin und in Deutschland.

1873 als Sohn eines Papierfabrikanten in der Tempelhofer Vorstadt, dem heutigen Kreuzberg geboren, trat Georg Demmler mit 18 Jahren dem BFC Germania 1888 bei. Neben dem Fußball (bei dem er einen Rekord im damals betriebenen Fußball-Weitstoßen aufstellte) hatten es ihm auch Leichtathletik, Cricket und andere Sportarten angetan, die im Kaiserreich in Mode kamen. Als Demmler zu Germania stieß, hatte der Fußball in Berlin um das Jahr 1890 gerade begonnen, sich als regelmäßig betriebener Sport mit wiederkehrendem Turnus, kontinuierlich agierenden Protagonisten und stabilen Vereins- und Verbandsstrukturen zu etablieren.

Georg Demmler avancierte im Laufe der 1890er-Jahre in einem Alter von gerade mal Mitte Zwanzig innerhalb kürzester Zeit zu einem der schillerndsten, angesehensten und einflussreichsten Akteure der jungen Sport-Szene im Deutschen Reich. 1898 rief der hochgewachsene Demmler die Deutsche Sportbehörde für Athletik ins Leben, der er zehn Jahre lang vorsaß und die als Deutscher Leichtathletik-Verband bis heute existiert. Kurz darauf initiierte er auch die Gründung des Deutschen Fußball-Bundes, die aufgrund von Kompetenzstreitigkeiten mit dem Süddeutschen Fußball-Verband allerdings nicht in Berlin, sondern am 28. Januar 1900 an „neutralem Ort“, nämlich in Leipzig stattfand.

Der Siegeszug des Fußballs war da schon nicht mehr aufzuhalten. Spätestens als am 30. April 1905 Kronprinz Wilhelm als erstes Mitglied der kaiserlichen Familie einen Sportplatz betrat – nämlich den des BFC Germania 1888, der kurz zuvor am südlichen Rand des Tempelhofer Feldes errichtet worden war –, machte der Fußball einen entscheidenden Schritt in Richtung gesellschaftliche Anerkennung. Der sportbegeisterte Thronfolger hatte ursprünglich nur eine halbe Stunde eingeplant, blieb jedoch bis zum Schlusspfiff und überreichte dem Sieger einen eigens mitgebrachten Pokal. Adressat der Depesche, mit dem der hohe Besuch am Vormittag des Spieltages angekündigt wurde, war Georg Demmler, der zu dieser Zeit Vereinsvorsitzender war.

Einen weiteren Meilenstein markierten das erste Länderspiel einer deutschen Nationalmannschaft im Jahre 1908 sowie die erste Partie auf heimischem Platz, die am 20. April 1908 in Mariendorf stattfand. Der endgültige Durchbruch des Fußballs erfolgte schließlich, als 1910 durch einen Militär-Turnerlass das Spiel in die Ausbildungspläne der Armee aufgenommen wurde – das Militär erhoffte sich die körperliche Ertüchtigung seiner Soldaten und sorgte so dafür, dass vor und während des Ersten Weltkriegs massenhaft junge Menschen mit dem Spiel um das runde Leder in Berührung kamen.

In der Zeit von 1890 bis 1908 hatte der Fußball in Deutschland in einer relativ kurzen Zeitspanne von knapp zwanzig Jahren eine beispiellose Entwicklung vollzogen: Unter anderem angestoßen von Georg Demmler, wandelte sich der Sport von einer anfangs verpönten und verlachten Betätigung von vermeintlichen Außenseitern zu einer gesellschaftlich etablierten Aktivität von vielen anerkannten Mitgliedern der Gesellschaft. Wesentlichen Anteil daran hatten Protagonisten wie Demmler und andere, die mit teilweise erstaunlicher Umsicht und Weitsicht agierten. In dieser Phase wurden organisatorisch und strukturell im Wesentlichen sämtliche Grundlagen geschaffen, auf denen der aktuelle Fußball noch heute steht.

Zum Selbstverständnis und ausgeprägten Selbstbewusstsein der jungen Fußballer gehörte auch, dass sie sich frühzeitig als gesellschaftliche Akteure verstanden, ihre Lebensbedingungen aktiv mitgestalten wollten und auf politisch-institutioneller Ebene

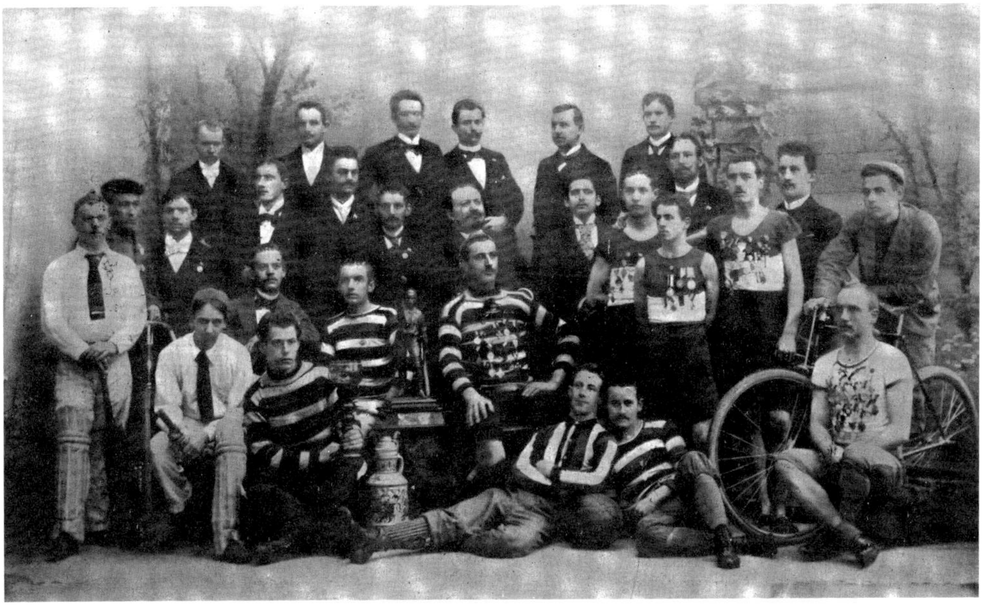

Georg Demmler (sitzend, mit zahlreichen Orden) inmitten der Mitglieder des BFC Germania 1888

die Nähe zu staatlichen Behörden und kommunalen Stellen suchten. Für sie stand fest, wie die Zeitschrift „Mitteldeutscher Sport“ 1913 schrieb, dass nun der Sport als „gleichberechtigter Kulturfaktor ... neben Kunst und Wissenschaft ... getreten“ sei. Allmählich begriff auch die Politik die Rolle des Sports und erkannte die „bedeutungsvolle Aufgabe unserer Kommunen“, ihn „durch die Schaffung von Spielplätzen ..., eventuell auch durch die Begünstigung von Sportvereinen, durch die Anregung von Wettkämpfen, wie wir sie aus England und Amerika kennen“ zu unterstützen, wie der damalige preußische Innenminister Theobald von Bethmann-Hollweg bereits 1907 vor dem preußischen Abgeordnetenhaus feststellte.

Georg Demmler nahm den Ball sozusagen auf, verlegte sich in seiner beruflichen Tätigkeit auf den Bau von Sportstätten und machte sich als Stadionarchitekt einen Namen. Zwischen 1926 und 1929, auf dem Höhepunkt seines Schaffens, baute er das Poststadion in der Lehrter Straße 59 in Berlin-Moabit, das nicht nur als Bauwerk aufgrund seines für die damalige Zeit immensen Fassungsvermögens von 35.000 Zuschauern, zahlreicher baulicher Feinheiten wie eines Tunnels, der die Laufbahn unterquerte, oder seines architektonisch bemerkenswerten Entwurfs Erwähnung verdient. Vor allem besticht sie noch heute wegen des Gesamtensembles als Sportanlage, die der Idee Rechnung trug, Raum für Bewegung, Körperkultur und Sport zu schaffen – und dies für große Teile der Bevölkerung, unabhängig von ihrer sozialen Herkunft.

In der Weimarer Republik wurde der Fußball zum Massenphänomen. Zahlreiche Protagonisten der frühen Zeit wie Georg Demmler hatten seine weitere Entwicklung nachhaltig geprägt. Berlin behielt als Hauptstadt auch sportlich eine herausragende Stellung, zumal es hier auf die breiten Grundlagen zurückgreifen konnte, die bereits vor dem Ersten Weltkrieg gelegt worden waren. Anhand der Person Georg Demmlers sowie der vielfältigen Impulse, die allein von ihm ausgingen, wird deutlich, dass Berlin mit einigem Recht als die Wiege des deutschen Fußballs bezeichnet werden kann.

Peter Deutschmann

*30. März 1948

Die Einheit im Namen und im Sinn

Für Peter Deutschmann gab es keine Alternative. Als im November 1989 die Mauer gefallen war und nicht nur die beiden deutschen Staaten, sondern auch die Fußballverbände aus Ost und West auf die Wiedervereinigung zustrebten, stellte sich 1990 auch für die beiden Vereine, die auf den VfB Pankow von 1893 zurückgingen, nämlich den VfB zu

Pankow (West) und die BSG Einheit Pankow (Ost), die Frage, ob sie wieder zusammenfinden würden. Sie fanden – und gefunden wurde auch eine salomonische Lösung für den gemeinsamen Vereinsnamen, der die vollzogene Einheit seitdem sogar symbolträchtig zum Ausdruck bringt: VfB Einheit zu Pankow 1893.

Der traditionsreiche VfB Pankow spielte nach dem Zweiten Weltkrieg zunächst in der noch gemeinsamen Berliner Stadtliga. Nach der Währungsreform und der Teilung Berlins im Jahr 1948 verließen einige Mitglieder den Verein. Der Sport in der DDR wurde auf die Basis von Betriebssportgemeinschaften gestellt. Als bekannt wurde, dass sich der VfB in BSG Einheit Pankow umbenennen sollte, verweigerten sich weitere Spieler dem politischen Druck und gründeten im Westteil der Stadt den VfB zu Pankow neu.

Nachdem der 1949 in West-Berlin wiedergegründete Verband Berliner Ballspielvereine das Vertragsspieler-System einführte, zog die DDR-Sportführung die Ostberliner Mannschaften aus der Berliner Stadtliga zurück und gliederte sie 1950 in die DDR-Oberliga ein. Sportlich durch den Weggang von sechs Stammspielern nach West-Berlin geschwächt, gehörte der VfB abgeschlagen zu den Absteigern der Saison 1950/51. Da die SED aber unbedingt drei Berliner Mannschaften in der höchsten Klasse spielen lassen wollte, um die Hauptstadt der DDR als „politisches, wirtschaftliches und kulturelles Zentrum" hervorzuheben, wurden die Nordberliner als BSG Einheit Pankow im August 1951 ins Oberhaus des DDR-Fußballs aufgenommen. Doch auch im zweiten Jahr wurden die Pankower Tabellenletzter und mussten nun unwiderruflich absteigen.

In den folgenden Jahrzehnten entwickelte sich Einheit Pankow zu einer klassischen „Fahrstuhlmannschaft" mit diversen Auf- und Abstiegen, während der VfB zu Pankow in West-Berlin stets unterklassig blieb. Nach dem Mauerfall im November 1989 gingen die Sportler beider Vereine sofort aufeinander zu. Unter der Führung von Jörg Milack vollzogen sie am 14. Mai 1991 bei „Joe im Wedding" die einzige Wiedervereinigung eines deutschen Fußball-Sportvereins, der vierzig Jahre lang durch die deutsche Teilung gespalten war.

Peter Deutschmann gehörte bis zu diesem Zeitpunkt als Kassenwart der Ost-Berliner BSG Einheit Pankow an und wirkte tatkräftig an der Ost-West-Fusion des Vereins mit. Später war er Mitglied des Vorstands und fungierte einige Jahre sogar als Vorsitzender des VfB Einheit zu Pankow 1893. Als Mitglied des Schiedsrichterausschusses in Ost-Berlin trug er zudem im Zuge der Vereinigung der beiden Berliner Fußball-Verbände maßgeblich dazu bei, dass die Zusammenführung der beiden Schiedsrichter-Organisationen aus West und Ost gelang. Auch auf dieser Ebene hatte Deutschmann stets die Berliner Fußball-Einheit im Sinn.

Sammy Drechsel

*25. April 1925 † 19. Januar 1986

Ein unbestrittener Klassiker

Der Ausspruch „Elf Freunde müsst ihr sein" wurde oft fälschlicherweise Sepp Herberger zugeschrieben, stammt aber tatsächlich von Richard Girulatis. In dessen 1920 erschienenen Buch „Theorie, Technik, Taktik" heißt es wörtlich: „Die elf Spieler jeder Mannschaft muss engste Freundschaft miteinander verbinden, dann werden Erfolge nicht ausbleiben. ‚Elf Freunde müsst ihr sein, um Siege zu erringen'. Dieser Spruch sollte in jedem Vereinszimmer an deutlich sichtbarer Stelle prangen." Der Satz „Elf Freunde müsst ihr sein, wenn ihr Siege wollt erringen" war sogar bereits 1903 auf dem Sockel der Viktoria eingraviert – wer hier der Urheber war, ist allerdings unbekannt.

Zum Buchtitel erhoben wurde die Sentenz dann 1955 von Sammy Drechsel, der mit bürgerlichem Namen eigentlich Karl-Heinz Kamke hieß. In seinem autobiographisch gefärbten Jugendbuch, das ein Jahr nach dem „Wunder von Bern" erschien und ein großer Erfolg wurde, geht es um eine Gruppe von Jungen, die gemeinsam eine Schulklasse an einer Berliner Volksschule in Wilmersdorf besuchen. Ihre Leidenschaft ist der Fußball, und so kämpft die Mannschaft mit großem Einsatz um die städtische Schulmeisterschaft, deren Finalspiel im Poststadion ausgetragen wird. Der Roman spielt in den 1930er-Jahren und die Hauptfigur heißt nicht zufällig „Heini Kamke".

Kamke alias Sammy Drechsel selbst kam ebenfalls bereits als Junge zum Fußball und spielte als Mittelstürmer beim Berliner SV 92, mit dem er die Berliner Jugendmeisterschaft gewann. Nach einer kaufmännischen Ausbildung absolvierte er ein Volontariat und arbeitete während des Zweiten Weltkriegs bei verschiedenen Rundfunksendern als Sportreporter. Nach 1945 war er zunächst beim RIAS tätig.

1950 verlegte er seinen Wohnsitz nach München, wo er beim Bayerischen Rundfunk für den Sport zuständig war und als Reporter von zahlreichen sportlichen Großveranstaltungen berichtete. Daneben gründete Sammy Drechsel 1956 gemeinsam mit Dieter Hildebrandt die Münchner Lach- und Schießgesellschaft, als deren Leiter und Regisseur er fungierte. Darüber hinaus war er als Filmregisseur und -schauspieler aktiv, bis zu seiner letzten Rolle in der Fernsehserie „Kir Royal" von Helmut Dietl im Jahre 1986.

Seiner Leidenschaft, dem Fußballspiel, ging er auch weiterhin selbst nach, indem er ebenfalls 1956 den Fußballverein „FC Schmiere" ins Leben rief, der meist für wohltätige Zwecke spielte. Zum Kern des Teams gehörten Mitglieder der Lach- und Schießgesellschaft wie Dieter Hildebrandt, Rainer Basedow oder Werner Schneyder, aber auch zahlreiche Sportler und andere Prominente stießen oft hinzu.

Sammy Drechsel starb 1986 im Alter von 60 Jahren an Bauchspeicheldrüsenkrebs. Sein Fußballbuch „Elf Freunde müsst ihr sein" zählt längst zu den unbestrittenen Klassikern des Genres.

Tom Dutton

*unbekannt †unbekannt

Der Fußball-Ingenieur aus England

Die Anfänge des Fußballs in Berlin wären ohne ihn kaum denkbar: Tom Dutton war Ingenieur und kam aus beruflichen Gründen aus England, dem Mutterland des Fußballs, nach Berlin. Zusammen mit einigen Landsleuten spielte er in den 1880er-Jahren auf dem Tempelhofer Feld Cricket und Fußball, brachte Schülern der umliegenden Gymnasien die Spielregeln bei und inspirierte so zahlreiche Vereinsgründungen, unter anderem die des ältesten deutschen Fußball-Vereins BFC Germania 1888.

Bereits 1883 war Tom Dutton Mitinitiator der Gründung des Berliner Cricket-Club von 1883, der auch Fußball spielte, obwohl er es in seinem Namen nicht verankert hatte,

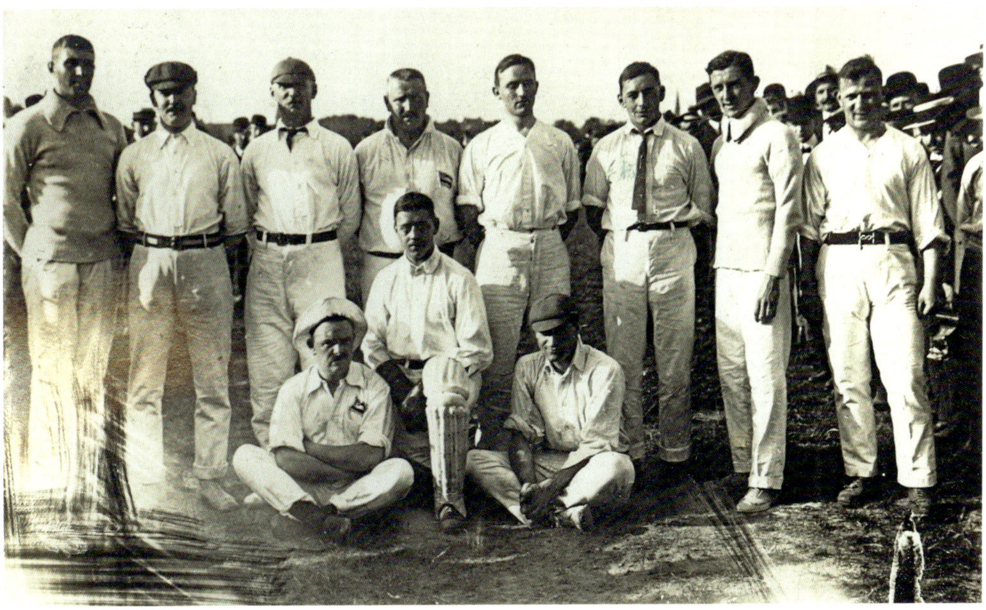

Tom (stehend, dritter von links) und Edwin Dutton (sitzend, rechts) im Cricket-Team von Britannia 1892

und damit des ersten Vereins in Berlin überhaupt, der diese Sportart betrieb. 1892 beteiligte er sich an der Gründung des BFC Britannia 1892, dem er – trotz eines vorübergehenden Aufenthaltes in Breslau, wo er den FC Breslau mitgründete – noch lange Zeit verbunden blieb. Nach seiner aktiven Zeit führte Dutton ein bekanntes Sportgeschäft in der Blücherstraße 14 und versorgte die zunehmend Fußball-hungriger werdende Hauptstadt mit englischen Importartikeln.

Bei Britannia spielte zunächst auch sein 1890 geborener Sohn Edwin, der 1908 zum Lokalrivalen BFC Preussen wechselte, mit dem er in der Saison 1909/10 die Berliner Meisterschaft gewann. Am 4. April 1909 in Budapest absolvierte er beim 3:3-Unentschieden gegen Ungarn ein Länderspiel für Deutschland. Nach einem zwischenzeitlichen Aufenthalt in England, wo er bei Newcastle United unter Vertrag stand, kehrte Edwin Dutton 1912 nach Berlin und zu Britannia zurück. Als 1914 der Erste Weltkrieg ausbrach, benannte sich der Verein vor dem Hintergrund der England-Feindlichkeit kurzerhand in „Berliner Sport-Verein 1892“ um.

Edwin Dutton galt, obwohl er deutscher Nationalspieler gewesen war, wegen seiner Herkunft nach wie vor als Brite und wurde als „Feindstaatenausländer“ für die Dauer des Krieges im „Engländerlager“ in Ruhleben interniert, wo er zusammen mit einigen Schicksalsgenossen einen Fußball-Spielbetrieb aufrechterhielt. Nach 1918 wieder in England, konnte er seine aktive Karriere nicht mehr erfolgreich fortsetzen und arbeitete fortan als Trainer unter anderem der Stuttgarter Kickers und bei Ipswich Town.

Bei all dem, was den in Berlin lebenden Engländern widerfuhr, waren sich die Fußballer der Bedeutung, die Engländer wie Tom Dutton für die Entwicklung des Fußballsports in Deutschland hatten, durchaus bewusst. So hieß es in der Festschrift zum 25-jährigen Bestehen des BFC Germania 1888, der ihn 1913 zum Ehrenmitglied ernannte: „Es muss hervorgehoben werden, dass wir diesen in Berlin wie in anderen Städten viel verdanken.“

Hans „Gustav“ Eder

*14. November 1934

Höchstmögliche Loyalität

Zur Saison 1962/63 verpflichtete Wolfgang Holst in seiner Funktion als verantwortlicher Leiter der Vertragsspieler-Abteilung von Hertha BSC den fast 28-jährigen Hans Eder für eine zu diesem Zeitpunkt horrende Ablösesumme von 80.000 DM von Tennis Borussia.

Und die Verpflichtung des damals neben Helmut Faeder besten Spielers in Berlin hatte Signalwirkung, denn zuvor Wechselgedanken hegende Spieler blieben dem Verein treu.

Bereits in seiner ersten Spielzeit hatte der in Berlin geborene Verteidiger mit 23 Einsätzen und fünf Toren maßgeblichen Anteil am ungefährdeten Meistertitel in der Vertragsliga Berlin, der zur Teilnahme an der Endrunde um die Deutsche Meisterschaft berechtigte. Am 24. August 1963 bestritt Hans Eder zusammen mit seinen Mannschaftskameraden beim 1:1 (0:1) gegen den 1. FC Nürnberg das erste Spiel der Vereinsgeschichte in der höchsten deutschen Spielklasse vor 50.074 Zuschauern im Berliner Olympiastadion. Im Verlauf der Saison sorgte er in 26 Spielen in der Abwehrreihe dafür, dass Hertha BSC als Tabellenvierzehnter den Klassenerhalt sicherte.

In der Bundesliga-Saison 1964/65, in der Hertha sportlich erneut den Klassenverbleib schaffte, war Hans Eder als einziger Spieler neben Otto Rehhagel in allen 30 Partien dabei. Nach dem Urteil des Deutschen Fußball-Bundes, das aufgrund von unerlaubten Handgeldzahlungen den Zwangsabstieg zur Folge hatte, blieb er den Blau-Weißen treu. Im dritten Anlauf glückte Eder mit der Mannschaft die lang ersehnte Rückkehr in das deutsche Fußball-Oberhaus, die am 24. Juni 1968 beim Empfang des Regierenden Bürgermeisters von Berlin, Klaus Schütz, vor dem Rathaus Schöneberg von den zahlreichen blau-weißen Anhängern überschwänglich gefeiert wurde.

Dieser Erfolg bildete den Abschluss der sportlich ereignis- und erfolgreichen Spielerkarriere von Hans Eder. Zur Saison 1968/69 wurde er von Helmut „Fiffi“ Kronsbein als Trainerassistent berufen, obwohl er dies gar nicht beabsichtigt hatte. Als Kronsbein im März 1974 dem Ruf seiner alten Liebe Hannover 96 folgte, um die Niedersachsen vor dem Abstieg aus der Bundesliga zu bewahren, betreute Hans Eder die Mannschaft der „Alten Dame“ federführend für die verbleibenden neun Saisonspiele. Auch nach den Demissionen der hauptamtlichen Trainer Kuno Klötzer im Dezember 1979, Martin Luppen im Mai 1984 und Uwe Kliemann im Dezember 1985 fungierte er mehrmals als Interimstrainer.

Hans „Gustav“ Eder, dessen Beiname der Namensgleichheit und einer gewissen Ähnlichkeit mit dem erfolgreichen Boxkämpfer Gustav Eder entstammt, wirkte unter insgesamt neun Trainern bis 1990 für Hertha BSC. Dabei hat er in seiner Karriere niemals Ambitionen auf die Position des hauptamtlichen Trainers geltend macht, sondern sich stets in höchstmöglicher Loyalität gegenüber den jeweiligen Übungsleitern mit dem Posten des Co-Trainers zufrieden gegeben.

Frank Schurmann

Jonny Egbuono

*20. Juli 1944

Viele Sympathien gesammelt

Viel ist nicht bekannt über Jonny Egbuono. Dabei darf es durchaus als ungewöhnlich gelten, dass er als junger Mann, der in Berlin Tiermedizin studierte, einen Vertrag bei Hertha BSC bekam. Denn wir schreiben das Jahr 1967 und Egbuonos Heimatland war Nigeria. Lange vor Marcelinho und anderen Spielern aus aller Welt, die das Spiel des Bundesligisten bereicherten, spielte also ein Fußballer vom afrikanischen Kontinent bei den Berlinern.

Bemerkungen über seine Herkunft konnten zu dieser Zeit offenbar nicht ausbleiben. So sagte Herthas Trainer Helmut „Fiffi" Kronsbein, der immer für einen humorvollen Spruch zu haben war, über Jonny Egbuono: „Der zieht ja schon Handschuhe an, wenn die Sonne nicht scheint." Von seinem fußballerischen Talent schien Kronsbein allerdings

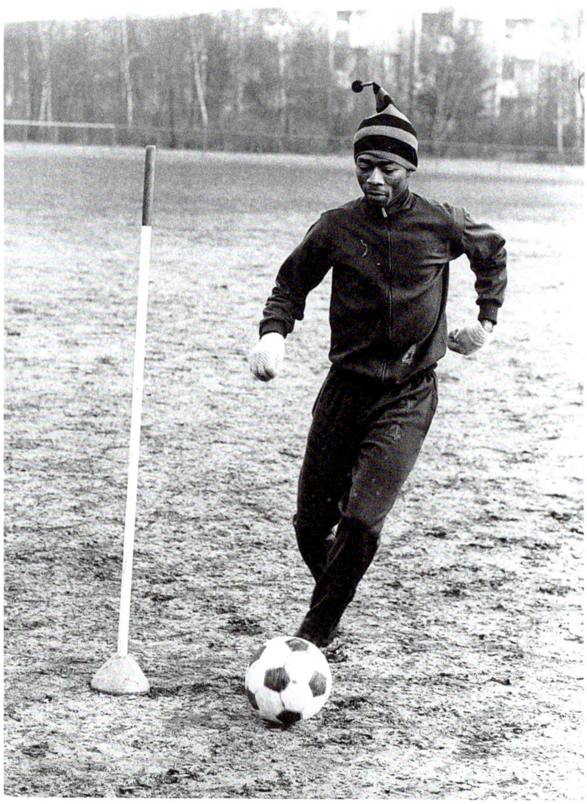

Jonny Egbuono beim Training

durchaus angetan zu sein. Egbuono wechselte jedoch – trotz oder wegen des Bundesliga-Aufstiegs von Hertha BSC – bereits 1968 zum Lokalrivalen Tasmania 1900. Mit den Neuköllnern gewann er in der Saison 1970/71 die Berliner Meisterschaft.

Nach Abschluss seines Studiums und reichlichen sportlichen Erfahrungen ging Jonny Egbuono 1972 als Tierarzt in sein Heimatland Nigeria zurück, wo sich seine fußballerische Spur verliert. In Berlin hatte er eine Zeit lang mit und gegen einige der größten Fußballer der Stadt in dieser Zeit wie Herthas bestem Torschützen der 1950er- und 1960er-Jahre, Helmut Faeder, gespielt. In Deutschland begründete er eine lange Ahnenreihe von Fußballern aus Nigeria, die bis zu Jay-Jay Okocha oder Sunday Oliseh reicht.

Jonny Egbuono ist sicherlich nicht der erfolgreichste und auch nicht der prominenteste Fußballer ausländischer Herkunft, der jemals in Berlin gekickt hat. Aber er steht beispielhaft für eine ganze Reihe Spieler aus verschiedenen Ländern, die aus den unterschiedlichsten Gründen in der Stadt lebten und ihrer Leidenschaft, dem Sport, nachgingen. Egbuono hat immerhin bei zwei Berliner Spitzenmannschaften gespielt und, so viel steht fest, mit seinem Können zahlreiche Zuschauer begeistert und viele Sympathien für Fußballer aus aller Welt gesammelt.

Helmut Faeder

*3. Juli 1935 †3. August 2014

Der Dicke und die Alte Dame

Der 1935 geborene Helmut Faeder stammte aus Buchholz und begann seine sportliche Karriere 1946 beim dortigen SV Buchholz in Pankow. 1953 wechselte er im Alter von 18 Jahren zu Hertha BSC. Bereits am 25. Dezember 1953 erhielt der gelernte Kfz-Handwerker von dem für die Westauswahl zuständigen Trainer und Hertha-Legende Hanne Sobek eine Berufung für das Berliner Stadtauswahlspiel Berlin (Ost) gegen Berlin (West) im Ostberliner Walter-Ulbricht-Stadion. 1957 wurde er zweimal in die Jugendnationalmannschaft berufen, im Jahr darauf kam er am 28. Dezember 1958 in Kairo beim Freundschaftsspiel gegen Ägypten zu einem Einsatz für die deutsche Nationalmannschaft unter Sepp Herberger.

Von 1954/55 bis 1970/71 schoss der Offensivspieler Helmut Faeder sagenhafte 241 Tore in Meisterschaftsspielen für Hertha BSC und später für Hertha 03 Zehlendorf. Allein für die „Alte Dame“ bestritt er 351 Pflichtspiele und erzielte dabei 212 Treffer. „Der Dicke“, wie Faeder keineswegs nur aufgrund seines Körperbaus, sondern eher wegen seiner wuchtigen Spielweise und seiner enormen Schusskraft genannt wurde, war dabei vielseitig einsetzbar. Was ihm an Schnelligkeit und Wendigkeit fehlte, machte er mit seiner ausgeprägten Balltechnik wett. Nach dem Start der Fußball-Bundesliga in Deutschland absolvierte er zwei Spielzeiten und schoss in 48 Partien zwölf Tore.

Da Hertha BSC wegen Vergehen gegen das Lizenzspielerstatut 1965 zwangsabsteigen musste, war das letzte Saisonspiel am 15. Mai 1965 bei Hannover 96 zugleich Helmut Faeders letzter Auftritt in der höchsten deutschen Spielklasse. Der inzwischen 30-jährige Halbstürmer kickte noch zwei Jahre in der Regionalliga für Hertha, sein Vertrag wurde jedoch 1967 auf Veranlassung von Trainer Helmut „Fiffi" Kronsbein aufgelöst. Faeder ging zu Hertha 03 Zehlendorf, wo er in den Jahren 1969 und 1970 zusammen mit Nachwuchs-Talent Uwe Kliemann noch zweimal Regionalliga-Meister wurde. 1971, mit 36 Jahren, beendete der leidenschaftliche Tischtennisspieler schließlich seine Fußballerkarriere und spielte dann nur noch in der Berliner Altliga.

Nach seiner aktiven Laufbahn betrieb Helmut Faeder einen florierenden Obst- und Gemüsehandel in Berlin. Ihm wurde die Goldene Ehrennadel des Verbandes Berliner Ballspielvereine verliehen, und die Spielstätte des SV Buchholz trägt seit 2015 den Namen „Helmut-Faeder-Sportplatz". Die Umbenennung mit Enthüllung einer Gedenktafel an der Rückseite des Vereinshauses fand in der Halbzeitpause eines Freundschaftsspiels zwischen Hertha BSC und dem SV Buchholz am 3. September 2015 statt. Faeder war im Jahr zuvor im Alter von 79 Jahren verstorben.

Walter Frankenstein

*30. Juli 1924

Vom Berliner Fußball, dem Überleben der Shoah und einer Botschaft an Fans

Die Lebensgeschichte von Walter Frankenstein und seiner Familie ist vieles gleichzeitig: Zum einen ist sie eine Geschichte vom Berliner Fußball, zum anderen ein zutiefst bewegender Bericht vom Überleben der Shoah in der Stadt. Und schließlich enthalten seine Erfahrungen eine wichtige Botschaft gegen das Vergessen – an interessierte Menschen und heutige Fußballfans.

Noch an dem Tag, an dem er ins Auerbach'sche Waisenhaus auf der Schönhauser Allee gekommen sei, habe für ihn festgestanden, dass er Fan von Hertha BSC würde, erinnert sich Walter Frankenstein an seine Jugend in den 1930er-Jahren in Berlin: „Meine Lieblingsspieler damals waren Hanne Sobek und Männe Hahn.“ Entweder sei man damals für Hertha gewesen oder für Tennis Borussia. Bis heute verfolgt er von Stockholm aus die Entwicklungen seiner Hertha – und möchte oft am liebsten selbst auf den Rasen treten, wie er sagt, mit weit über 90 Jahren.

Walter Frankenstein wurde am 30. Juni 1924 als Kind jüdischer Eltern in Flatow im damaligen Westpreußen (heutiges Polen) geboren. Nach der Machtübertragung an die Nationalsozialisten im Jahr 1933 musste er aufgrund der antisemitischen Gesetzgebung die dortige Schule verlassen und kam mit Unterstützung seines Onkels Selmar als Halbwaise im Sommer 1936 nach Berlin. Hier begannen nur wenige Tage später die Olympischen Sommerspiele. Frankenstein besuchte sie trotz der allgegenwärtigen antisemitischen Stimmung als jugendlicher, sportbegeisterter Zuschauer.

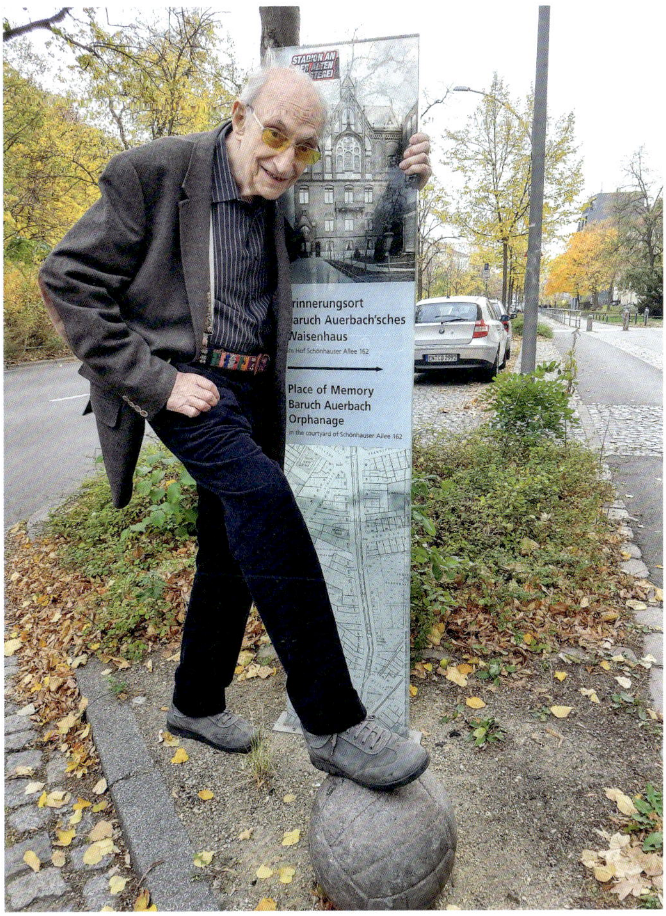

Walter Frankenstein vor der Gedenktafel zum Auerbach'schen Waisenhaus

Auch in der geschützten Umgebung des Auerbach, wo Walter Frankenstein seine spätere Frau Leonie kennenlernte und bis 1941 wohnte, spielten der Sport und insbesondere der Fußball eine große Rolle für ihn. Er wurde Mitglied der dortigen Fußballmannschaft. Auch für andere als jüdisch verfolgte Jugendliche war das Auerbach ein wichtiger Ort: „Ich hatte einen Freund im Auerbach, Hänschen Rosenthal, der Tennis-Borussia-Fan war. Wenn wir am Radio Fußball gehört haben, dann war die Freundschaft vergessen“, erzählt Frankenstein. Heimlich besuchten die beiden immer wieder Spiele von Hertha BSC und Tennis Borussia.

Ihre Umgebung jedoch wurde immer gewaltvoller: Als 14-Jähriger musste Walter Frankenstein die Pogrome um den 9. November 1938 erleben und beobachtete vom Dach des Waisenhauses aus die brennenden Synagogen Berlins. Da viele Berufe für ihn bereits verboten waren, machte er in der Folgezeit eine Ausbildung zum Maurer in der Jüdischen Bauschule in Berlin-Friedrichshain. Zahlreiche Familienangehörige sind ab Herbst 1941 aus Berlin in Ghettos und Vernichtungslager in den besetzten Gebieten deportiert worden. Auch aus dem Auerbach'schen Waisenhaus verschleppten die Nationalsozialisten Kinder, Jugendliche und Betreuungspersonen an Orte der Vernichtung. Unter ihnen war auch Hans Rosenthals jüngerer Bruder Gert, der nicht überlebt hat.

Walter Frankenstein selbst musste zu dieser Zeit zunächst an verschiedenen Orten in Berlin Zwangsarbeit leisten. Im Zuge der „Fabrik-Aktion“ im Frühjahr 1943, in der erneut tausende jüdische Zwangsarbeiter*innen in Berlin verhaftet und deportiert wurden, entschieden sich Walter und seine Ehefrau Leonie Frankenstein schließlich abzutauchen, um der drohenden Ermordung durch ein Leben im Untergrund zu entgehen. Mit zwei kleinen Kindern lebten die beiden in verschiedenen Verstecken, bis der Krieg endete – alle vier überlebten unter größter Gefahr. Über diese Zeit sagt Frankenstein: „Es braucht vier Dinge, um eine solche Zeit zu überleben: Man muss frech sein, keine Angst haben, gute Freunde und viel, viel, viel Glück. Dann kann man es eventuell schaffen.“

Nach dem Ende des Zweiten Weltkriegs entschied die Familie, das nach wie vor antisemitisch geprägte Deutschland zu verlassen und nach Palästina auszuwandern. Frankenstein half auf dem Weg dorthin vielen anderen Shoah-Überlebenden, indem er im Hafen von Marseille Schiffe für die verbotene Überfahrt nach Palästina ausbaute. Mitte der 1950er-Jahre schließlich zog die Familie von Israel nach Schweden, wo Walter Frankenstein bis heute mit seinen beiden Söhnen lebt. Seine Frau Leonie starb im Jahr 2009, nach 68 gemeinsamen Jahren mit Walter.

Viele alte Bekannte aus dem Auerbach'schen Waisenhaus hatten die Nazis ermordet, doch Hans Rosenthal hatte ebenfalls im Berliner Untergrund überlebt und war Präsident von Tennis Borussia geworden: „Wir hatten 30 Jahre lang keinen Kontakt, ich habe nicht gewusst, ob er überhaupt überlebt hatte. Er war der Dalli-Dalli-Mann geworden.

Ich habe damals bei seinem Buchverlag angerufen und meine Nummer hinterlassen. Zehn Minuten später war Hänschen Rosenthal am Telefon." Die beiden blieben bis zu Hans Rosenthals Tod 1987 in freundschaftlichem Kontakt.

Walter Frankenstein engagiert sich bis heute im Kampf gegen das Vergessen und berichtet interessierten Menschen von seinen Erfahrungen. An heutige Fußballfans richtet er die eindeutige Botschaft: „Wenn ihr gegen eine andere Mannschaft spielt, bleibt Freunde unten auf dem Rasen! Der Fußball ist kein Krieg – das ist Sport, das ist ein Vergnügen."

Juliane Röleke

Otto Fräßdorf

*5. Februar 1942

Bronzemedaille in Tokio

Die Fußball-Begeisterten schätzten seine Flügelläufe, die die Anhänger des sechsmaligen DDR-Fußballmeister Vorwärts Berlin mit den langgezogenen „Ot-toooo!"-Rufen begleiteten. Fräßdorf war beim Publikum und den Sportkameraden hoch angesehen. Seine heutige Bekanntheit reicht immer noch über den Kreis der Ost-Fußball-Experten hinaus.

Die Ausbildung als Fußballspieler bekam er in Magdeburg, wo er im Alter von zwölf Jahren mit dem Kicken begann. Gleichzeitig trainierte er als Kunstturner und erzielte auf Kreisebene Erfolge. 1960 wechselte der gelernte Schiffbauer zum ASK Vorwärts, aus dem 1966 der FC Vorwärts Berlin hervorging. Mit seinem Verein errang Fräßdorf vier DDR-Meisterschaften. Für die DDR-Nationalmannschaft und die Olympia-Auswahl des Landes kam er insgesamt zu 51 Einsätzen. Er beendete 1971 verletzungsbedingt seine Laufbahn und wurde Trainer im Nachwuchsbereich und in der DDR-Liga.

Zu seinen großen Erfolgen als Aktiver gehörte die Bronzemedaille bei den Olympischen Spielen 1964 in Tokio. Doch der Weg zu den Wettkämpfen in Japan war in Zeiten des Kalten Krieges und der deutschen Zweistaatlichkeit lang, da die Fußballer der DDR und der Bundesrepublik gegeneinander um das Olympia-Ticket kämpfen mussten.

Die erste Begegnung des Teams der DDR – das de facto aus „Staatsamateuren" aus der Oberliga bestand, die bis zu diesem Zeitpunkt noch keine Berufung innerhalb der WM-Qualifikation erhalten hatten und dadurch laut Reglement spielberechtigt waren –

und der von Weltmeister-Trainer Sepp Herberger betreuten Amateurmannschaft aus der Bundesrepublik wurde am 15. September 1963 in Karl-Marx-Stadt vom Gastgeber 3:0 gewonnen. Otto Fräßdorf erinnerte sich, dass es trotz der politisch aufgeladenen Begegnung zwischen den Spielern „auf dem Platz einen guten und fairen Kontakt“ gab.

Das Rückspiel in Hannover konnten die Akteure aus der DDR ebenfalls für sich entscheiden. In der Qualifikation setzten sie sich abermals durch, wobei Fräßdorf gegen die Niederlande und die Sowjetunion entscheidende Tore schoss. Die Teilnahme am Olympischen Turnier wurde zum schönsten Erlebnis seiner sportlichen Laufbahn.

Im wiedervereinten Deutschland fand Fräßdorf im Sport keine berufliche Beschäftigung mehr. Er wurde Taxiunternehmer und hielt sich durch Volleyball und in Fußball-Traditionsmannschaften fit. Für sich und seine Frau entdeckte er die Annehmlichkeiten und die Erholung bei Kreuzfahrten.

Lutz Michael Fröhlich

*2. Oktober 1957

Der oberste Chef aller Schiedsrichter

Lutz Michael Fröhlich leitet seit 2016 den Schiedsrichterausschuss beim Deutschen Fußball-Bund und ist damit oberster Chef aller Unparteiischen in Deutschland. Es ist nach Werner Treichel, der in den 1950er- und 1960er-Jahren zu den renommiertesten Referees in Deutschland gehörte und dieses Amt von 1973 bis 1978 innehatte, der zweite Berliner, dem diese Ehre zuteilwurde. Seit dem 1. Januar 2022 ist Fröhlich Sport-Geschäftsführer der aus dem DFB ausgegliederten DFB Schiri GmbH.

Fröhlich begann 1985 seine Karriere als DFB-Schiedsrichter. Von 1991 an war er in der Bundesliga aktiv, von 1994 bis 2002 zudem als FIFA-Schiedsrichter. 2003 pfiff er das DFB-Pokalfinale zwischen dem FC Bayern München und dem 1. FC Kaiserslautern. Im Rahmen einer Kooperation des DFB mit dem japanischen Fußballverband leitete Fröhlich 1994 auch 16 Spiele in der J-League, zwischen 2002 bis 2005 wiederum 10 Spiele in der südkoreanischen K-League. Damit leistete er Pionierarbeit im Schiedsrichterbereich.

Große öffentliche Wahrnehmung fand seine Entschuldigungsgeste bei Michael Ballack. Diesem hatte er am 6. November 2004 bei der Bundesliga-Partie zwischen dem FC Bayern München und Hannover 96 nach einem vermeintlichen Foul und vorangegangener Verwarnung die Gelb-Rote Karte gezeigt. Nach Protesten der Bayern und Intervention seines Schiedsrichterassistenten nahm Fröhlich die Entscheidung zurück und entschuldigte sich per Handschlag. Dafür erhielt er 2005 den Fairplay-Preis des Verbandes Deutscher Sportjournalisten.

Im Januar 2005 brachte Fröhlich zusammen mit den Berliner Schiedsrichterkollegen Manuel Gräfe und Felix Zwayer den Fußball-Wettskandal ins Rollen, indem er Unstimmigkeiten bei verschiedenen Zweitliga-Partien sowie Pokalspielen beim DFB anzeigte. Die Vorfälle um Robert Hoyzer erschütterten den deutschen Fußball nur eineinhalb Jahre vor der Weltmeisterschaft im eigenen Land und gingen als größte Affäre seit dem Bundesliga-Skandal 1970/71 in die deutsche Fußball-Geschichte ein.

Der gelernte Bankkaufmann und studierte Diplom-Kommunikationswirt ist sportlich beim SV Norden-Nordwest am Gesundbrunnen beheimatet. Nach Ende seiner aktiven Laufbahn arbeitete Lutz Michael Fröhlich von 2005 bis 2008 ehrenamtlich im Bereich der Schiedsrichterausbildung und -entwicklung. Von 2008 bis 2016 war er als hauptamtlicher Leiter der Abteilung Schiedsrichter beim DFB in Frankfurt am Main beschäftigt. Seit 2010 gehört er der sportlichen Leitung der DFB-Elite-Schiedsrichter an, seit 2016 ist er als Vorsitzender der Schiedsrichterkommission Elite auch Sportlicher Leiter der Elite-Schiedsrichter.

Ernst Fuhry

*23. November 1903 †28. April 1976

Disziplin für Körper und Geist

Auch wenn seine Ansichten und Methoden aus heutiger Sicht seltsam anmuten, sollte der Einfluss von Ernst Fuhry auf den Fußball in Berlin und in Deutschland nicht unterschätzt werden. Geboren wurde Ernst Fuhry am 23. November 1903 in Worms. Nach dem Studium an der Staatlichen Kunstgewerbeschule in München arbeitete er seit 1929 als angestellter Redakteur beim Deutschen Fußball-Bund, nachdem er sich zuvor durch verschiedene Publikationen einen guten Ruf als Fußball-Fachmann erworben hatte. Er siedelte nach Berlin über und bezog eine Wohnung in der Brückenallee 5 in jenem Haus, in dem auch der DFB zu dieser Zeit seine Geschäftsstelle unterhielt und das 1943 einem Bombenangriff zum Opfer fiel.

Da er auch grafisch talentiert und entsprechend ausgebildet war, entwarf er in den 1930er-Jahren das DFB-Emblem mit den drei ineinandergeschobenen, zackigen Buchstaben in grüner Farbe, das in dieser Form bis 1995 verwendet wurde und auch im heutigen Logo noch gut erkennbar ist. Publizistisch entfalteten seine Ideen Wirkung – vor allem die „Fußball-Fibel“, die er 1934 gemeinsam mit Carl Koppehel veröffentlichte, und „Kampf und Sieg, Junge! Das Sportbuch des deutschen Jungen“, das 1935 mit einem Vorwort von Reichssportführer Hans von Tschammer und Osten erschien. Da er darin trotzdem versuchte, die Ideale der bündischen Jugendverbände und der Pfadfinderschaft wiederzugeben, zumal er seit 1930 erster „Reichsführer“ der katholischen Quickborn-Jungenschaft und Führer der katholisch-bündischen „Märkischen Jungenschaft“ war, durfte das Buch ab 1938 nicht mehr erscheinen.

Für Aufsehen sorgten seine „Spartaner“, wie er eine Gruppe von jugendlichen Fußballern nannte, die er gleichermaßen sportlich wie charakterlich formen wollte. Disziplin für Körper und Geist waren die Tugenden, die er den Jugendlichen beizubringen versuchte und die in einer intelligenten, „körperlosen“ Spielweise münden sollten. Die Bemühungen hatten durchaus Erfolg, denn in der Saison 1937/38 nahmen die ganz in Weiß spielenden Spartaner an der Berliner B-Jugendmeisterschaft teil, wo sie mit 27 Siegen in 27 Spielen und einem Torverhältnis von 222:17 souverän den Titel gewannen. Das Berliner Publikum war begeistert von der Mannschaft, die jedoch bei Kriegsbeginn auseinanderfiel. 40 von Fuhrys Spielern wurden eingezogen, 19 von ihnen fielen im Krieg. Von den übrigen kehrten viele schwerverwundet und teilweise erst nach langer Kriegsgefangenschaft heim.

Ernst Fuhry arbeitete in späteren Jahren auch als Trainer in Nordhorn an der holländischen Grenze, blieb zeitlebens dem Fußballsport verbunden und starb am 28. April 1976 in seiner Heimatstadt Worms. Seine ganzheitlichen Ansätze in der Erziehung des jugendlichen Fußball-Nachwuchses blieben noch lange Zeit prägend.

Michael Fuß

*21. Mai 1977

Zwei aus dem gleichen Holz

Man könne die Geschichte von Michael Fuß auf zwei Arten erzählen, beschied das Fußball-Magazin „11 Freunde“ gegen Ende seiner Karriere 2014, als „Story des gescheiterten Hochbegabten“, die „zweite ist das Heldenepos über einen Mann und seine Leidenschaft … sein untrügliches Gespür für eine Torchance blieb Fuß stets erhalten. Egal, was ihm widerfuhr, egal, wozu er sich auch immer entschloss.“

Michael Fuß selbst erzählte die Geschichte des 18-Jährigen, der für den Hamburger Sport-Verein vor 60.000 Fans Tore schoss. Woran das gescheitert sei, wurde er von den Jugendlichen während eines Besuchs beim SportGeschichten-Workshop in der Jugendstrafanstalt Berlin gefragt. „Die Einsamkeit abends in der fremden Stadt, die falschen Freunde", antwortete Fuß. „Ich habe den Fokus verloren." Er galt lange als der „Unvollendete", seine Ausflüge in den Profi-Fußball waren trotz seines ungeheuren Talents nur wenig erfolgreich. Beim HSV scheiterte er auch deswegen, weil Trainer Felix Magath nur eine Woche nach Fuß' Verpflichtung vom Verein entlassen wurde.

Und es gibt die Geschichte des jungen Mannes, der nie aufgehört hat, im Berliner Amateurfußball Tore zu schießen. Etwa in der Saison 2000/01, als er quasi im Alleingang Türkiyemspor Berlin mit 66 Toren zum Aufstieg geschossen hat – damals trug er den Spitznamen „Bomber". Später waren es 102 Tore in 165 Spielen im Laufe von fünfeinhalb Jahren für Tennis Borussia.

„Fuß! Fuß! Fußballgott!", riefen die Fans bei TeBe begeistert, sobald er das Spielgerät ergatterte. Michael Fuß erzählte bei seinem Besuch in der Jugendstrafanstalt auch davon, wie es war, als einziger Deutscher für einen türkischen Verein zu spielen. Er ist in Kreuzberg groß geworden, es sei normal gewesen, türkische Freunde zu haben. „Mit zwölf habe ich fließend Türkisch gesprochen". Oder davon, wie es war, als in den 1990er-Jahren die Spiele von Türkiyemspor (vor allem gegen ostdeutsche Mannschaften) von

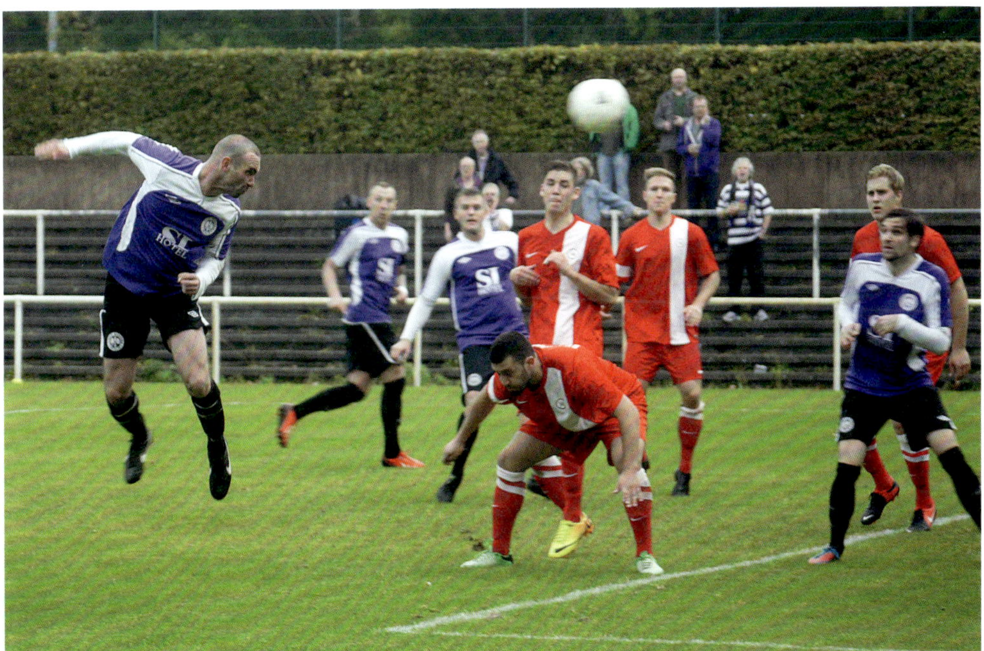

Michael Fuß beim Kopfball bei einem Spiel in der Berlin-Liga

massiven rassistischen Beschimpfungen und teilweise auch Ausschreitungen begleitet wurden. „Auf dem Platz bin ich in meinem eigenen Film, da habe ich nicht viel davon mitbekommen. Aber vom Platz in die Kabine – das war heftig."

Die Fans lieb(t)en Michael Fuß für seinen Kiezgeruch. Auf dem Platz verwandelte er Bälle, als seien Tore Stangenware. Er war mit seinen 66 Treffern für Türkiyemspor Torschützenkönig in der Verbandsliga und dreimal Torschützenkönig für TeBe in der Oberliga – mit 28 Toren in der Saison 2004/05, 24 Toren in der Saison 2013/14 sowie 29 Toren in der Saison 2014/15. Sechsmal wurde er mit seinem Team Berliner Pokalsieger. Der Berliner Amateur-Fußball und Michael Fuß sind zwei aus dem gleichen Holz.

Jan Buschbom

Peter Gabor

*19. April 1940

Seinem Hobby treu geblieben

Die Ahnenreihe der Berliner Schiedsrichter, die sich über die Grenzen der Stadt hinaus gewirkt haben, ist lang. Sie reicht von Paul Neumann, der bereits vor dem Ersten Weltkrieg aktiv war, über Alfred Birlem und Carl Koppehel, die in den 1920er- und 1930er-Jahren als Unparteiische tätig waren, bis hin zu Werner Treichel und Ewald Regely, die in den 1950er-, 1960er- und 1970er-Jahren national pfiffen. Den größten Bekanntheitsgrad über Berlin hinaus erreichte in den 1970er- und 1980er-Jahren sicherlich der aus Reinickendorf stammende Peter Gabor.

Seit dem 7. Juli 1969, als er sein erstes Spiel in der Bundesliga pfiff, brachte Peter Gabor es bis 1988 auf insgesamt 158 Einsätze in der höchsten deutschen Spielklasse. Der sportliche Höhepunkt seiner Karriere war das DFB-Pokalfinale 1987 im heimischen Berliner Olympiastadion zwischen dem Hamburger SV und den Stuttgarter Kickers (3:1). Daneben standen insgesamt 26 DFB-Pokalspiele, 71 Spiele in der 2. Liga sowie das Endspiel um die Deutsche A-Junioren Meisterschaft 1983 zu Buche.

Bereits früh übernahm Peter Gabor auch Funktionen innerhalb der Schiedsrichter-Organisation. Schon 1967 wurde er als Nachfolger von Werner Treichel Vorsitzender der Lehrgemeinschaft Charlottenburg, was er 22 Jahre lang blieb, bis er 1989 auf die Position des Vorsitzenden des Verbandsschiedsrichterausschusses im BFV wechselte. Kaum hatte er das Amt übernommen, war die historische Aufgabe zu meistern, die beiden

Berliner Schiedsrichter-Organisationen zusammenzuführen, was dank Mitstreitern aus West und Ost wie Peter Deutschmann auch gelang.

1991 wurde Peter Gabor zum Vorsitzenden des ersten Gesamt-Berliner Schiedsrichterausschusses gewählt. Neben diesem Amt, das er bis 1998 ausübte, und seiner Tätigkeit als Schiedsrichterbeobachter bis auf Bundesliga-Niveau erstellte er bis Mai 2008 in der Schiedsrichter-Zeitung des Deutschen Fußball-Bundes die Rubrik Regelfragen, wodurch er auch jungen Schiedsrichtern ein Begriff war. Darüber hinaus war er Mitglied des DFB-Schiedsrichter-Lehrstabs sowie viele Jahre Mitglied des Schiedsrichterausschusses des NOFV.

Peter Gabor ist seit seinem 18. Lebensjahr seinem Hobby als Schiedsrichter und Beobachter sowie als Funktionär treu geblieben. Durch sein Engagement und die Übernahme von Verantwortung hat er sich weit über die Stadt hinaus um den Berliner Fußball und das deutsche Schiedsrichterwesen verdient gemacht.

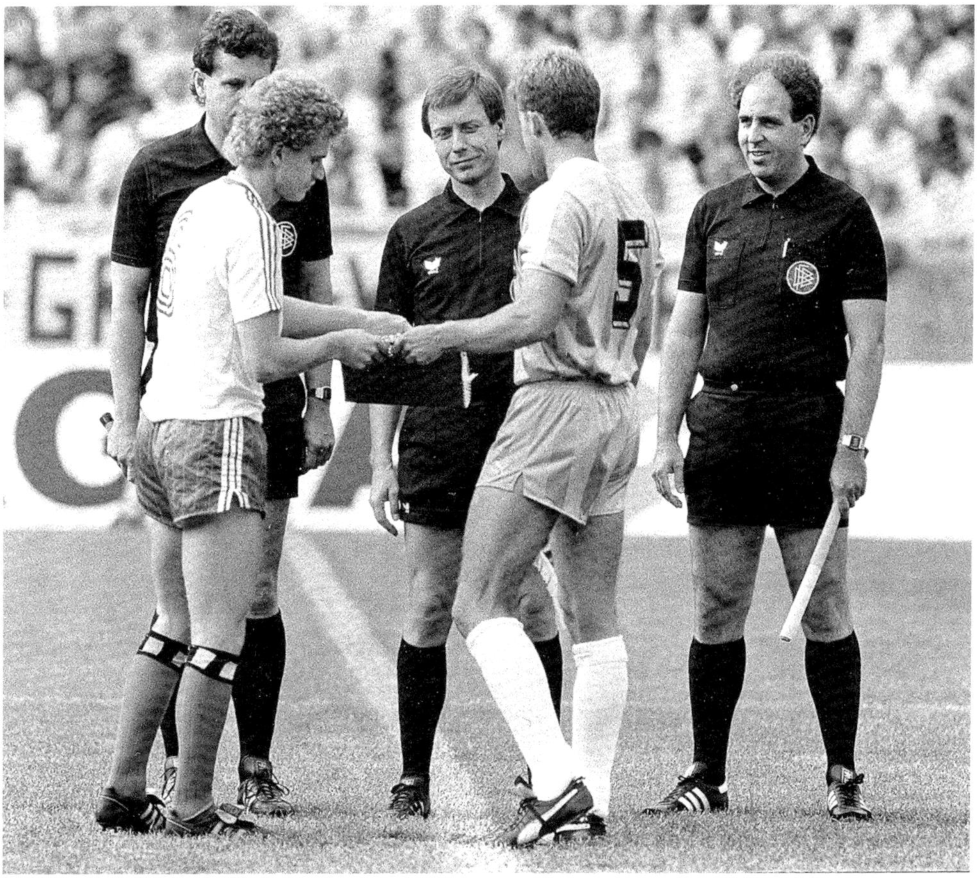

Peter Gabor (Mitte) vor dem DFB-Pokalfinale 1987

Paul Gehlhaar

27. August 1905 † 2. Juli 1968

Erfolgreich auf und neben der Linie

Zur Saison 1927/28 verpflichtete Hertha BSC den 22-jährigen Paul Gehlhaar vom Kontrahenten VfB Königsberg, mit dem sich die Berliner nicht zuletzt wegen der herausragenden Fähigkeiten des Ostpreußen in den Meisterschaftsendrunden der Jahre 1925 bis 1927 dramatische Duelle lieferten. In seinen ersten beiden Berliner Spielzeiten erreichte er zweimal das Endspiel um die Deutsche Meisterschaft, musste sich jedoch beide Male dem Hamburger SV und der Spielvereinigung Fürth geschlagen geben.

In der Saison 1929/30 stand die Mannschaft zum fünften Mal in Folge im Endspiel um die Deutsche Meisterschaft. Nach zweimaligem Rückstand gewann Hertha BSC durch den späten Siegtreffer von Hans „Hanne" Ruch in einem dramatischen Endspiel mit 5:4 gegen Holstein Kiel und sorgte für den ersten Gewinn der „Viktoria" in der Vereinsgeschichte. Ein Jahr später wiederholte Paul Gehlhaar, der nach einer früheren schweren Schädelverletzung eine Mütze mit Stahleinlage trug, mit seiner Mannschaft durch ein 3:2 gegen den Sportverein München 1860 diesen Triumph.

Nach dem knapp verpassten Einzug in das Halbfinale um die Deutsche Meisterschaft 1935 endete für den zweimaligen Nationaltorwart kurz darauf die Zeit als aktiver Spieler für Hertha BSC. Im April 1936 wurde Paul Gehlhaar „in Anerkennung seiner langjährigen und erfolgreichen Mitarbeit, seines opferfreudigen und unermüdlichen Eintretens für die Ziele des Fußballsports", so der Duktus der Zeit, der Ehrenbrief des Deutschen Fußball-Bundes verliehen.

Seine größte Tat vollbrachte Paul Gehlhaar jedoch abseits des Fußballplatzes. Am Pfingstmontag des Jahres 1933 rettete er einem vierjährigen Jungen aus dem Stadtkanal in Potsdam vor dem Ertrinken. Sein entschlossenes und mutiges Verhalten wurde als Anerkennung im Amtsblatt für den Landespolizeibezirk Berlin öffentlich bekanntgegeben und der Tagespresse mitgeteilt.

Aber auch als Trainer war Paul Gehlhaar für Hertha BSC erfolgreich. In der Saison 1953/54 führte er die Mannschaft um den jungen Helmut Faeder von der Amateur- in die Vertragsliga und bildete damit die Grundlage, die den Verein zu einem Anwärter für die knapp ein Jahrzehnt später gegründete Bundesliga wachsen ließ. Am 5. Juli 1968 erlag Paul Gehlhaar den Folgen einer sich bereits seit Jahren verschlimmernden Erkrankung.

Frank Schurmann

Richard Genthe

*23. Februar 1894 † 19. Dezember 1991

Ein hochgeschätzter Praktiker des Sports

Richard Genthe wurde am 23. Februar 1894 in Weißensee geboren, das damals noch vor den Toren der Stadt Berlin lag. Als Ältester von fünf Kindern musste er sich nach dem frühen Tod seines Vaters schon in jungen Jahren um die finanzielle Sicherheit der Familie kümmern. Etwa um 1910 entdeckte er den Fußball-Sport und schloss sich dem Verein Weißensee 1900 an, er den Berichten zufolge eine aktive und für jene Zeit moderne Jugendabteilung unterhielt.

Als Spieler war Genthes Position überwiegend Torwart. Weißensee 1900 hielt er bis auf einen kurzen Abstecher zu Minerva 93, mit denen er 1918 die Berliner Vizemeisterschaft errang, über viele Jahre die Treue und blieb bis zu seinem 37. Lebensjahr aktiv am Ball.

Genthe, der bei Weißensee 1900 einige Jahre die Position des 1. und 2. Vorsitzenden innehatte, kam über die Jugendarbeit zum Berliner Verband. Er wurde Jugend-Vorsitzender des Ostkreises und 1933 Kreisvorsitzender bzw. Leiter des Spieltriebs im Bereich Berlin. Genthe blieb auf diesem Posten auch nach der Machtergreifung der National-

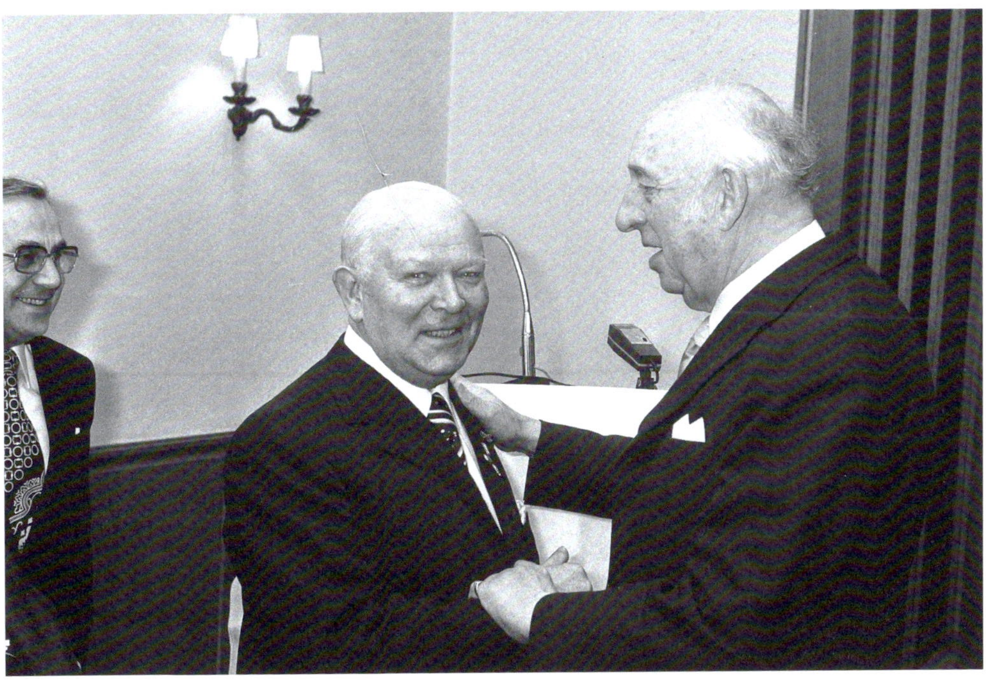

Richard Genthe (links) bei einer Veranstaltung des VBB

sozialisten 1933 und der faktischen Selbstauflösung des VBB und des DFB im gleichen Jahr. Nun übte er diese Funktion im Rahmen des von den Nationalsozialisten gleichgeschalteten Sports aus und war im Deutschen Reichsbund für Leibesübungen, Fachamt Fußball für das Gau III Berlin-Brandenburg zuständig. Von 1941 bis 1945 fungierte Genthe als Gaufachwart des Gau III.

Über Genthes Haltung zum Nationalsozialismus in der Weimarer Republik und sein Handeln in der Zeit der NS-Diktatur ist bisher nur sehr wenig bekannt. Archivgestützte Forschungen von Historikern liegen nicht vor. Der Berliner Fußball-Verband wird in Zusammenhang seines 125. Jubiläums eine Studie zum Gesamtkomplex in Auftrag geben. Nachweisbar ist, dass Genthe zu keinem Zeitpunkt Mitglied der NSDAP war und diese auch nicht beantragte. Da er sehr schnell in den Nachkriegsjahren im Sport wieder Verantwortung und Einfluss erhielt und die Alliierten 1946 keine Einwände erhoben, galt er wohl als unbelastet.

Nach der Wiedergründung des VBB am 4. Dezember 1949 amtierte Richard Genthe bis 1967 als Stellvertretender Vorsitzender hinter Paul Rusch. In dieser Position erwarb er sich große Verdienste. Im Verband und in den Vereinen wurden vor allem seine praktische Erfahrung und seine Fähigkeit, die konkrete Arbeit voranzutreiben, hochgeschätzt.

Richard Genthe war zum Beispiel dafür verantwortlich, dass der VBB 1950 für 155.000 DM das Gelände am Kleinen Wannsee kaufte. Die heutige Sportschule mit ihrem 6.000 Quadratmeter großen Grundstück, direkt am Wasser gelegen, ist ein wichtiges Zentrum des Verbandes. In Erinnerung an Richard Genthe trägt sie seinen Namen.

Richard Genthe wurde zu Lebzeiten zum Ehrenvorsitzenden des VBB und zum Ehrenmitglied des DFB ernannt. Die Verbände würdigten seine Leistung für die Entwicklung des Fußball-Sports vor allem zwischen 1945 und dem Ende der 1960er-Jahre.

Reiner Gentz

*8. März 1944 † 23. Oktober 2016

Der Manager der Fußball-Einheit

Reiner Gentz wurde am 8. März 1941 in Reichenberg im Sudentenland geboren. Als Kind nach Berlin gekommen, wurde er im Alter von acht Jahren Mitglied beim BSC Kickers 1900. Nach dem Abitur ging er 1965 zur Bundeswehr und begann 1971 ein Sportstudium in Köln, das er als Diplom-Sportlehrer mit dem Sonderfach Fußball abschloss. Nach dem Abschluss wurde Gentz zunächst Geschäftsführer der Deutschen Sportjugend im Deutschen Sportbund, bevor er im Mai 1990 das Amt des Geschäftsführers beim Berliner Fußball-Verband übernahm.

Gemeinsam mit dem damaligen BFV-Präsidenten Otto Höhne und dem Vorsitzenden des Ostberliner Fußball-Verbands (FVB) Uwe Piontek sowie seinem Amtskollegen und FVB-Geschäftsführer Herbert Wolff war Reiner Gentz für die Zusammenführung der beiden Fußball-Verbände der Hauptstadt verantwortlich, die in die Vereinigung am 17. November 1990 mündete. Im weiteren Verlauf seiner 14-jährigen Amtszeit erlebte und begleitete Gentz zahlreiche Höhepunkte wie DFB-Pokalendspiele, Länder- und Europapokalspiele in Berlin.

Im Jahr 2004 übernahm er die Leitung des Berliner Organisations-Komitees der Fußball-Weltmeisterschaft 2006 und sorgte für den reibungslosen Ablauf des größten Sport-Ereignisses der zurückliegenden Jahrzehnte in der Stadt, das als „Sommermärchen" in die Fußball-Geschichte einging und auch in Berlin noch lange nachwirkte. Bereits 1997 wurde er für sein Engagement für den Fußball mit der Verdienstnadel des DFB geehrt.

Ihm kommt ohne Zweifel das Verdienst zu, den Verband in einer historischen Phase umsichtig gesteuert, das Zusammenwachsen des Fußballs von Ost und West in der Stadt gemanaged und die ganz konkrete Zusammenführung des Spielbetriebs im Berliner Amateurfußball gemeistert zu haben, auch wenn dies vielleicht nicht immer gänzlich reibungslos vonstatten ging. Als er, nur ein knappes Jahr nach der Feier zum 25-jährigen Jubiläum der Fußball-Einheit in Berlin, am 23. Oktober 2016 im Alter von 72 Jahren starb, trauerte der Berliner Fußball-Verband um Reiner Gentz, der den Fußball in Berlin in dieser historischen Zeit entscheidend mitgeprägt hat.

László Gergely

*28. Oktober 1941

In Berlin heimisch geworden

Der 1941 in Ungarn geborene László Gergely war in der 1960er-Jahren mit Dinamo Bukarest dreimal rumänischer Meister, 36-facher Nationalspieler und Teilnehmer der Fußball-Weltmeisterschaft 1970, bevor er sich nach Deutschland absetzte und sich Hertha BSC anschloss. Zusammen mit dem ungarischen Stürmerstar Zoltán Varga, der in der Hauptstadt schnell zum Publikumsliebling avancierte, sollten die beiden das spielerische Niveau des Bundesligisten heben und die Meisterschaft anpeilen, was zu dieser Zeit durchaus im Bereich des Möglichen lag.

Doch es kam anders, denn beide waren 1970/71 in den Bundesliga-Skandal verwickelt, der empfindliche Strafen für Spieler und Funktionäre von Hertha BSC nach sich zog. László Gergely wurde am 23. Januar 1972 auf Lebenszeit gesperrt und wanderte zunächst nach Südafrika aus, wo er Polizist wurde und für Durban City Fußball spielte. Am 26. Januar 1973 begnadigt, kehrte er schließlich nach Berlin zurück.

Es gelang dem BFC Germania 1888, der zu diesem Zeitpunkt eine schlagkräftige Mannschaft zusammen hatte und von einem Aufstieg in die damalige Oberliga träumte, László Gergely als Trainer zu engagieren. Die Mannschaft errang in der Saison 1976/76 den 2. Platz in der Staffel hinter Hertha 06, doch der Aufstieg in die A-Klasse blieb leider ein Traum, denn der Berliner Meister Union 06 scheiterte in der Aufstiegsrunde zur 2. Bundesliga, sodass in den anderen Staffeln keine weiteren Plätze frei wurden und nur die jeweils Erstplatzierten der B-Klasse aufstiegen.

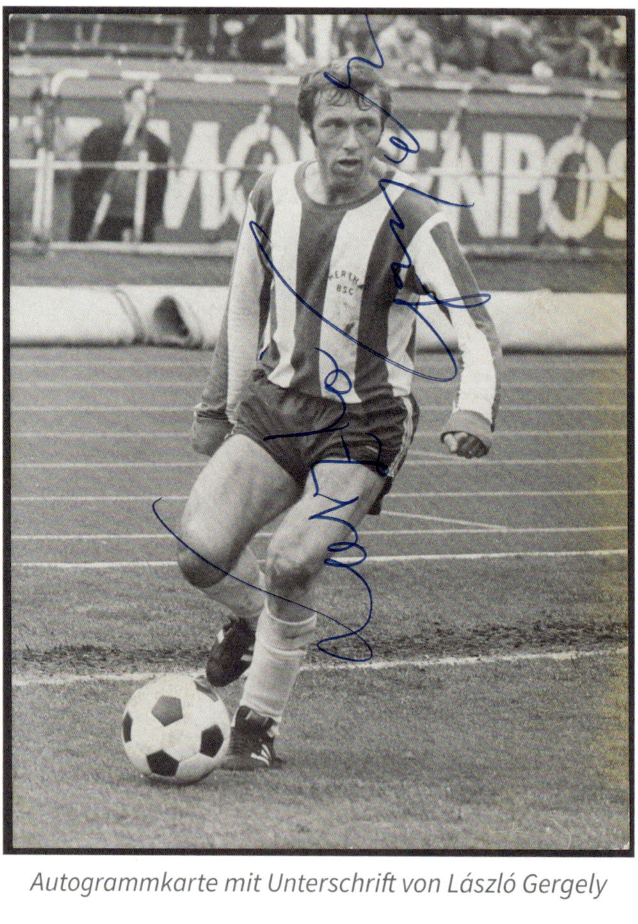

Autogrammkarte mit Unterschrift von László Gergely

László Gergely jedoch war in der Zwischenzeit in Berlin endgültig heimisch geworden, blieb in der Stadt und wurde Betreiber des Casinos im Volkspark Wilmersdorf, das direkt am Spielfeldrand des Sportplatzes liegt und als Vereinsgaststätte des 1. FC Wilmersdorf dient, für den er auch gelegentlich in der Jugendarbeit tätig war. Die „Volksparkbaude“, wie das Lokal in früheren Jahren hieß, war Anlaufpunkt für alle Fußball-Begeisterten der Umgebung und mit Erinnerungsstücken aus seiner aktiven Zeit geschmückt.

In den 1990er-Jahren hatte László Gergely maßgeblichen Anteil daran, dass Pál Dárdai den Weg nach Berlin und zu Hertha BSC fand. Folgerichtig spielten Dárdais Söhne Palkó und Márton einige Jahre in der Jugend des 1. FC Wilmersdorf, bevor sie zum Verein ihres Vaters wechselten. Heute lebt Gergely wieder in seiner alten Heimat und soll sehr krank sein, ist aber weder bei Hertha BSC noch beim BFC Germania 1888 noch beim 1. FC Wilmersdorf vergessen.

Richard Girulatis

*21. August 1878 † 12. Mai 1963

Der Mann, der die Elf Freunde erfand

Das offene Wort scheute er nicht. Als Richard Girulatis im Januar 1921 in der Zeitschrift „Deutsche Sport-Schule“ forderte, „endlich eine Schule zu gründen, an der die so notwendig gebrauchten Fußball-Lehrer ausgebildet werden können“, ging er die Institution, die das aus seiner Sicht realisieren sollte, direkt an: „Der DFB hat die Pflicht und die Schuldigkeit, eine Stätte zu schaffen, wo wir uns diese Lehrer heranbilden können.“

„Der Schrei nach deutschen Fußball-Lehrern“, wie der Artikel titelte, war der enormen Nachfrage geschuldet. Nach dem Krieg waren die Mitgliederzahlen im DFB explodiert. Auch im Verband Berliner Ballspielvereine lagen sie am 1. Januar 1920 um 50 Prozent höher als das Vorkriegsniveau. Immer wieder kontaktierten ihn große Klubs, berichtete Girulatis, „die Leitung und Ausbildung ihrer Mannschaften zu übernehmen oder ihnen einen geeigneten Mann zu nennen“.

In diesen Boom-Jahren der Weimarer Republik war Girulatis also ein gefragter Mann. Als Publizist war er erfolgreich, indem er 1919 das Lehrbuch „Fußball. Theorie, Technik, Taktik“ herausgab, das bis 1923 vier Auflagen erlebte. Zugleich lehrte und forschte er als erster Fußball-Dozent an der 1920 gegründeten Deutschen Hochschule für Leibesübungen (DHfL) in Berlin, der weltweit ersten derartigen Einrichtung. Den ersten (leider verschollenen) DFB-Lehrfilm produzierte er ebenfalls 1920 mit der Ufa.

Geboren wurde Girulatis am 21. August 1878 in Berlin, er war der mittlere von drei Söhnen eines Hufschmieds, dessen Familie ursprünglich aus dem Memelgebiet stammte. Einer seiner Lehrer soll Girulatis für den neuartigen englischen Sport Fußball begeistert haben, sodass er im Juli 1892, als er 13 Jahre alt war, zu den Gründern des „Berliner Thor- und Fußballklub Union" zählte, der späteren „Union 92 Berlin" (bzw. Blau-Weiß Berlin). Wie viele andere Pionierklubs trainierte und spielte Union auf dem Tempelhofer Feld. Einem Neffen erzählte Girulatis mit Stolz, er habe in jener Ära die Koffer des berühmten Georg Leux tragen dürfen, charismatischer Gründer des ersten deutschen Fußballvereins, BFC Frankfurt.

Auf Einladung von Verwandten studierte Girulatis von 1903 bis 1908 das Sportsystem an US-Colleges und trainierte, zurück in Berlin, zunächst seinen Stammverein. Ab 1912 schließlich war er als Trainer für den fulminanten Aufstieg der Tennis Borussia verantwortlich. Deshalb verpflichtete ihn der DFB im Jahr 1913 als hauptberuflichen Koordinator eines fünfköpfigen Trainerteams, um die Nationalmannschaft auf das olympische Turnier 1916 in Berlin vorzubereiten.

Insofern war Girulatis der erste Profi des deutschen Fußballs. Bekanntlich fiel das Turnier aufgrund des Ersten Weltkrieges aus. Stattdessen kämpfte Girulatis an der Westfront und wirkte 1917 in einem Heimatlazarett als Sportlehrer für Amputierte. Die Ideen, die er schon 1914 vorformuliert hatte, flossen indes nach dem Krieg in die 150 Seiten lange Schrift „Fußball" ein, die nicht weniger war als die Basis deutscher Fußball-Theorie.

Girulatis erklärte darin die Charaktere aller Spielpositionen, diskutierte taktische und technische Probleme, dokumentierte Regeln, Ordnungen und Satzungen. Was dieses Buch jedoch so bemerkenswert macht, ist sein Werte-Fundament. Fußball sollte Massensport werden, so der Autor, damit „alle in ihm liegenden hohen erzieherischen Werte Allgemeingut unseres Volkes werden: Mut, Kraft und Entschlossenheit, den Kampf der Nationen zu bestehen; Selbstlosigkeit und Manneszucht, willig zu tun die Pflicht des Bürgers zum Wohle des Ganzen, Achtung des Gegners, vornehme Kampfart, auch wenn der Sieg in weiter Ferne."

Er wollte aus den Jungen eben „nicht nur gute Fußballspieler, sondern auch anständige Charaktere aus ihnen machen", schrieb er 1945 an Carl Diem. Dieses Credo spitzte Girulatis schließlich zu auf den Slogan: „Elf Freunde müßt Ihr sein, um Siege zu erringen". Mit diesem Satz, den der Berliner Reporter Sammy Drechsel 1955 als Titel eines autobiografisch geprägten Jugendbuches nutzte, ging Girulatis in die Fußballgeschichte ein.

In den 1920er-Jahren arbeitete Girulatis weiterhin als Trainer, etwa 1921 beim Hamburger SV, bei Tennis Borussia (mit Unterbrechungen 1920–1924) oder bei der aufstrebenden Hertha (1928/29). Zugleich geißelte er die oft exorbitanten Honorare ausländischer

Klubtrainer und kritisierte auch seinen Nachfolger bei der DHfL, den ersten Reichstrainer Otto Nerz, wegen seines „Ausländerfimmels“.

Dabei übersah er keineswegs die Fachkenntnisse etwa eines Jimmy Hogan, der den Dresdner SC coachte. Aber er glaubte, dass nur deutsche Trainer als Pädagogen geeignet waren. Wer die deutsche Jugend zu „brauchbaren Stützen des Staates erziehen will, muss die Wesensart des Volkes kennen, muss im Volke wurzeln“, proklamierte Girulatis 1926 in der „Deutschen Sportlehrer-Zeitung“.

Seit 1923 verdiente er seinen Lebensunterhalt als Inhaber des „Girulatis Sporthaus“ in der Schönhauser Allee 57. Und auch als Lizenzgeber erlöste er einige Reichsmark: Die „Norddeutsche Sportball-Fabrik“ mit Sitz in der Friedrichstraße 231 verkaufte einen markenrechtlich geschützten „Girulatis-Ball“ in ganz Deutschland. Der Name Girulatis stand für Qualität.

SPD-Mitglied seit 1899, stürzte Girulatis zu Beginn des NS-Regimes zunächst in die Arbeitslosigkeit und war nach Auskunft seines Sohnes ab 1935 Büroangestellter im Heereswaffenamt, danach in Görings Luftfahrtministerium. Zuweilen hielt er Vorträge im Rundfunk. Ein neues Schlagballspiel, das Girulatis 1939 vorstellte, setzte sich nicht durch.

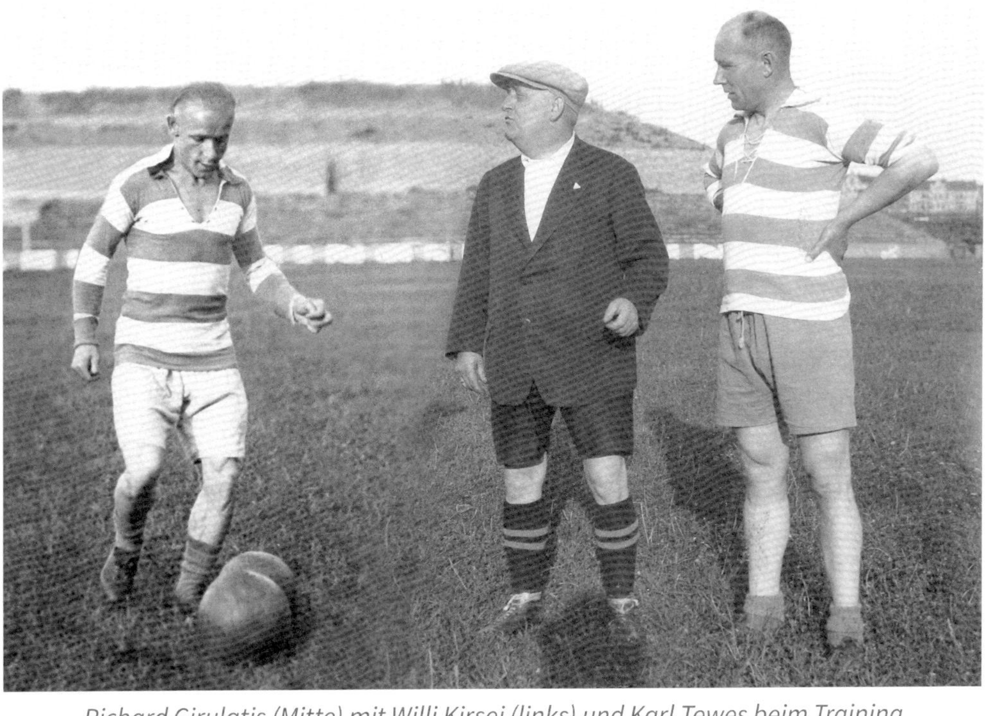

Richard Girulatis (Mitte) mit Willi Kirsei (links) und Karl Tewes beim Training

Als Berlin nach 1945 wieder aufgebaut wurde, war der Pionier wieder gefragt. Aufgrund seiner Integrität und Sprachkenntnisse arbeitete Girulatis als rechte Hand des US-Sportoffiziers Huff.

In seinen letzten Jahren genoss der Mann, der die „Elf Freunde“ erfand und das deutsche Trainer-ABC erstmals durchbuchstabierte, den fulminanten Aufschwung seiner Sportart. Als Richard Girulatis am 12. Mai 1963 in Berlin starb, würdigten ihn die Nachrufe als „Ahnherren der deutschen Fußballtrainer“. Und seine Forderung nach der Trainer-Ausbildung war seit 1949 erfüllt.

Erik Eggers

Oskar Glöckler

*29. Oktober 1893 †27. Januar 1938

Karriere in der NS-Diktatur

Oskar Glöckler wurde in Stuttgart geboren. Er meldete sich im Sommer 1914 mit nationalem Enthusiasmus freiwillig zum Dienst im Ersten Weltkrieg. In den Kämpfen geriet er in Gefangenschaft und kehrte erst 1919 aus einem britischen Straflager nach Deutschland zurück.

Der Bildhauer erlebte die frühen Jahre der Weimarer Republik, die er politisch ablehnte und bekämpfte, in materieller Not. Nach einem überlieferten Brief von 1931 trat er 1922 der NSDAP bei, war in der SA Stuttgart herausgehoben aktiv und wurde 1923 nach dem Hitler-Ludendorff-Putsch polizeilich gesucht und verurteilt. 1925 verließ er die NSDAP nach persönlichen Zwistigkeiten und zog nach Berlin. Hier wandte sich Glöckler den Nationalsozialisten wieder zu und trat Ende 1930 erneut der NSDAP bei. Insbesondere Goebbels' Roman „Michael“ beeindruckte ihn tief und verstärkte seine antisemitische und antidemokratische Haltung.

Der über Jahre ohne öffentliche Anerkennung lebende Künstler sah sich durch die Niederlage Deutschlands im Weltkrieg um seine Lebenschancen betrogen. In der gesellschaftlich aufgewühlten Zeit der Weimarer Republik war er orientierungslos und fand bei den Nationalsozialisten einen zweifelhaften politischen Halt. Die Errichtung der NS-Diktatur 1933 begrüßte Glöckler uneingeschränkt. Da ihm das Regime auch die erhoffte berufliche Anerkennung zuteilwerden ließ und ihn mit ansehnlichen Aufträgen versorgte, wurde er zu einem glühenden Unterstützer der NS-Machthaber und Vertreter der nationalsozialistischen Ideologie.

Am 23. März 1933 hebelte das sogenannte Ermächtigungsgesetz die Verfassung der Weimarer Republik aus und machte den Weg zur NS-Diktatur frei. Der Sport wurde wie alle Bereiche des gesellschaftlichen Lebens gleichgeschaltet und umgehend dem Innenministerium unterstellt. SA-Mann von Hans Tschammer und Osten, Ende April zum Reichskommissar und Sportführer ernannt, ersetzte umgehend Landes- und Fachverbände des Sports durch 15 Fachämter innerhalb des Reichsbundes für Leibesübungen, die nach Gauen territorial strukturiert wurden.

Der Vorstand des VBB erklärte kurze Zeit nach dem sogenannten Ermächtigungsgesetz, dem Kurs der Nationalsozialisten zu folgen. Er berief für Juni Gau-Tagungen ein, womit er sich dem Regime unterordnete und de facto auflöste. Auf einem außerordentlichen Bundestag des DFB am 9. Juli im Berliner Hotel „Russischer Hof", der 28 Minuten dauerte, erhielt der bisherige DFB-Präsident und seit wenigen Tagen Leiter des Fachamtes Fußball, Felix Linnemann, einstimmig die Vollmacht zugesprochen, alle notwendigen Maßnahmen zu ergreifen und den DFB voll in die gleichgeschaltete Ordnung des NS-Regimes einzugliedern.

1933 fungierte Glöckler im Rang eines Standartenführers als Sport- und Ausbildungsreferent im Stab der SA-Gruppe Berlin-Brandenburg. Mit der politischen Gleichschaltung des Sports wurde Glöckler, der sich bis zu diesem Zeitpunkt im Fußball nicht ausgezeichnet hatte, zum „Führer des Gau III" im Fachamt Fußball ernannt, der für Berlin und Brandenburg zuständig war. Er handelte in diesem Amt in allen politischen Angelegenheiten ganz im Sinne der Nationalsozialisten. In der konkreten Arbeit, insbesondere bei der Organisation des Spielbetriebs setzte Glöckler auf erfahrene Funktionäre des VBB, die das Sportsystem des Regimes bereitwillig unterstützten.

Glöckler, auch Abteilungsleiter bzw. Landesleiter der Reichskammer der bildenden Künste sowie Direktor der Staatlichen Württembergischen Kunstgewerbeschule, wurde 1938 nachgewiesen, den selbst zugelegten Professorentitel und das „Eiserne Kreuz" zu Unrecht getragen zu haben. Er wählte daraufhin den Freitod.

Fritz Gödicke

* 21. Oktober 1919 † 28. April 2009

Ein Funktionär und Trainer

In Zeitz geboren, begann der gelernte Dreher Fritz Gödicke im Alter von 22 Jahren mit dem Fußballsport und schloss sich in seiner Heimatstadt 1931 der Freien Turnerschaft an. Als dieser Verein zu Beginn der NS-Diktatur verboten wurde, spielte der Verteidiger von 1933 bis 1938 für die Sportvereinigung Zeitz und nach einem Wechsel bis 1945 bei TuRa 1899 in Leipzig. Nach dem Krieg erst bei der SG Leutzsch und dann bei der BSG Chemie Leipzig auf dem Platz, errang Gödicke 1951 die Meisterschaft der DDR-Oberliga.

Gödicke erlebte von 1943 bis 1945 den Krieg als Soldat. 1945 trat er in die KPD ein und war nach der Zwangsvereinigung mit der SPD zur SED deren Mitglied. In der Zeit der Sowjetischen Besatzungszone und den ersten Jahren der DDR machte Gödicke eine steile Funktionärskarriere. Sportpolitische Erfahrungen sammelte er in der FDJ und ab 1950 innerhalb des Deutschen Sportausschusses (DS) als erster Vorsitzender der Sektion Fuß-

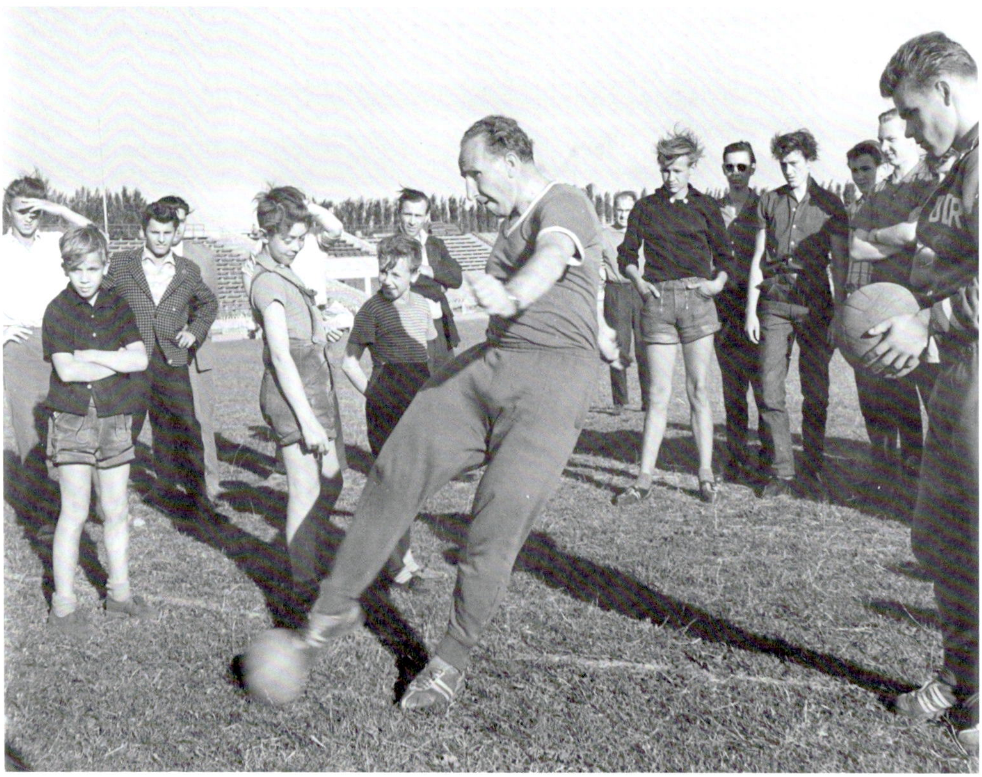

Fritz Gödicke bei der Veranstaltung „Treffpunkt Olympia“

ball, dem Vorläufer des 1958 gegründeten Deutschen Fußball-Verbandes der DDR. 1953 wurde Gödicke als Sekretär des DS eingesetzt. Zwischen 1951 und 1953 wirkte er darüber hinaus als Vizepräsident des Nationalen Olympischen Komitees der DDR.

Neben seinen sportpolitischen Funktionen absolvierte Fritz Gödicke die Ausbildung an der Leipziger Sporthochschule und übernahm 1953 die Aufgabe des Juniorentrainers der DDR. Mit seiner Tätigkeit legte er den Grundstein für die international anerkannte Nachwuchsarbeit des Landes. Vor allem in späteren Jahren gehörten die DDR-Junioren in einigen Jahrgängen zur europäischen Spitze.

Als Trainer führte Gödicke Wismut Karl-Marx-Stadt 1957 zur DDR-Meisterschaft und übernahm 1958 für ein Jahr die Nationalmannschaft. 1962 begann seine Berliner Zeit. Gödicke wurde Cheftrainer des SC Dynamo Berlin. Hier erfüllte er in drei Spielzeiten nicht die Erwartungen der Leitung der Sportorganisation. Deshalb wechselte Gödicke 1965 zum TSC Berlin, aus dem 1966 der 1. FC Union hervorging. Erst im Nachwuchs bei den Köpenickern tätig, übertrug ihm die Klubführung 1969 die Leitung der Oberliga-Mannschaft, die nach dem zuvor erfolgten Abstieg die sofortige Rückkehr ins Oberhaus schaffte.

Seine Trainertätigkeit konnte Fritz Gödicke 1970 aus gesundheitlichen Gründen nicht mehr fortsetzen. Bis zu seiner Rente 1985 arbeitete er als wissenschaftlicher Mitarbeiter im Staatssekretariat für Körperkultur und Sport, das die politischen Richtlinien der SED umsetzte und die höchste staatliche Instanz des DDR-Sports darstellte.

Wolfgang Gruner

*20. September 1926 †16. März 2002

Im besten Sinne volkstümlich

1994 wurde Wolfgang Gruner mit dem „Goldenen Fußball" geehrt. Er erhielt damit die höchste Ehrung des Berliner Fußball-Verbandes, die seit 1992 einmal jährlich an Persönlichkeiten oder Institutionen für herausragende Verdienste um den Fußball verliehen wird. Gruner war der erste und ist bis zum heutigen Tag einzige Künstler, dem diese Auszeichnung zuteilwurde. Gruner hatte sich fast ein Leben lang für den Fußball eingesetzt.

Der 1926 in Rathenow geborene erfolgreiche Schauspieler, Synchronsprecher und vor allem als Kabarettist bekannte Wolfgang Gruner war fußballbegeistert, Tennis Borusse aus Leidenschaft und voller Überzeugung. Wann immer es erforderlich war, unterstützte er gemeinsam mit seinem Freund Hans Rosenthal den Verein. Seine Leistung und die

Tatsache, dass Gruner das Gesicht des Vereins nachhaltig prägte, werden noch immer geschätzt und gewürdigt.

Gemeinsam mit Hans Rosenthal und anderen Unterhaltungskünstlern kickte Gruner in einer Prominenten-Mannschaft – die gelegentlich sogar von Fußballgrößen wie Pelé, Uwe Seeler oder Fritz Walter unterstützte wurde – bei Benefiz-Spielen, deren Einnahmen für wohltätige Zwecke gespendet wurden.

Wolfgang Gruner war für den Berliner Fußball ein Brückenbauer. Er nutzte seine Bekanntheit und seine Fähigkeit zur Kommunikation, um Verbindungen zu knüpfen, für Projekte des Sports zu werben und für die verbindende Kraft des Fußballs über politische, soziale und kulturelle Grenzen hinweg zu begeistern. Gruner vertrat den Fußballsport, ohne sich anzubiedern, im besten Sinne volkstümlich. Seine Haltung zum Fußball als Sport und Unterhaltung fasste er so:

Wir machen es janz leger
Tennis, Tennis
Wir sind deine Fans
Und das nicht nur zur Sommerzeit
Nein, Winter, Herbst und Lenz

Wir wollen jetzt ein Spiel seh'n
Mit Schatten und mit Licht
Und liejen wa mal hinten
Verlieren woll'n wa nich

Wir wollen gern nach oben
Und steigen wir mal ab
Dann bleiben wir dir trotzdem treu
Bis an das kühle Grab.

Wolfgang Gruner als Kabarettist regte die Fußballbegeisterten und auch all jene, die dem Fußball eher distanziert gegenüberstehen, zum Nachdenken an und forderte sie auf, trotz allem Ernst bei der Sache den Spaß nicht zu verlieren.

Uwe Hammer

*15. Juni 1943

Weichenstellungen, die bis heute Bestand haben

1982 wurde Uwe Hammer als Nachfolger des verstorbenen Eberhard Hartlep zum Präsidenten des Verbandes Berliner Ballspielvereine gewählt. Er war zuvor Leiter des Jugendausschusses und mit 38 Jahren vergleichsweise jung für dieses Amt, hatte aber von seinen Vorgängern und Präsidiumskollegen wie Paul Rusch und Werner Hannemann viel gelernt, sodass er schnell in die Aufgabe hineinwuchs.

In seine Präsidentschaft fielen die Umbenennung des Verbandes in Berliner Fußball-Verband, die 1985 bei der Mitgliederversammlung beschlossen wurde, um das Wort „Fußball" im Verbandsnamen sichtbar zu machen, sowie zahlreiche weitere Weichenstellungen, die bis heute Bestand haben. Uwe Hammers Verdienst ist es beispielsweise, das DFB-Pokalfinale nach Berlin geholt zu haben, das seit 1985 alljährlich in der Stadt stattfindet.

Denn den Ausschlag für die Entscheidung des DFB, das Pokalfinale zunächst für fünf Jahre nach Berlin zu vergeben, gab keineswegs nur – wie oft kolportiert wird – das schlechte Gewissen des DFB, weil die Stadt bei der EM 1988 im eigenen Land aus politischen Gründen als Spielort nicht berücksichtigt wurde. Vorausgegangen war vielmehr ein zähes Ringen, das natürlich mit dem Sonderstatus West-Berlins zu tun hatte. Beim DFB herrschte Unsicherheit, ob West-Berlin für derartige Großereignisse überhaupt geeignet sei und die Fans womöglich ausbleiben würden. Uwe Hammer und seine Mitstreiter beim BFV dagegen versuchten gemeinsam mit dem Senat der Stadt, für West-Berlin als Austragungsort zu werben und geltend zu machen, dass der Vergabe eine hohe symbolische Funktion zukommen würde.

Wenige Jahre später fiel die Mauer, und nur eine Woche nach jener denkwürdigen Nacht im November kam es zu einem ersten Treffen zwischen Uwe Hammer und dem Vorsitzenden des Bezirksfachausschusses Fußball in Ost-Berlin, Uwe Piontek. Ende November rief Hammer alle West-Berliner Vereine zu Freundschaftsspielen mit Ost-Berliner und DDR-Vereinen auf und sorgte so dafür, dass sich die Sportler aus beiden Teilen der Stadt begegneten, was zum Zusammenwachsen von Ost und West wesentlich betrug.

Im März 1990 musste auf dem außerordentlichen Verbandstag des BFV ein neues Präsidium gewählt werden. Hammers Nachfolger wurde Otto Höhne, der die erforderlichen Maßnahmen zur Herstellung der Fußball-Einheit in Berlin weiter voranbrachte. Uwe Hammer, der beruflich als leitender Beamter in der Verwaltung der Feuerwehr tätig war, ist heute Ehrenmitglied des Berliner Fußball-Verbandes und bringt als Vorsitzender des Ältestenrates seine reiche Erfahrung in den Verband ein.

Eberhard Hartlep

*9. Juni 1922 † 17. August 1981

Vermittler in wilden Zeiten

Eberhard Hartlep wurde 1963 zunächst zum Schatzmeister des VBB gewählt. Dann zum Vize hinter Paul Rusch aufgestiegen, lag nach dessen Tod seine Kandidatur als Nachfolger im Amt des Präsidenten nahe. Hartlep leitete den Berliner Verband von 1970 an in einer Zeit, als der Fußball einige Höhen und Tiefen durchlebte, sich der Sport allmählich wandelte und in vielerlei Hinsicht vielfältiger wurde.

Zu Beginn der 1970er-Jahre erlitt der Berliner Fußball durch den Bundesliga-Skandal einen tiefen Schock, der empfindliche Strafen für Spieler und Funktionäre von Hertha BSC, einen erheblichen Zuschauer-Rückgang in den folgenden Jahren sowie letztlich – durch die rückläufigen Einnahmen – den Verkauf der Plumpe, jener traditionsreichen Sportstätte am Gesundbrunnen, an das Land Berlin nach sich zog. Später absolvierte Hertha BSC einige der erfolgreichsten Spielzeiten seiner Vereinsgeschichte, zudem sorgten auch andere Vereine wie Tennis Borussia mit zwei Bundesliga-Aufstiegen für eine positive Entwicklung des Berliner Fußballs. Doch der Verband sah sich anderen Herausforderungen gegenüber.

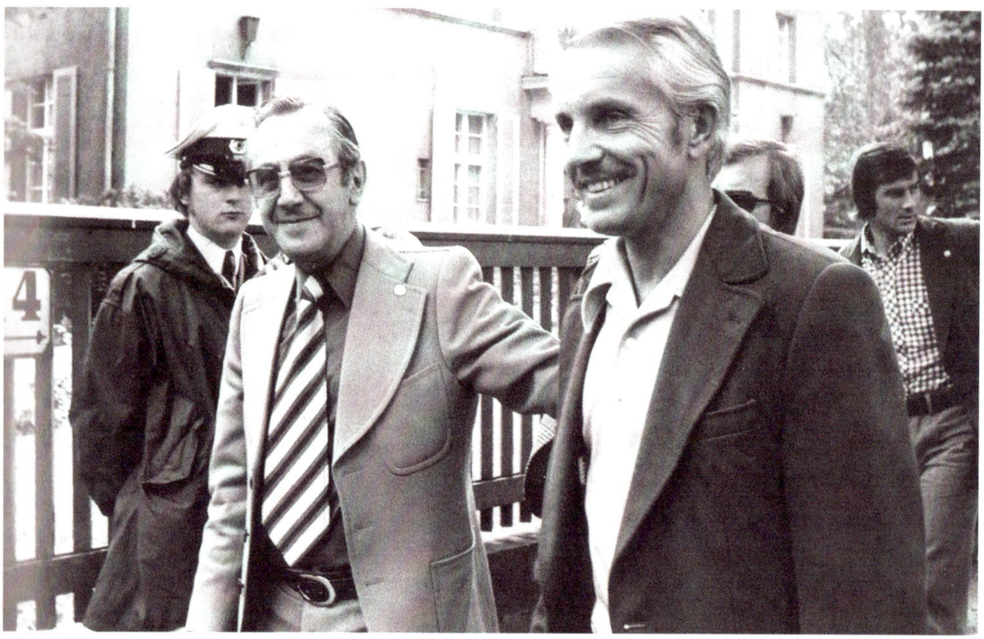

Eberhard Hartlep (links) mit DDR-Nationaltrainer Georg Buschner vor der VBB-Sportschule am Kleinen Wannsee bei der WM 1974

So hatte die Wiederzulassung des Frauenfußballs im Jahr 1970 auch beim VBB zur Folge, dass der Verband sich der Aufgabe stellen musste, den Spielbetrieb durchzuführen und vor allem ausreichende Sportstätten, Schiedsrichter etc. bereitzustellen. Bei aller anfänglichen Skepsis überwog jedoch auch bei Eberhard Hartlep am Ende ein positives Fazit: Der Frauenfußball hatte in nur wenigen Jahren eine erstaunliche Entwicklung genommen.

Noch von einer anderen Seite drohte dem Verband Ungemach: Die allmählich zunehmende Kommerzialisierung des Fußballs sorgte mancherorts für Unzufriedenheit und führte dazu, dass sich immer mehr Alternativen zum organisierten Spielbetrieb bildeten. Diese „wilden Ligen" waren dem VBB-Präsidenten ein Dorn im Auge, da sie gegenüber dem „etablierten" Sport keineswegs zurückstecken wollten und Ansprüche beispielsweise im Hinblick auf Nutzungszeiten für Sportplätze anmeldeten.

Eberhard Hartlep musste einen Weg finden, der zwischen den alteingesessenen Vereinen und den „jungen Wilden" vermittelte. Der VBB, der seit 1978 ebenfalls eine Freizeitliga unterhielt, und der Verband für Freizeitfußball (VFF), in dem sich die freien Kicker zusammengeschlossen hatten, beschlossen im Jahre 1980, einen gemeinsamen Spielbetrieb durchzuführen, der VFF wurde 1981 außerordentliches Mitglied im VBB. Dem gelernten Pädagogen gelang das Kunststück, den Verband trotz aller Widrigkeiten zusammenzuhalten. Bis 1981 im Amt, wurde seine Präsidentschaft durch seinen plötzlichen Tod mit gerade mal 59 Jahren beendet.

Thomas „Icke" Häßler

*30. Mai 1966

Einer, den man nachts um drei Uhr anrufen kann

Entdeckt wurde sein Talent auf den Schillerwiesen im Berliner Stadtbezirk Wedding. Der damals vier Jahre alte Thomas kickte zum Vergnügen mit Bruder und Vater, als Heinz Boock von Meteor 06 auf ihn aufmerksam wurde. Dem erfahrenen Trainer, der zeitweilig auch als Verbandstrainer der VBB-Jugendmannschaften aktiv war, imponierte das bereits erstaunliche Ballgefühl. Zwei Jahre später trat der Junge, der wohl schon damals Icke sagte, aber erst später „Icke" genannt wurde, dem besagten Weddinger Traditionsverein bei. Sein Entdecker förderte ihn bis in den Jugendbereich nach Kräften und mit großem Erfolg.

Thomas Häßler wechselte 1979 von Meteor 06 zu den Reinickendorfer Füchsen, die damals neben Vereinen wie Blau-Weiß 90, Hertha 03 Zehlendorf oder Tennis Borussia eine herausragende Nachwuchsarbeit leisteten und im besten Sinne Ausbildungsvereine im ummauerten West-Berlin waren.

Schon früh verließ Häßler seine Heimatstadt, so wie es viele Talente in den letzten Jahrzehnten taten, da Berlin ihm keine Entwicklungsmöglichkeit mehr bot. Der 1. FC Köln wurde 1984 Häßlers erste Station als Fußballprofi. Es folgte bis 2005 eine beachtliche Karriere im deutschen und europäischen Fußball mit den Stationen Juventus Turin, AS Rom, Karlsruher SC, Borussia Dortmund, TSV 1860 München und SV Austria Salzburg. Zu seinem Abschiedsspiel 2005 in Köln liefen in einem All-Star-Team unter anderem Thomas Berthold, Jürgen Kohler, Hans-Peter Lehnhoff, Lothar Matthäus, Birgit Prinz und Toni Schumacher auf, um einem Großen jener Jahre die Ehre zu erweisen.

1989 wählten ihn die Sportjournalisten zum ersten Mal zu Deutschlands Fußballer des Jahres. In diesem Jahr schoss er sein wohl wichtigstes Tor im Trikot der DFB-Auswahl, als er am 15. November im Müngersdorfer Stadion in der Qualifikation zur Weltmeisterschaft 1990 zum 2:1 gegen Wales traf. Das Tor sicherte die deutsche Teilnahme an der WM in Italien. Im Jahr der Deutschen Einheit errang das Team den Weltmeistertitel und schrieb Geschichte.

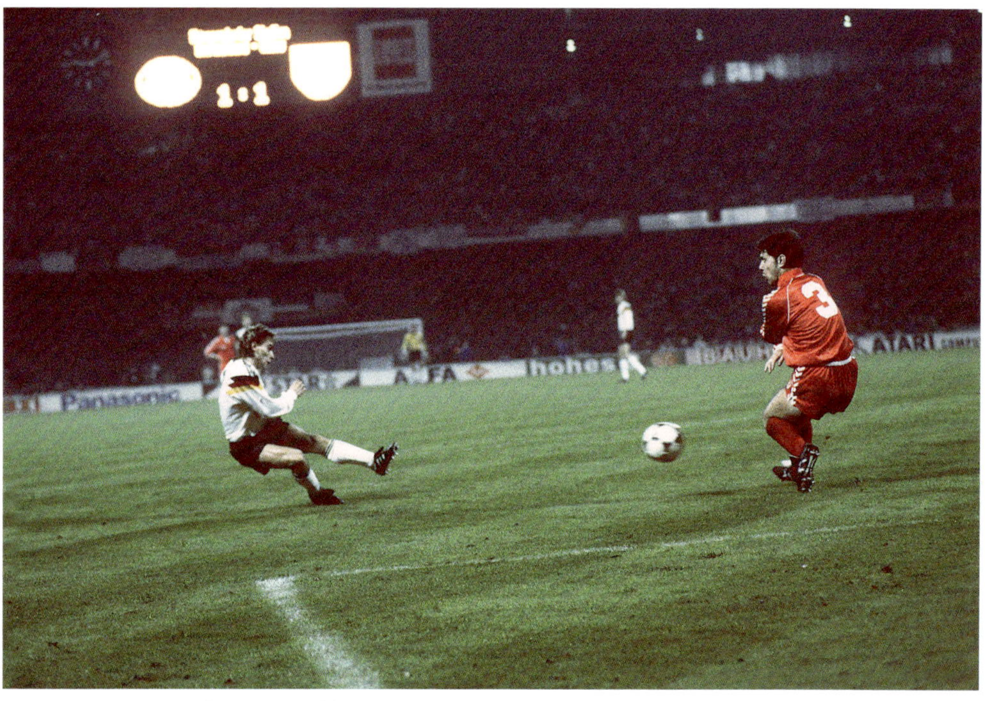

Thomas Häßler beim Torschuss am 15. November 1989

Die Bilanz des Weltmeisters Häßler sticht in der Berliner Fußballfamilie heraus. Er bestritt von 1988 bis 2000 für die Nationalmannschaft insgesamt 101 Spiele, wurde 1987 Vize-Militärweltmeister, errang 1988 bei den Olympischen Spielen die Bronzemedaille und wurde 1996 Europameister. Darüber hinaus stand er im Finale des UEFA-Cups und des DFB-Pokals. Für seine Verdienste erhielt er das Silberne Lorbeerblatt, die höchste Auszeichnung im deutschen Sport.

Nach seiner aktiven Laufbahn strebte Häßler die Trainerkarriere an. Beim 1. FC Köln arbeitete er als Techniktrainer der Profis sowie im Nachwuchsbereich ebenso wie für nur wenige Tage als Assistenztrainer von Berti Vogts in Nigeria.

Thomas „Icke" Häßler ist neben den Boateng-Brüdern einer der wenigen Fußballer in Deutschland, der in der Öffentlichkeit sofort mit Berlin verbunden wird. Er selbst sagt von sich, stolzer Berliner zu sein. Deshalb war sein Schritt, 2016 beim unterklassigen Club Italia in seiner Heimatstadt einen Vertrag als Trainer zu unterschreiben, weniger erstaunlich, als es die Boulevardpresse darstellte.

2019 wechselte der ehemalige Weltklasse-Fußballer zum BFC Preussen nach Lankwitz. Der Trainer Häßler ist ambitioniert und stellte fest, dass auch hier „Fußball gespielt wird, gar nicht schlecht sogar." Für ihn ist es beim Landesligisten „wie in der ersten, zweiten oder dritten Liga. Du musst den Jungs was beibringen, vor allem auch Disziplin".

Beim BFC Preussen betreut Häßler gelegentlich auch den Nachwuchs. Mit dem ehemaligen Nationalspieler und Hertha-Profi Marko Rehmer gab er bereits seine Erfahrungen in einem Fußball-Feriencamp für Kinder weiter. Dass die kleinen Kicker ihn kaum noch kennen und auch einige Väter und Mütter fast nichts über seine Erfolge wissen, stört ihn nicht.

Einen wichtigen Grund für seine außergewöhnliche Biographie verriet „Icke" Häßler vor ein paar Jahren: „Du kannst mich heute Nacht um drei Uhr anrufen und fragen, ob wir noch kicken gehen, dann stehe ich in zehn Minuten auf dem Platz. Fußball hat mein ganzes Leben bestimmt – bis heute."

Karsten Heine

*6. April 1955

Ein Berliner Trainer in Ost und West

Karsten Heine hat bereits als junger Trainer ein Spiel erlebt, das in die Berliner Sportgeschichte eingegangen ist. Er stand als Coach des 1. FC Union am 27. Januar 1990 an der Seitenlinie, als sich die Köpenicker und Hertha BSC kurz nach dem historischen Mauerfall im Olympiastadion begegneten und mit den Fans auf den Rängen den Beginn einer neuen Zeit des Berliner Fußballs nach Jahrzehnten der Teilung feierten.

Aktiv Fußball zu spielen begann Heine im Alter von acht Jahren und er durchlief ab 1969 die Ausbildung in den Jugendmannschaften des 1. FC Union. Hier schaffte er in der Saison 1972/73 den Sprung in die Männermannschaft und entwickelte sich zum Stammspieler. Mit Union erlebte der Mittelfeldspieler in jenen Jahren das Auf und Ab zwischen Liga und Oberliga. Von 1983 bis 1985 schloss sich Heine Stahl Brandenburg an und kehrte danach zu den Eisernen zurück. Von Verletzungen nicht verschont, beendete er 1986 seine aktive Karriere.

Seine Laufbahn als Trainer startete Heine erfolgreich bei der BSG WBK Berlin. Mit dem Rückrundenstart der Saison 1987/88 übernahm er den Cheftrainerposten bei Union und übte diesen bis zum Frühjahr 1990 aus. Heine blieb nicht lange ohne Traineramt, da er im Sommer 1990 bei Hertha BSC als Co-Trainer einstieg und eine gewisse Zeit außerdem die Amateure des Vereins betreute, die 1993 Pokalgeschichte schrieben.

Bei Hertha wurde Heine von März 1994 bis Ende 1995 Cheftrainer, blieb aber mit der Mannschaft insgesamt erfolglos. Der Weg führte ihn 1996 wieder zu seinem alten Verein im Osten der Stadt zurück, als er Union übernahm. Die Monate an der Alten Försterei waren jedoch von den finanziellen Problemen der Eisernen geprägt, weshalb Heine den Verein verließ und 1997 zu SV Babelsberg 03 wechselte. Aber auch die Brandenburger gerieten in sportliche und wirtschaftliche Bedrängnis, sodass Heine 1999 den Verein verlassen musste.

Nachdem Heine einige Jahre als Scout gearbeitet hatte, schloss er sich 2003 wieder Hertha an und übernahm die 2. Mannschaft. In dieser Funktion bildete er unter anderem die Boateng-Brüder weiter aus, die später wie viele andere Hertha-Talente zu Spitzenfußballern reiften.

2007 bewährte sich Karsten Heine als Retter der Hertha und schaffte mit dem Team den Klassenerhalt in der Bundesliga. Anschließend trat er erneut ins zweite Glied zurück, coachte bis 2013 erfolgreich die U23 der Charlottenburger. Heine hat sich in den vielen Jahren bei Hertha bleibende Verdienste erarbeitet.

Seine Fähigkeiten als Trainer bewies Heine ab 2019 bei der VSG Altglienicke. Mit einem engagierten Team entwickelte der erfahrene Fußballlehrer Erstaunliches und führte den Verein in die Spitze der Regionalliga Nordost.

Josef „Sepp" Herberger

* 28. März 1897 † 28. April 1977

Eine ereignisreiche Biographie in Berlin

Josef „Sepp" Herberger prägte die deutsche Fußballgeschichte maßgeblich. Die in Mannheim geborene Trainer-Legende ist im öffentlichen Bewusstsein untrennbar mit dem Gewinn der Weltmeisterschaft 1954 durch die deutsche Nationalmannschaft verbunden. Seine Leistungen für die Entwicklung des Fußballs in Berlin werden nur selten erwähnt. Prägende Momente erlebte der Fußballlehrer Herberger in seiner an Ereignissen reichen Biographie in Berlin.

1925 wurde Berlin für Sepp Herberger das erste Mal in seiner Sportler-Laufbahn bedeutsam. In diesem Jahr hatte der spätere Reichstrainer Otto Nerz den bereits erfolgreichen Spieler der VfR Mannheim nach Berlin eingeladen, um an einem vierwöchigen Kurs des DFB für Trainer an der Deutschen Hochschule für Leibesübungen teilzunehmen. Da Nerz als Kursleiter krankheitsbedingt ausfiel, übertrug DFB-Präsident Felix Linnemann Herberger die Verantwortung für den Lehrgang. Der Mannheimer löste seine Aufgabe derart überzeugend, dass der Leiter der Hochschule, Carl Diem, ihm anschließend ein Studium anbot, das Herberger aufgrund einer Ausnahmeregelung für besonders Begabte auch ohne Abitur aufnehmen könne.

Herberger siedelte im Sommer 1926 nach Berlin über und begann sein Studium. Im selben Jahr schloss er sich als Spieler Tennis Borussia an und übernahm gleichzeitig als „ehrenamtlicher Trainer" die Mannschaft. Der in seiner Zeit innovative und moderne Verein hoffte, unter anderem durch die Verstärkung durch ihn, den dominierenden Konkurrenten Hertha BSC im Kampf um die Berliner Meisterschaft verdrängen zu können. Herberger entwickelte Tennis Borussia sportlich weiter, erreichte das weitgesteckte Ziel jedoch vorerst nicht.

1930 beendete Herberger nach insgesamt 16 Jahren als aktiver Fußballer seine Laufbahn, in der er drei Mal für die DFB-Auswahl spielte und 16 Mal in die Berliner Stadtauswahl berufen wurde. Im selben Jahr schloss er das Studium als „Diplom-Turn- und

Sportlehrer“ ab und übernahm das Traineramt bei Tennis Borussia hauptamtlich. Jetzt stellten sich für den Verein und den Trainer Herberger Erfolge ein. 1932 errang er mit der Berliner Stadtmeisterschaft den ersten wichtigen Titel seiner Fußballlehrer-Karriere, der ihn für weitere Aufgaben empfahl.

Ohne seine Brücken nach Berlin abzubauen, trat Herberger im Sommer 1932 eine Stelle als Verbandstrainer beim Westdeutschen Fußballl-Verband an. Da der überwiegende Teil der damaligen Nationalmannschaft aus westdeutschen Spielern bestand, hatte seine Arbeit besondere Bedeutung für den DFB und Reichstrainer Otto Nerz, den der Mannheimer in Vorbereitung der Weltmeisterschaft 1934 zunehmend unterstützte.

Mit der Errichtung der NS-Diktatur und der Gleichschaltung des gesellschaftlichen Lebens in Deutschland veränderten sich die Bedingungen des Sports grundsätzlich. Herberger, der am 1. Mai 1933 Mitglied der NSDAP geworden war, assistierte nach Auflösung des Westdeutschen Fußball-Verbandes Otto Nerz und war nun wieder stärker an Berlin gebunden, da sich in der Stadt die Geschäftsstelle des Fachamts Fußball des Deutschen Reichsbundes für Leibesübungen befand.

Nach den Olympischen Spielen 1936 in Berlin, bei denen die Fußballer die Erwartungen der Machthaber der NS-Diktatur nicht erfüllen konnten, wurde Herberger am 2. November zum Reichstrainer ernannt, wobei Nerz bis 1938 offiziell sein Vorgesetzter blieb. Herberger konnte den Machtkampf im DFB um den Posten des Reichstrainer für sich entscheiden.

Die Auswahl des VBB betreute Herberger insgesamt 70 Mal, wobei er das Training leitete oder auf Lehrgängen dem Verband beratend zur Seite stand wie im August 1939. Kurz vor dem angesetzten Städtespiel gegen Hamburg am letzten August-Wochenende des Jahres zog der Verband seine besten und gleichzeitig verfügbaren Amateure im Fritz-Boxhammer-Haus in Tiefensee bei Crossen zusammen. Der Reichstrainer nahm sich kurz vor einem Länderspiel gegen Schweden in Stockholm die Zeit, die Berliner Fußballer zu trainieren und wohl gleichzeitig zu sichten. Die Berliner Spieler und Funktionäre beeindruckte die Arbeit mit Herberger sehr und sie waren festen Willens, nach zwei Niederlagen in Folge gegen die Hanseaten nun endlich wieder zu gewinnen und die Bilanz der bisher 48 prestigeträchtigen Begegnungen aufzubessern.

Herberger reiste am 25. August nach seinem Aufenthalt in Crossen wieder nach Berlin, wo sich die DFB-Auswahl vor ihrem Abflug nach Stockholm im Hotel „Russischer Hof“ in der Georgenstraße sammelte. An diesem Tag hatte der Reichstrainer für seine Auswahl ein Kulturprogramm angeordnet, das den Besuch des Cafés an der Kroll-Oper und eines Boxkampfes im Sportpalast vorsah. Im Laufe des Tages wurde Herberger vom DFB die Nachricht überbracht, dass die Reise nach Schweden ausfallen müsse, da Kriegsgefahr drohe. Der Trainer informierte über die Spielabsage erst am folgenden Tag die

Mannschaft, die überwiegend gelassen reagiert haben soll und sich der Tragweite des Geschehens wohl nicht annähernd bewusst war. Am 1. September 1939 begann mit dem Überfall des nationalsozialistischen Deutschlands auf Polen der Zweite Weltkrieg, der auch für den Sport und den Fußball verheerende Folgen haben sollte.

Auch das Spiel der VBB-Auswahl gegen Hamburg Ende August wurde abgesagt. Nach der Kapitulation Polens und der deutschen Besetzung des Landes kam in Deutschland der Spielbetrieb wieder in Gang, litt aber zunehmend unter den Einberufungen der vielen Vereinsmitglieder. Die Begegnung Hamburg – Berlin wurde am 15. Oktober ausgetragen und endete 1:1.

Die Folgen des Krieges erlebten Herberger und seine Frau privat sehr spürbar. Ihr Haus in der Schöneberger Bülowstraße 89 wurde von Bomben schwer getroffen. Ende Februar 1944 verließen sie Berlin und zogen, nachdem sie die Genehmigung erhalten hatten, nach Weinheim.

Herberger blieb Berlin nach dem Ende des Krieges verbunden. Am 17. Juni 1951 trat die DFB-Auswahl mit ihm als Bundestrainer im Berliner Olympiastadion gegen die Nationalmannschaft der Türkei zu ihrem ersten Heimspiel nach dem Krieg an. Auch wenn sein Team 1:2 verlor, war es eine wichtige Station beim Wiederaufbau der Nationalmann-

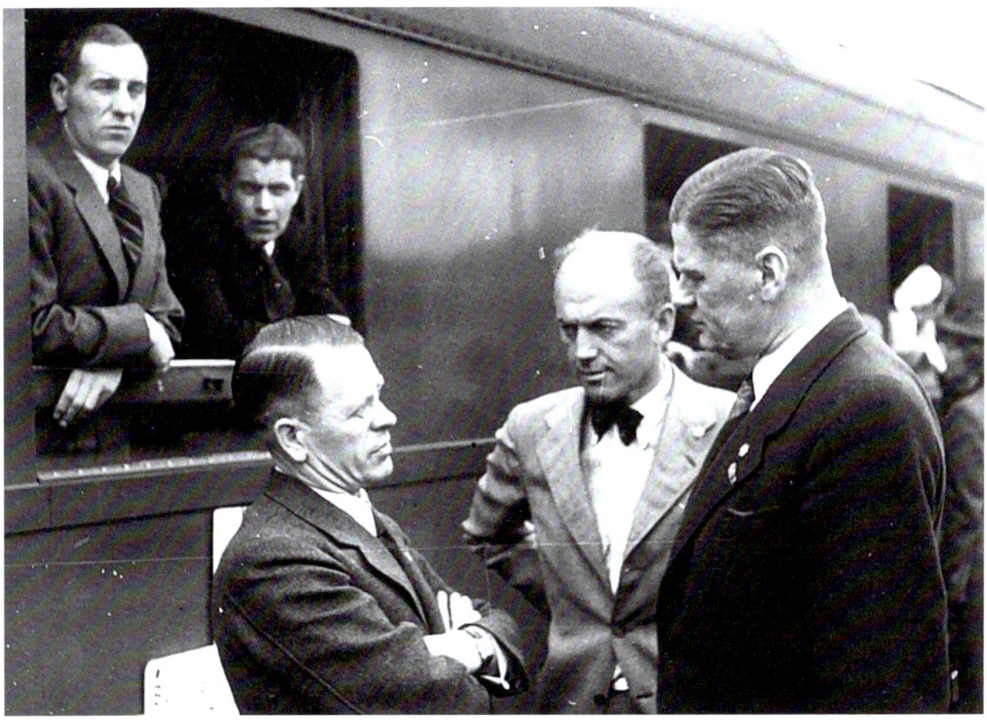

Reichstrainer Sepp Herberger vor der Abreise zu einem Spiel der Nationalmannschaft

schaft auf dem Weg zur Weltmeisterschaft 1954. Darüber hinaus signalisierte die Begegnung die Wiederaufnahme des deutschen Fußballs in die internationale Sportfamilie.

Nach dem unerwarteten Gewinn der Weltmeisterschaft 1954 wurden Herberger und sein erfolgreiches Team auch in Berlin gefeiert. Am 18. Juli empfing Bundespräsident Theodor Heuss die Weltmeister in seinem Amtssitz in der Stadt und anschließend feierten die Berliner ihre Helden vor dem Schöneberger Rathaus. Am Nachmittag versammelten sich 80.000 Menschen im Olympiastadion und wohnten der Ehrung der Mannschaft durch den Bundespräsidenten bei.

Herberger, der sportlich nicht mehr an seinen historischen Erfolg von 1954 anknüpfen konnte, besuchte bis zu seinem Tode Berlin häufig. Im Berliner Fußball werden seine Leistungen noch immer geschätzt. Große Bedeutung in der Gegenwart haben die alljährlich vergebenen „Sepp-Herberger-Urkunden", die für ehrenamtliches Engagement an Akteure des organisierten Fußballs verliehen werden und herausragende Aktivitäten aus dem Handicap-Fußball, der Resozialisierung von Strafgefangenen sowie in der Kooperation zwischen Schulen und Vereinen würdigen.

Thomas Herbst

*5. Oktober 1962

Als Jugendspieler Weltmeister, als Trainer ein Urgestein

Thomas Herbst gehört mittlerweile zu den Urgesteinen im Berliner Fußball. Der 1962 in Berlin geborene Stürmer verbrachte als Jugendspieler verschiedene Stationen beim SC Tegel, beim MSV Normannia 08, bei Hertha BSC und bei Hertha 03 Zehlendorf. Als Mitglied der U18-Auswahlmannschaft wurde er 1981 Junioren-Europameister, mit der U19-Nationalelf gewann er ebenfalls 1981 sogar den Titel des Junioren-Weltmeisters.

Als 19-jähriger verließ Thomas Herbst, wie so viele Berliner Talente, die Stadt und ging zum FC Bayern München, wo er zwei Bundesliga-Partien als Einwechselspieler absolvierte. In den 1980er-Jahren kam er als Profi zunächst bei Eintracht Braunschweig, dann von 1983 bis 1988 – unterbrochen von einem einjährigen Gastspiel beim SV Darmstadt 98 – bei Borussia Mönchengladbach auf insgesamt 106 Einsätze in der höchsten deutschen Spielklasse.

1988 kehrte Thomas Herbst nach Berlin zu Hertha 03 Zehlendorf zurück und wechselte nach vier Jahren zu Türkiyemspor Berlin, von dort drei Jahre später erneut zu den Zehlendorfern und nach weiteren vier Jahren wiederum zu dem von Migranten gegründeten Kreuzberger Verein. In der Zwischenzeit vollzog er den fließenden Übergang vom aktiven Spieler zum Spielertrainer und schließlich vollends auf die Trainerbank.

Als Coach trainierte Thomas Herbst nach Hertha 03 Zehlendorf und Türkiyemspor Berlin auch den Berliner AK 07, der sich zwischenzeitlich in Berlin Ankaraspor Kulübü 07 umbenannt hatte. 2008 heuerte er bei Tennis Borussia an. Seine längste und erfolgreichste Station als Trainer wurde der BFC Viktoria 1889, wo er von 2010 bis 2014 sowie noch einmal von 2017 bis 2018 tätig war und mit dem er 2011 Berliner Meister und 2014 Berliner Pokalsieger wurde. Herbst führte die Mannschaft 2011 zunächst von der Verbands- in die fünftklassige Oberliga Nordost. Am Saisonende 2012/13 gelang auch dort die Meisterschaft, wodurch Viktoria in die Regionalliga Nordost aufstieg.

Seit 2022 ist Thomas Herbst wieder als Trainer bei Türkiyemspor Berlin beschäftigt. So verwirrend seine häufigen Wechsel auf den ersten Blick anmuten mögen, so sehr weist seine Karriere als Spieler und Trainer in den verschiedensten Ligen eine erstaunliche Kontinuität als Bestandteil des Berliner Fußballs auf dessen höchstem spielerischen Niveau auf.

Ariane Hingst

*25. Juli 1979

In der Hall of Fame des deutschen Fußballs

Ariane Hingst verkörpert Superlative im Fußballsport – 174 Länderspiele, zwei Weltmeistertitel, vier Europameistertitel, drei Bronzemedaillen bei Olympischen Spielen, zwei Mal Deutsche Meisterin, vier Mal Gewinn des DFB-Pokals und ein Titel als Women's-Cup-Siegerin 2005. Keine Fußballerin und kein Fußballer aus Berlin war in der Geschichte des Sports bisher erfolgreicher.

Die Fußballbegeisterung und das Talent zeigten sich bei Ariane Hingst bereits vor der Einschulung und wurden fortan gefördert. Dank einer Sondergenehmigung spielte sie schon im Alter von 15 Jahren in der ersten Frauenmannschaft von Hertha 03 Zehlendorf und errang 1996 mit der Meisterschaft der Regionalliga ihren ersten Erfolg. Hertha 03 Zehlendorf verfehlte jedoch in der folgenden Saison erneut den Aufstieg und für Hingst entwickelte sich ein persönliches Dilemma: Die damalige Bundestrainerin Tina Theune-Meyer forderte, dass sie in der Bundesliga Erfahrungen sammeln muss, um künftig für die DFB-Auswahl berücksichtigt zu werden. Schweren Herzens wechselte Hingst 1997 nach Potsdam zu Turbine und verließ im sportlichen Bereich Berlin. In der Brandenburger Landeshauptstadt erlebte die Defensivspielerin bis 2007 ihre erfolgreichste Zeit. Nach Stationen in Schweden, nochmals Potsdam und Australien beendete sie 2013 ihre aktive Laufbahn.

Hingst lief im August 1996 erstmals im Dress der Nationalmannschaft auf. In der DFB-Elf war sie über 15 Jahre neben Birgit Prinz eine der Leistungsträgerinnen des Teams. Nach dem enttäuschenden Abschneiden bei der Weltmeisterschaft 2011 im eigenen Lande gab sie ihren Rücktritt aus der Auswahl bekannt.

Ariane Hingst, die die Berufe einer Bankkauffrau und einer Physiotherapeutin erlernte, ist seit Juli 2021 Co-Trainerin der U19- und der U20-Frauen beim DFB. Sie will nach eigener Aussage mit ihrer Arbeit Zukunft gestalten. Die Perspektive der Frauen-Nationalmannschaft sieht sie positiv: „Wichtig ist es, dass man sich immer und zu jeder Zeit hinterfragt und auch mal neue Wege geht. …. Bei der A-Nationalmannschaft haben wir es erlebt, dass zeitweise andere Nationen an uns vorbeigezogen sind. Aber jetzt sind wir wieder auf dem richtigen Weg."

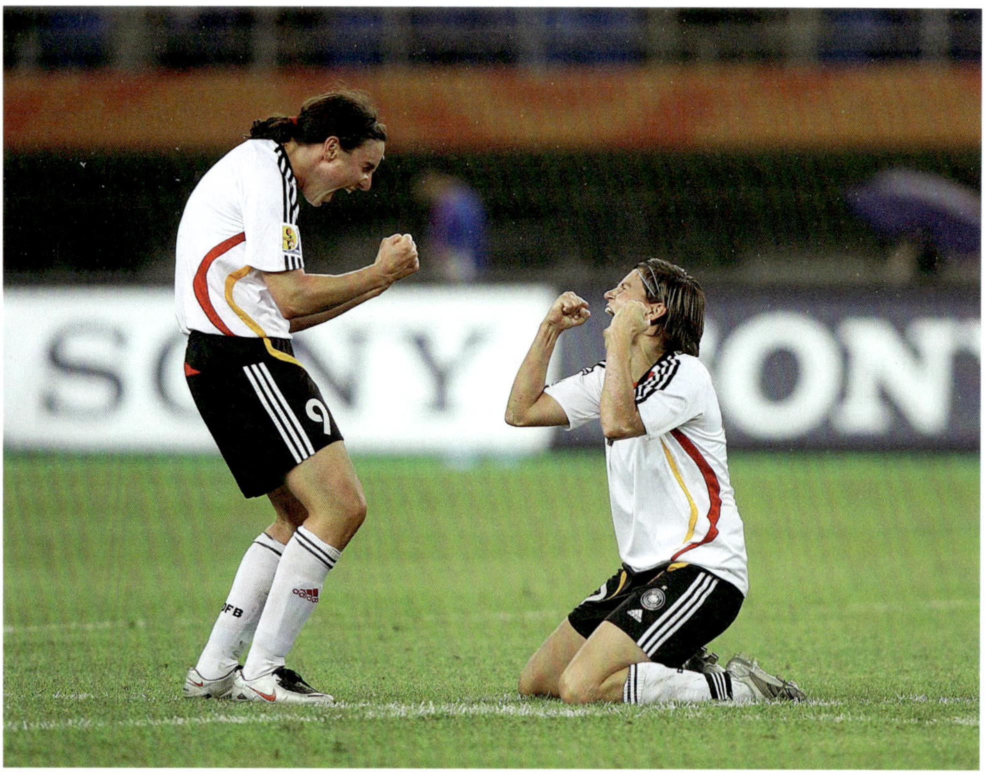

Ariane Hingst (rechts) mit Birgit Prinz beim WM-Halbfinale 2007

Nach ihrer Fußball-Karriere trat Ariane Hingst außerdem gelegentlich als TV-Expertin auf. Sie begleitete für den Sender Fox Sports in den USA die Spiele der Fußball-Weltmeisterschaft der Frauen 2015 und 2019 und gehört seit 2021 zum Experten-Team des ZDF. Das Hingst mehr als Fußball kann, bewies sie auf radio eins des Senders rbb. Am „Radioday am Frauentag" 2022 führte sie in ihrer Sendung unter anderem ein Interview mit einer Lehrerin, die Flüchtlingskinder aus der Ukraine unterrichtet.

Ariane Hingst wurde in die 2018 geschaffene Hall of Fame des deutschen Fußballs aufgenommen. Sie ist die einzige Berlinerin oder Berliner in dieser Ruhmeshalle des Ballsports in Deutschland.

Otto Höhne

*30. Juli 1926

Dem Berliner Fußball eng verbunden

14 Jahre lang, von 1990 bis 2004, leitete Otto Höhne den Berliner Fußball-Verband als Präsident – von der Zusammenführung der beiden Berliner Fußball-Verbände aus Ost und West in der Wendezeit bis zur Vorbereitung der Fußball-Weltmeisterschaft nach der Jahrtausendwende reichte seine Amtszeit. Damit sind die Herausforderungen, die der BFV in dieser Zeit zu bewältigen hatte, und die Anerkennung, die Otto Höhne für seine Verdienste um den Berliner Fußball zukommt, nur annähernd beschrieben.

Seine sportliche Heimat hat Otto Höhne bei Hertha 03 Zehlendorf, dessen Präsident er von 1964 bis 1984 war. In diese Zeit fallen auch die größten Erfolge des Vereins, darunter drei Berliner Meisterschaften sowie die zweimalige Teilnahme an der Aufstiegsrunde zur Bundesliga (1969 und 1970). Eine Besonderheit jener Jahre waren die internationalen Testspielreisen des Clubs, die Hertha 03 Zehlendorf ab 1966 auf alle Kontinente der Welt führten. Das Vereinsheim in der Onkel-Tom-Straße, dessen Bau der ehemalige Schuldirektor anregte, trägt ebenso seinen Namen wie der renommierte Otto-Höhne-Cup.

Im März 1990 wurde Otto Höhne als Nachfolger von Uwe Hammer zum Präsidenten des BFV gewählt und sorgte gemeinsam mit dem Vorsitzenden des Bezirks-Fachausschusses Fußball in Ost-Berlin bzw. des nur kurz existierenden Fußball-Verband Berlin, Uwe Piontek, für die Vereinigung der beiden Verbände, die am 17. November 1990, also wenige Tage vor dem DFB, vollzogen wurde. Um Persönlichkeiten für besondere Verdienste um den Fußball zu würdigen, führte der BFV auf seine Initiative hin im Jahr 1992 die Auszeichnung mit dem „Goldenen Fußball“ ein, die als Erster Berlins langjähriger Bürgermeister Eberhard Diepgen empfing.

Otto Höhne wirkte von 1990 bis 2004 zudem als NOFV-Vizepräsident und als Mitglied im Vorstand des DFB sowie seit 2011 im Kuratorium der DFB-Stiftung Egidius Braun auch weit über die Stadtgrenzen hinaus. Für sein großes Engagement wurde er unter anderem 1991 mit dem Verdienstorden des Landes Berlin, 1999 mit der Goldenen Ehrennadel des Landessportbunds Berlin sowie 2006 mit dem Großen Bundesverdienstkreuz ausgezeichnet.

Nach seinem Ausscheiden aus dem Amt des Präsidenten wurde Höhne 2004 zum BFV-Ehrenpräsidenten ernannt. Dem Berliner Fußball ist Otto Höhne trotz seines inzwischen hohen Alters immer noch eng verbunden – wenn auch nicht mehr in aktiver Funktionärstätigkeit.

Günter „Jimmy“ Hoge

*7. Oktober 1940 † 6. November 2017

Publikumsliebling und Vereinslegende

Den Verantwortlichen des Armeesportklubs Vorwärts Berlin fiel 1958 ein junger Nachwuchsspieler von Lichtenberg 47 bei seinen Einsätzen in der Ost-Berliner Nachwuchsauswahl auf. Dorthin hatte sich der seit dem Knabenalter in seinem Heimatbezirk spielende Günter bereits empfohlen. Ein Jahr später feierte der wegen seines Igel-Haarschnittes Jimmy gerufene halbrechte Stürmer seinen ersten Titel: DDR-Junioren-Fußballmeister mit Vorwärts Berlin.

Ab 1960 aktiv, gewann Hoge im selben Jahr mit seinen Kameraden zweimal die DDR-Meisterschaft. Den einen Titel holte er in der Reserve, da die Oberliga-Teams diese bis 1968 zusätzlich ausspielten, und den anderen mit der 1. Mannschaft. Dem Unteroffizier, 19 Jahre alt und in Schlosser-Ausbildung, bescheinigte die Presse ausgesprochenes Stürmerblut. Zwei A-Auswahl-Berufungen kamen bald hinzu. Die Erfolge weckten wohl „Jimmys“ Übermut. Von der Meisterfeier fuhr er in zwei Taxis nach Hause. Eines beförderte ihn, im zweiten fuhr seine Sporttasche.

Seine aktive Zeit sollte geprägt werden von lobenden Einschätzungen, wenn es um Leistungen auf dem Spielfeld ging, und von kritischen zum Drumherum des jungen lebensfrohen Mannes, der 1962 wieder Meister wurde, als er 1961 bereits den Klub verlassen hatte: Es ging um Disziplinschwierigkeiten und die Bezahlung im Verein, da im Armeesportclub nach Dienstgrad entlohnt wurde. Bei den drittklassig auflaufenden Köpenicker-Motor-Fußballern spielte Hoge bis Ende 1965, als der TSC Berlin ihn brauchte für den Oberliga-Aufstieg. Der gelang, als der TSC schon zum 1. FC Union ausgegründet und sein Einsatz wesentlich war. Pokalsieger wurde der Flügel-Flankengeber 1968, vier Länderspiel-Berufungen ergänzten die Bilanz.

Gesperrt wurde Hoge 1969 und 1970 als Wiederaufsteiger endgültig für den Leistungssportbereich. Vorgeworfen wurden ihm Fahren ohne Führerschein, Alkoholvorkommnisse in einer Genesungszeit, sein kaum sportlich ausgerichteter Lebenswandel. Charakterschwäche, Überheblichkeit, Beleidigen von Kameraden und wieder Alkoholeinfluss – die außergewöhnlich konkreten offiziellen Begründungen wogen schließlich schwerer als die schier unzählbaren Beurteilungen seines sportlichen Einsatzes zuvor.

Günter „Jimmy" Hoge spielte fortan für unterklassige Vereine und arbeitete als Schlosser. Vom 1. FC Union 2003 zum Ehrenmitglied ernannt und oft in der Traditionsmannschaft aufgeboten, starb der Publikumsliebling am 6. November 2017 im Alter von 77 Jahren.

Gerald Karpa

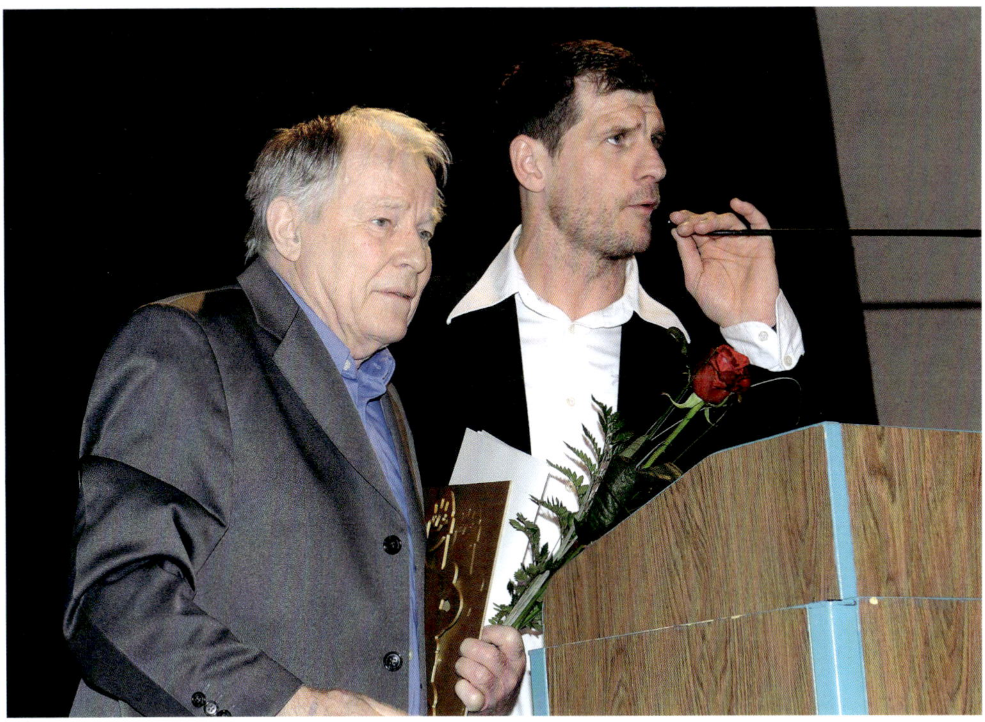

Jimmy Hoge (links) zusammen mit Steffen Baumgart

Wolfgang Holst

*30. Juli 1922 †10. Dezember 2010

Die blau-weiße Eminenz

Wolfgang Holst war so etwas wie die „blau-weiße Eminenz“ des Berliner Fußballs. Über viele Jahre bekleidete er eine Reihe von Ämtern bei Hertha BSC und war im Laufe der Zeit eine prägende Figur im Verein und darüber hinaus. Dabei war der 1922 in Rostock geborene Holst bereits als Kind auf Hertha aufmerksam geworden: Als er zehn Jahre alt war, bekam er von seinem Vater ein Buch mit dem Titel „Kampf um den Ball“ mit Geschichten aus dem Berliner und Brandenburger Fußball geschenkt und lernte, wie er später erzählte, „über Hertha schnell alles auswendig“. Nach dem Zweiten Weltkrieg – in dem er freiwillig als Oberjunker der SS-Leibstandarte gedient hatte – verschlug es ihn zunächst nach Paderborn und erst 1959 nach Berlin.

Seit 1960 Mitglied im Verein, wurde Holst bereits 1962 als Spielausschuss-Obmann in den Vorstand von Hertha BSC gewählt. Formal war er Vizepräsident, fungierte aber vielmehr als das, was man heute Manager nennen würde. Durch geschickte Intervention beim Deutschen Fußball-Bund war er nicht unerheblich daran beteiligt, dass Hertha 1963 Gründungsmitglied der Bundesliga wurde. Nach dem zwischenzeitlichen Zwangsabstieg gelang es ihm, wieder eine schlagkräftige Mannschaft zusammenzustellen. Er ermöglichte unter anderem die spektakuläre Verpflichtung des Ungarn Zoltán Varga, der sich nach den Olympischen Spielen 1968 in Mexiko abgesetzt hatte, indem Holst ihn aus Belgien holte und im Kofferraum über die Grenze schmuggelte.

Im Zuge des Bundesliga-Skandals, in den er verwickelt gewesen war, erhielt Wolfgang Holst durch den DFB eine Sperre vom 24. März 1973 bis 23. März 1978 für sämtliche Vereinsämter, wurde jedoch am 20. Dezember 1977 begnadigt. Zuvor hatte er die Aufklärung der Vorfälle so lange wie möglich hinausgezögert, da die sofortige Sperre der gesamten Mannschaft den sicheren Abstieg bedeutet hätte. So aber hatte Holst genug Zeit, um Vorkehrungen für den abermaligen Neuaufbau zu treffen, indem er beispielsweise den späteren Nationalspieler Erich „Ete“ Beer 1971 von Rot-Weiss Essen zur Hertha lotste und damit die erfolgreiche Phase des Klubs in den 1970er-Jahren einleitete.

Zwischen 1979 und 1985 war Holst Präsident von Hertha BSC. In diese Zeit fielen allerdings 1980 und 1983 zwei Bundesliga-Abstiege. 1986 folgte sogar der Absturz in die Drittklassigkeit, als die Mannschaft die Saison auf dem 17. Rang der damals 20 Vereine umfassenden 2. Bundesliga abschloss und den bitteren Gang in die Amateur-Oberliga antreten musste. Dort wurden die Heimspiele – bis auf wenige Ausnahmen – im stark sanierungsbedürftigen Poststadion vor im Durchschnitt 2.000 Zuschauern bestritten, und obwohl die Mannschaft souverän Meister der Oberliga Berlin wurde, scheiterte Hertha in den Aufstiegsspielen und musste eine weitere Spielzeit in der Amateurliga verbringen. 1988 gelang der Aufstieg in die 2. Bundesliga, zwei Jahre später schließlich die vielumjubelte Rückkehr in die höchste deutsche Spielklasse.

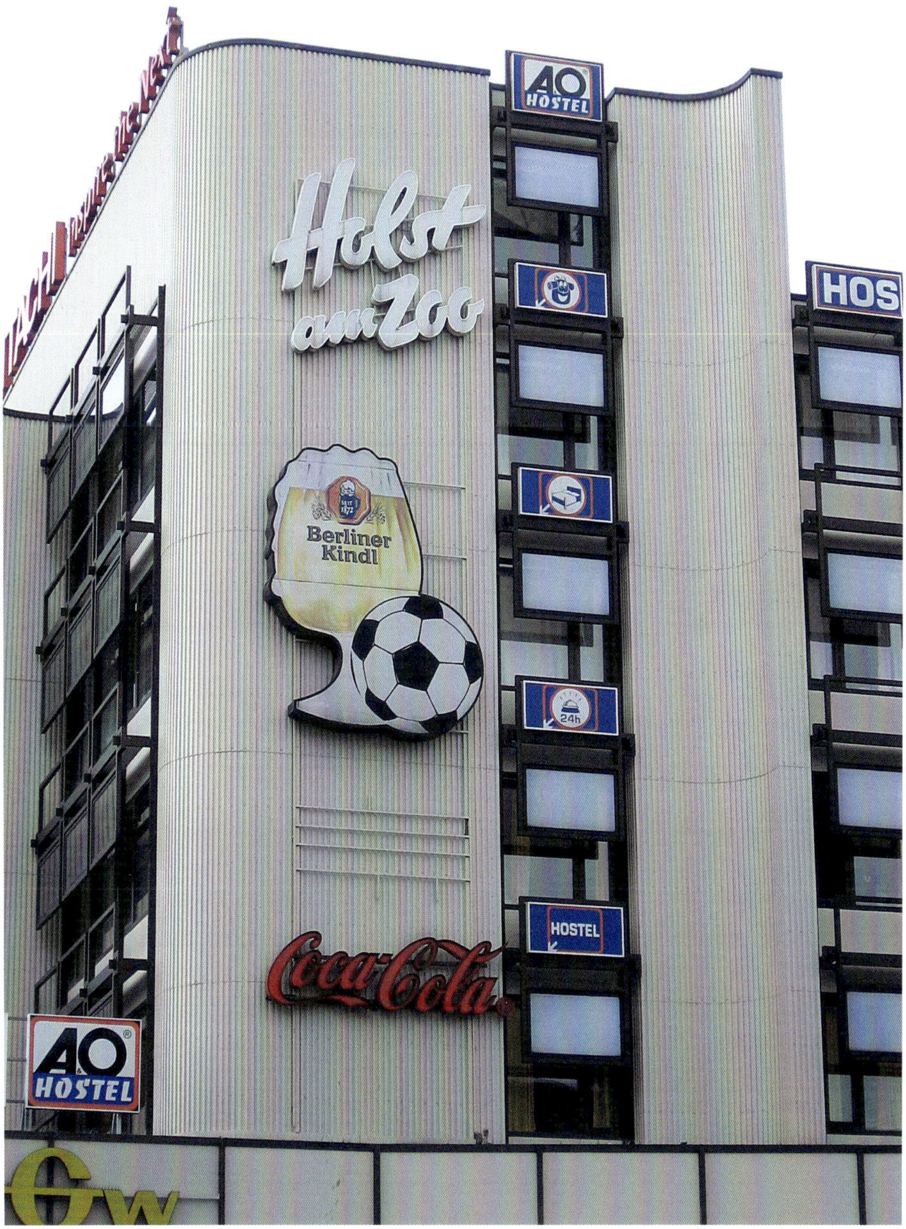

Die Fassade von „Holst am Zoo“ in den 1990er-Jahren

Nachdem Hertha BSC 1991 zwischenzeitlich wieder in die 2. Bundesliga abgestiegen war und dort sechs Jahre lang ein Dasein als „graue Maus“ fristete, kandidierte Wolfgang Holst 1994 noch einmal für das Amt des Präsidenten, verlor jedoch gegen Manfred Zemaitat. Nachdem Dieter Hoeneß die Position als Manager übernommen hatte, schien sein Einfluss zu schwinden und er lieferte sich manche, zuweilen auch öffentliche Auseinandersetzung mit dem neuen Macher. In der Folge zog er sich mehr und mehr in den Hintergrund zurück, wirkte jedoch von dort unauffällig weiterhin auf die Geschehnisse im und um den Verein ein.

Neben seinem Engagement bei Hertha betrieb Holst viele Jahre in Berlin die Gaststätte „Holst am Zoo“ in unmittelbarer Nähe des Bahnhofs Zoologischer Garten, die Deutschlands wohl bekannteste Fußball-Kneipe gewesen sein dürfte und in der Größen des Sports wie Franz Beckenbauer, Karl-Heinz Rummenigge oder Erich „Ete“ Beer ein und aus gingen. 2002 übergab Holst das Lokal an seinen Freund und ehemaligen Hertha-Profi Hanne Weiner, der es bis 2010 unter dem Namen „Hanne am Zoo“ weiterführte.

Zuletzt gehörte Holst dem Ältestenrat von Hertha BSC an. Am 30. November 2010 wurde er im Rahmen der Mitgliederversammlung anlässlich seiner 50-jährigen Mitgliedschaft bei Hertha BSC mit dem Ehrenschild des Vereins geehrt. Wenige Tage später, am 10. Dezember 2010, starb Wolfgang Holst im Alter von 88 Jahren.

Hermann Horwitz

*27. Dezember 1885 † 19. April 1943 (deportiert)

Sportarzt, Mannschaftsarzt, ermordet im Holocaust

Hermann Horwitz wurde am 27. Dezember 1885 im heutigen Prenzlauer Berg geboren, sein Elternhaus stand in der Weißenburger Straße 64 (heutige Kollwitzstraße 57). Der Abiturient studierte Medizin und wurde 1917 als Militärarzt eingezogen. Nach dem Ersten Weltkrieg erhielt er seine Approbation, am 7. Dezember 1920 erlangte Horwitz an der Friedrich-Wilhelms-Universität zu Berlin mit einer Promotion über Lungen- und Kehlkopftuberkulose die Doktorwürde.

In den folgenden Jahren wandte sich Hermann Horwitz als Arzt dem noch jungen Forschungsfeld der Sportmedizin zu. Er war zunächst Mitglied des Berliner Sport-Clubs und wurde nach der Fusion mit dem BFC Hertha im Jahre 1923 Mitglied von Hertha BSC. Wenig später begann Horwitz, als ehrenamtlicher Mannschaftsarzt der Berliner zu fungieren. Dabei bewies der Mediziner großen Weitblick und agierte in vielen Arbeitsbereichen bereits enorm fortschrittlich.

Beispielsweise erkannte Horwitz früh, welch weitreichende Auswirkungen die Ernährung auf die Leistung von Sportlern haben kann, und erarbeitete Ernährungspläne für die Spieler, was zur damaligen Zeit eine Pionierleistung darstellte. Zudem beschäftigte er sich frühzeitig mit Aspekten der Sportpsychologie – etwa mit der Frage, wie Spielern vor großen Partien das Lampenfieber genommen werden kann. Zudem veröffentlichte Hermann Horwitz 1926 gemeinsam mit einem Kollegen das Fachbuch „Die Sportmassage“ für Ärzte und Masseure.

Als Hertha BSC zwischen 1926 und 1931 sechs Mal in Folge das Endspiel um die Deutsche Meisterschaft erreichte und in den Jahren 1930 und 1931 den Titel errang, hatte Hermann Horwitz durch seine fortschrittliche Arbeit einen unschätzbaren Anteil an diesen Erfolgen. In einem in der Festzeitung zur Feier des Meistertitels 1930 abgedruckten Lied wird dem bei den Spielern äußerst beliebten Mannschaftsarzt eigens eine Strophe

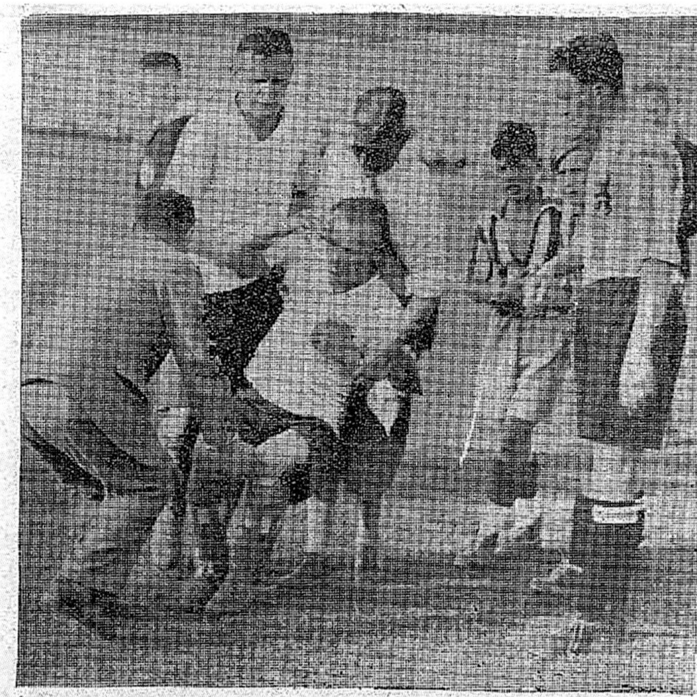

Der Torhüter Riemke hat die Fäuste gegen den angreifenden Kirsei gebraucht, der schachmatt ist und, von Dr. Horwitz gestützt, vom Platz getragen wird. Das geschieht in den zehn Minuten zwischen dem zweiten und dritten Tor Herthas. Eine Minute danach hat sich Kirsei schon wieder erholt und schießt wenig später das von dem Verlängerungs-Alpdruck befreiende dritte und siegbringende Tor!

Zeitungsbericht aus der „Fußball-Woche“

gewidmet: „Dr. Horwitz, unser Eisenbart, au au au. Gar wundersame Mittel hat, au au au. Er schaut uns an mit tiefem Blick, au au au. Schon zieht die Krankheit sich zurück, au au au.“ Zudem vertrat Horwitz Hertha BSC ab Januar 1931 gegenüber dem Verband Brandenburgischer Ballspielvereine und verfasste entsprechende Artikel für die Nachrichtenblätter des Vereins.

Nach der Machtübernahme der Nationalsozialisten trafen der immer stärker um sich greifende Antisemitismus und die Maßnahmen der NS-Diktatur gegen die jüdische Bevölkerung auch Hermann Horwitz. Der Mediziner durfte nicht mehr als Arzt praktizieren, als einem der wenigen sogenannten „Krankenbehandler“ war ihm fortan lediglich die Behandlung jüdischer Patienten erlaubt. Bei Hertha BSC musste Horwitz aufgrund seiner jüdischen Herkunft zunächst seine Positionen aufgeben, bevor er am 26. September 1938 aus dem Verein ausgeschlossen wurde. Der schriftliche Vermerk „Nichtarier“ in der Mitgliederkartei dokumentiert den menschenverachtenden Zeitgeist.

Am 19. April 1943 wurde Hermann Horwitz am Güterbahnhof Moabit mit dem 37. sogenannten „Osttransport“ in das Vernichtungslager Auschwitz gebracht. Zunächst musste er vor Ort eine Woche im Arbeitslager Buna bleiben, bevor er als Häftlingsarzt in das Stammlager überstellt wurde. Als die Rote Armee am 27. Januar 1945 Auschwitz befreite, war der Häftling mit der Nummer 116 761 nicht mehr am Leben. Die Umstände, die zu Horwitz‘ Tod geführt haben, konnten nie geklärt werden.

Nach dem Kriegsende geriet Hermann Horwitz – ähnlich wie andere jüdische Protagonisten des Fußballs – weitgehend in Vergessenheit. Erst als der Historiker Daniel Koerfer 2007 im Auftrag von Vereinspräsident Bernd Schiphorst die Rolle von Hertha BSC während der Zeit der Nazi-Diktatur erforschte, fand sich bei den Recherchen zu dem im Jahre 2009 erschienenen Buch „Hertha unter dem Hakenkreuz – Ein Berliner Fußballclub im Dritten Reich“ auch der Name des ehemaligen Mannschaftsarztes in Prozessakten der NSDAP wieder.

Zum Gedenken an Hermann Horwitz organisierten die Fanbetreuung von Hertha BSC und das Fanprojekt der Sportjugend Berlin im Rahmen des Projektes „Aus der eigenen Geschichte lernen“ im Herbst 2016 erstmals eine Gedenkstättenfahrt in das polnische Oświęcim, wo sich das Konzentrations- und Vernichtungslager Auschwitz befand. Die Reise hinterließ bei allen einen nachhaltigen Eindruck über das Ausmaß der NS-Verbrechen, sodass die Teilnehmenden gemeinsam den Entschluss fassten, das Leben und Wirken des Arztes genauer zu untersuchen und stärker im Bewusstsein von Hertha BSC zu verankern. In der Folge besuchten die Beteiligten zahlreiche Archive und recherchierten in Detailarbeit aus historischen Quellen. Die aufwendige Arbeit mündete 2017 in dem von Hertha BSC herausgegebenen 60-seitigen Buch „Dr. Hermann Horwitz – Eine Spurensuche“.

Hermann Horwitz hat Hertha BSC mit seinem Wirken und seiner Lebensgeschichte in einzigartiger Weise geprägt. Der Vereinsausschluss des ehemaligen Mannschaftsarztes wurde vom Präsidium von Hertha BSC am 26. November 2018 posthum aufgehoben. Horwitz‘ Schicksal ist Ansporn und Verpflichtung zugleich, sein Andenken zu bewahren und die politischen und gesellschaftlichen Lehren aus seiner Geschichte zu verinnerlichen.

Frank Schurmann

Paul Jablonski

*unbekannt †unbekannt

Der große Unbekannte

Paul Jablonski hieß der erste Vorsitzende des Verbandes Deutscher Ballspielvereine, der bei der Gründungsversammlung am 11. September 1897 im „Dustren Keller“ in der Bergmannstraße gewählt wurde. Sein Verein war Brandenburg 92 – und viel mehr ist über Jablonski auch schon nicht mehr bekannt, denn bereits im April 1898 legte er das Amt nieder. Sein Nachfolger wurde Richard Noack von Fortuna.

Insgesamt sieben Vereine waren bei der Versammlung zugegen: Argo, Akademischer B.C., Brandenburg 92, Britannia, Friedenauer S.S., Fortuna und Preussen, deren Vereinslokal der „Dustre Keller“ war. Die Aufnahmegesuche der bereits seit längerem bestehenden Vereine wie Germania, Helgoland, Minerva und Union wurden zunächst abgelehnt, da man sich in einem gewissen Gegensatz zum 1892 gegründeten Deutschen Fußball- und Cricket-Bund verstand, auf dessen Erfahrungen man aufbauen, demgegenüber man aber einiges besser machen wollte. Ein Hauptkritikpunkt bestand darin, dass man die üblichen Doppelmitgliedschaften der Spieler bei mehreren Vereinen abschaffen wollte.

Auch die spielstärkste Mannschaft der 1890er-Jahre, der BFC Viktoria 1889, der die Meisterschaft des DFuCB von 1893 bis 1897 fünf Mal in Serie gewonnen hatte, war bei der Gründung zunächst nicht vertreten. Die erste Meisterschaft des VDB, die gleich in der ersten Spielzeit 1897/98 ausgetragen wurde, gewann denn auch Britannia 1892, der heutige Berliner SV, der sich erst in einer Entscheidungsrunde gegen Fortuna (3:1) und Preussen (1:0) durchsetzte. In den drei Jahren darauf waren wiederum jeweils die Preussen erfolgreich.

Zweck des Verbandes war jedoch bei weitem nicht nur die Organisation eines Spielbetriebes. Darüber hinaus war das erklärte Ziel des Verbandes, „dem Fußball- und Cricketspiel in den besseren Kreisen Eingang und Verbreitung zu verschaffen". So wurde schon früh die gesellschaftliche Anerkennung des Sports angestrebt. Ob Paul Jablonski das noch erlebte, ist nicht bekannt; auch die früheste Festschrift des VBB aus dem Jahr 1922 gibt über seinen weiteren Verbleib keine Auskunft. Es waren andere wie Fritz Boxhammer oder Georg Demmler, die im Sinne des Verbandes wirkten und die Sache des Fußballs auch über Berlin hinaus vertraten.

Paul Jestram

*27. Oktober 1870 †20. Juli 1943

Der Gründer des ältesten deutschen Fußball-Vereins

Darauf legten – und legen – die Germanen großen Wert: Ihr Verein, der BFC Germania 1888 ist der älteste noch bestehende Verein, der Fußball von Anfang mit rundem Leder und ohne Aufheben des Balles, also kein Rugby, sondern nach Association-Regeln spielte. Gegründet wurde der Verein von dem damals 17-jährigen Schüler Paul Jestram.

Jestram begann 1883 seine Sportlaufbahn im Alter von 12 Jahren mit dem Cricket-Spiel und interessierte sich seit 1884 für Fußball. Unter Anleitung des Ingenieurs Reinhold Hartwig, der aus St. Petersburg nach Berlin gekommen war, spielte er auf dem Tempelhofer Feld und fand unter seinen Brüdern und Schulfreunden vom Askanischen Gymnasium engagierte Mitstreiter. Sein Vater war Turnlehrer, freute sich jedoch über die Sportbegeisterung der jungen Leute und unterstützte den Verein nicht nur finanziell, sondern stellte auch Bälle, Geräte, Stangen, Fähnchen und vieles andere mehr zur Verfügung.

Am 15. April 1888 gründete Paul Jestram zusammen mit seinen Brüdern Max, Fritz und Walter in der elterlichen Wohnung in der Kreuzbergstraße 75 den BFC Germania 1888. Dabei trat er selbst – anders als sein Bruder Walter, der ab 1898 für den BFC Britannia 1892 aktiv war und an vier von insgesamt sieben Ur-Länderspielen einer deutschen Auswahlmannschaft teilnahm – in späteren Jahren nicht so sehr als Fußballer, sondern vielmehr als Turner, Schwer- und Leichtathlet hervor und betrieb neben Cricket und Fußball auch Ringen, Gewichtheben, Steinstoßen, Laufen und Springen.

Um das Jahr 1890 setzte, nachdem bereits ab etwa 1870 an verschiedenen Orten in Deutschland Fußball-Spiele stattgefunden hatten und erste Mannschaften entstanden waren, vor allem in Berlin ein regelrechter Gründungsboom ein, in dem Mannschaften wie der BFC Viktoria 89, BFC Alemannia 1890, Britannia 1892, BFC Hertha 1892 oder der BFC Preussen von 1894 entstanden. War die frühere Entwicklung zunächst noch langsam und sporadisch verlaufen, ermöglichten die nun zunehmend stabilen Vereine einen regelmäßigen Wettspielbetrieb.

Der BFC Germania 1888 spielte in den 1890er-Jahren und noch zu Beginn des neuen Jahrhunderts nicht nur im Fußball, sondern auch im Cricket und in der Leichtathletik eine herausragende Rolle. Vor allem einzelne Mitglieder wie Georg Leux, Georg Demmler oder Fritz Boxhammer prägten in dieser frühen Zeit maßgeblich und nachhaltig den Sport in Deutschland. Paul Jestram wurde 1913 zu Germanias Ehrenmitglied ernannt und blieb im Verein noch bis zu seinem Tod im Jahr 1943 präsent.

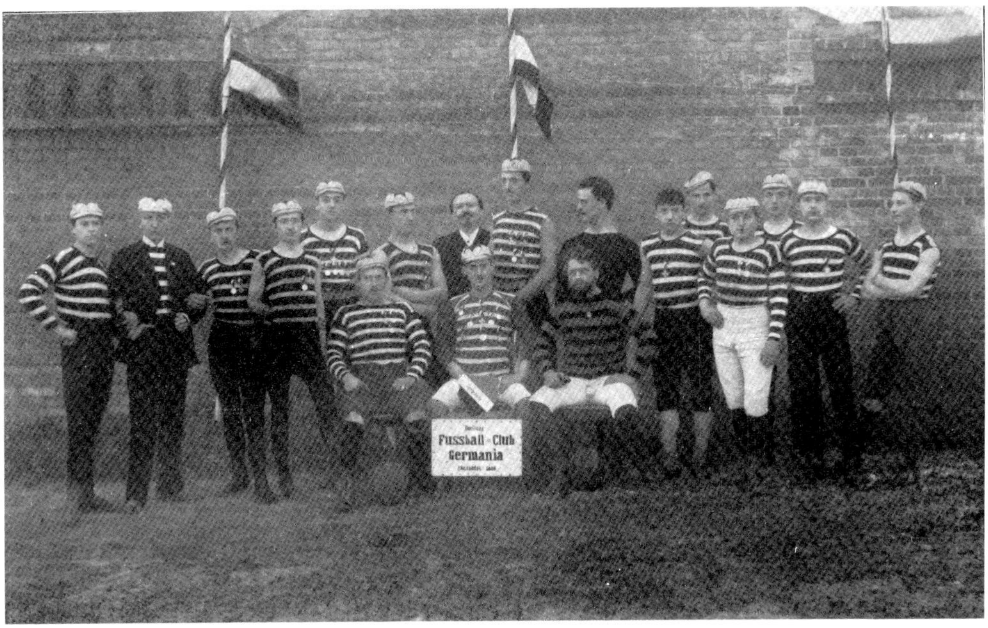

Paul Jestram (sitzend, links) mit der Mannschaft des BFC Germania 1888

Franz John

*28. September 1872 † 17. November 1952

Ein Preuße in Bayern

Der FC Bayern München ist von einem Preußen (mit)gegründet worden. Franz John hieß er, und er stammte ursprünglich aus dem uckermärkischen Pritzwalk, von wo aus er mit seinen Eltern in die am Rande Berlins gelegene Dorfgemeinde Pankow kam. Dort schloss er sich dem VfB Pankow 1893 kurz nach dessen Gründung an und machte die Bekanntschaft mit Gustav Manning, dem späteren Schriftführer des DFB und Gründer des amerikanischen Fußball-Verbandes, sowie dessen Brüdern, die dort ebenfalls ihrer Leidenschaft nachgingen.

Nach einer Ausbildung zum Fotografen in Jena zog Franz John aus beruflichen Gründen nach Süddeutschland und ließ sich im Münchner Stadtteil Schwabing nieder. Als Mitglied der Fußballabteilung des MTV München 1879 mochte er sich nicht damit abfinden, dass der Vorstand des Turnvereins den Beitritt zum Verband Süddeutscher Fußball-Vereine (SFV) ablehnte. Kurzerhand verließen John und zehn weitere Fußballer am 27. Februar 1900 die Versammlung des MTV und zogen in die nahegelegene Gaststätte Gisela.

Dort wurde spontan die Loslösung vom Stammverein und die Gründung des Münchener Fußballklub „Bayern" beschlossen, Franz John selbst zum ersten Vorsitzenden gewählt. Der Verein trat noch im Gründungsjahr dem SFV bei und entwickelte sich innerhalb kürzester Zeit zum spielstärksten Team in München. 1932 gewann der Klub zum ersten Mal die deutsche Meisterschaft, der Rest der Geschichte ist bekannt.

Franz John verließ den FC Bayern München jedoch 1903 bereits wieder, kehrte 1904 zurück nach Pankow und erwarb dort ein Fotolabor. Später engagierte er sich auch wieder bei seinem Stammverein VfB Pankow und übernahm dort für zwei Jahre das Präsidentenamt. Seine Kontakte nach München waren allmählich abgebrochen. Zwar wurde er 1925 noch zum Ehrenpräsidenten ernannt und ihm 1936 die Goldene Ehrennadel des Vereins verliehen.

Doch als Franz John am 17. November 1952 im Alter von 80 Jahren in Pankow starb, waren seine Verdienste in Vergessenheit geraten. Erst anlässlich des 100. Jahrestages der Gründung des FC Bayern München im Jahr 2000 ließ der Verein auf dem verfallenen Grab Johns einen Grabstein aufstellen, der an seinen preußischen Mitgründer und ersten Präsidenten erinnert.

Eduard Jurkun

*unbekannt †unbekannt

Arbeiterfußballer im Klassenkampf

Nach dem Ersten Weltkrieg kam der Fußball in Berlin schnell wieder in Schwung. Der Mitgliederzuwachs der Vereine war groß und glich die Verluste durch gefallene oder kriegsversehrte Aktive nicht nur aus, sondern ließ die Zahlen steigen. Unter den Zuschauern bei den Fußballspielen und den Vereinsmitgliedern waren nun zunehmend Arbeiter und kleine Angestellte.

Die Veränderungen der sozialen Struktur des Fußballs in politisch aufgewühlten Zeiten nach 1918/19 hatten Folgen für die Organisationen des Sports. Der Berliner Verband sah sich in den frühen Jahren der Weimarer Republik Konkurrenz ausgesetzt. Vor allem der Arbeitersport und seine Organisationen beunruhigten die VBB-Funktionäre.

Der Arbeiterfußball in Berlin und Umgebung hatte 1912 mit der Gründung der „Märkischen Spielvereinigung" (M.S.V.) eine neue Qualität erreicht. Zum einen wurde damit die Grundlage für die Austragung von Meisterschaften der Fußballabteilungen der Arbeitersportvereine geschaffen, und zum anderen gewann der Fußball innerhalb des Arbeiter-Turnerbundes (ATB) in Berlin und Brandenburg an Einfluss.

1919 wurde Eduard Jurkun von Fichte Berlin zum Spielausschuss-Leiter im M.S.V. gewählt. Als sich im gleichen Jahr der ATB in Arbeiter-Turn- und Sportbund (ATSB) umbenannte und damit seine Bemühungen um Modernisierung, insbesondere seine Öffnung gegenüber Ballspielen verdeutlichte, übernahm Eduard Jurkun auch im Spielausschuss der Fußballsparte des Bundes eine zentrale Funktion.

Der VBB und der M.S.V. deckten räumlich gleiche Gebiete ab und konkurrierten um Mitglieder. Jurkun und Genossen suchten 1919 die direkte Konfrontation mit dem VBB. Auf einer Versammlung im August, an der Sportler beider Verbände teilnahmen, versuchten sie, die anwesenden Mitglieder des VBB davon zu überzeugen, dass der „bürgerliche Verband" die Klasseninteressen der Proletarier und kleinen Angestellten opfern würde. Ihre Argumente blieben nicht ohne Wirkung. Den Berichten zufolge trat noch während der besagten Versammlung neben anderen Anwesenden Otto Saul, Obmann des Schiedsrichterausschuss des VBB, ins Lager der Arbeitersportler über. Allein 1919 wechselten 13 Vereine vom VBB zum M.S.V., wobei die namhaften Klubs im VBB verblieben.

In den weiteren Jahren der Weimarer Republik gelang es dem VBB, die Auseinandersetzung mit den Organisationen des Arbeitersports um die Vorherrschaft im Fußball für sich zu entscheiden. Der überwiegende Teil der fußballbegeisterten Arbeiter und Angestellten zog es vor, im Sport politisch neutral zu bleiben und Fußball nicht als Klassenkampf oder die Vorbereitung auf eine bessere Zukunft zu begreifen. Hinzu kam, dass sich über Leistung und Erfolg in den großen Mannschaften des VBB dem Einzelnen soziale Aufstiegschancen und die Möglichkeit der gesellschaftlichen Anerkennung boten.

Willy Kapinsky

*7. Mai 1920 †3. Februar 2009

Die Ära Kapinsky

Über drei Generationen hinweg leiteten die Kapinskys die Geschicke des BFC Alemannia 1890. Schon Vater Erich hatte den Verein über mehr als 25 Jahre geführt und war von 1930 bis zu seinem Tod 1958 Ehrenvorsitzender. Als bisher einziges Mitglied wurde er 1955 anlässlich seines 25-jährigen Jubiläums als Ehrenvorsitzender mit der „Goldenen Ehrennadel mit Brillanten“ ausgezeichnet.

Unter seiner Leitung kam 1920, dem Jahr der Geburt von Sohn Willy, ein gewisser Hanne Sobek zum BFC Alemannia 1890, für den dieser am 3. Juni 1923 in Basel gegen die Schweiz sein erstes Spiel im Nationaltrikot bestritt. In den 1920er-Jahren spielte der Verein in der damals erstklassigen Oberliga Berlin, bevor 1929 der Abstieg erfolgte. 1924 gewann Alemannia die Berliner Meisterschaft im Finale gegen den SV Norden-Nordwest. 1925 erreichte der Verein noch einmal das Finale um die Berliner Meisterschaft, unterlag jedoch gegen Hertha BSC. Prompt wechselte Sobek zu Hertha – der Rest ist (Berliner Fußball-)Geschichte.

Willy Kapinsky trat das Erbe seines Vaters an und fungierte seit 1961 – dem Jahr des Mauerbaus, durch den Alemannia viele Mitglieder verlor – als langjähriger Vereinsvorsitzender, später als Vorsitzender der Fußballabteilung und schließlich als Ehrenpräsident der Blau-Gelben. 1990, im Jahr des 100-jährigen Bestehens des BFC Alemannia 1890, erhielt er die Goldene Verdienstnadel des Deutschen Fußball-Bundes sowie vom Landessportbund die Plakette für besondere Verdienste um den Berliner Sport verliehen. Willy Kapinsky starb 2009, einige Wochen vor seinem 89. Geburtstag.

Auch Enkel Heiner trat in die Fußstapfen seiner Vorfahren, indem er in den 1960er- und 1970er-Jahren die erste Herren-Mannschaft als Kapitän sowie als Mittelfeld-Stratege und Vollstrecker lenkte. Als er im Frühjahr 2020 verstarb, war er der letzte Kapinsky bei Alemannia. Dass Vater, Sohn und Enkel über beinahe ein Jahrhundert hinweg einen Verein derart prägten, dürfte ohnehin – nicht nur im Berliner Fußball – eine Seltenheit sein.

Heinz „Kaule“ Kaulmann

*28. September 1934 † 17. Juli 2020

Kaulmann ließ die Anhänger jubeln

Der Wechsel des jungen Angreifers Heinz „Kaule“ Kaulmann vom viertklassigen Verein Aufbau Rüdersdorf zum erstklassigen Armeesportklub Vorwärts Berlin wurde 1955 nicht zum Thema ausführlicher Berichterstattung. Im Dezember ersetzte „Kaule“, erwähnt als talentierte und eifrige Nachwuchskraft, den Stamm-Halblinken und traf ein erstes Mal.

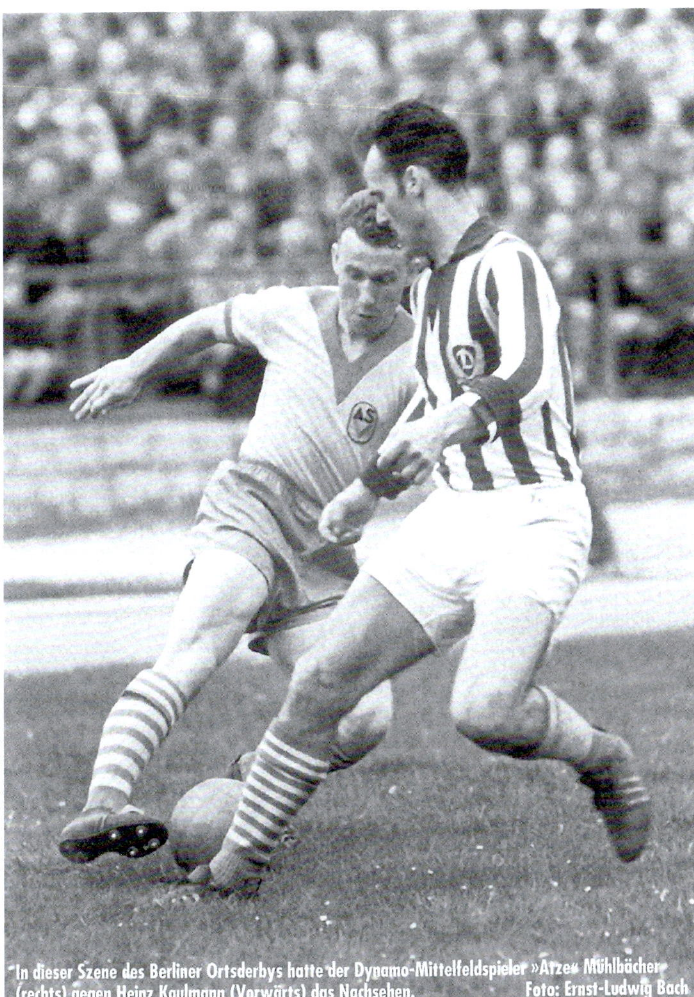

Spielszene mit Heinz Kaulmann im Trikot von Vorwärts Berlin

Die Vorwärts-Mannschaft schloss die Saison 1957 auf Rang zwei der Tabelle der Oberliga ab, Kaulmann selbst wurde Erster: Torschützenkönig, er hatte 15 der 45 Treffer erzielt. Zehn Spiele, zwei Tore wurden für die Meistersaison 1958 bilanziert. Ein Jahr später, Vizemeisterschaft, neun von 26 Punktspielen, drei Treffer. Vier Tore in acht Einsätzen im Vorwärts-Meisterjahr 1960. Heinz Kaulmann feierte da gleich zwei Titel, denn auch die Reservemannschaft beendete die Spielzeit in dem bis 1968 für 2. Mannschaften des Fußball-Oberhauses ausgespielten Wettbewerb auf dem ersten Platz.

Im Alter von 26 Jahren und im Rang eines Leutnants der NVA nahm Kaulmann Ende 1960 Abschied vom Heimspielplatz im Friedrich-Ludwig-Jahn-Sportpark. Die Drittklassigkeit wurde nun sein Spielfeld, das Stadion An der Alten Försterei des aufstrebenden TSC Oberschöneweide.

In drei Serien wurde die Meisterschaft 1961/62 ausgetragen. Als im Juni 1962 die Saison nach 39 Kämpfen endete, führte er die Staffel-Torschützenliste mit 37 Erfolgen an. Der TSC Oberschöneweide wurde Staffelmeister, stieg auf und strebte nun die höchste DDR-Spielklasse an. Nach Umstrukturierungen zum TSC Berlin und zum 1. FC Union war 1966 das Ziel Oberliga erreicht. Heinz Kaulmann ließ die Anhänger in seinen 19 Spielen 15 Mal jubeln. Eine Statistik schaute schließlich zurück auf 712 Spiele in den beiden höchsten DDR-Spielklassen, und sie weist für „Kaule“ 604 Treffer aus. Mit der Pike abzuschließen, war eine der Spezialitäten des 25-maligen Stadtauswahlspielers.

Mit 32 Jahren zog er sich vom Leistungssport zurück. Im Transformatorenwerk Oberschöneweide arbeitete er als Labormechaniker und war in der Freizeit im Union-Klubvorstand wie auch als Übungsleiter der 2. Union-Vertretung aktiv. Als Trainer betreute er kleinere Vereine in Berlin bis in die späteren 1980er-Jahre. Seinen Lebensabend verbrachte Heinz Kaulmann gemeinsam mit seiner Frau in einem Berliner Pflegeheim. Am 17. Juli 2020 starb er dort. Ein Ball-Relief ziert seinen Grabstein.

Gerald Karpa

Willi Kirsei

*3. Dezember 1902 † 19. Dezember 1963

Einer der erfolgreichsten Herthaner

Zur Saison 1923/24 schloss sich der damals 20-jährige Straßenfußballer Willi Kirsei Hertha BSC an. Als bis dahin nahezu Unbekannter spielte der am 3. Dezember 1902 in Berlin geborene Torjäger sofort in der ersten Mannschaft und hatte als schneller, wendiger und trickreicher halblinker Stürmer in den Jahren von 1924 bis 1931 maßgeblichen Anteil an der erfolgreichsten Zeit von Hertha BSC.

Bereits in seiner ersten Spielzeit gewann Willi Kirsei mit seiner Mannschaft den VBB-Pokal, in der darauffolgenden Spielzeit den ersten Berliner Meistertitel nach 1918. In der Saison 1925/26 zogen die Spreeathener erstmals in ein Endspiel um die Deutsche Meisterschaft ein.

Am 13. Juni 1926 führte Willi Kirsei die Mannschaft als Kapitän gegen die Spielvereinigung Fürth auf das Spielfeld des mit 40.000 Zuschauern restlos gefüllten Frankfurter Stadions, wo die Berliner jedoch mit 1:4 (1:3) unterlagen. In den nächsten drei Spielzeiten zogen die Blau-Weißen als Berliner Meister erneut in die nationalen Meisterschafts-Endrunden ein, im Endspiel war Hertha BSC jedoch dem 1. FC Nürnberg, dem Hamburger SV sowie erneut der Spielvereinigung Fürth unterlegen.

1930 errang Hertha BSC bei der fünften Endspiel-Teilnahme in Folge im Düsseldorfer Rheinstadion mit dem 5:4 gegen Holstein Kiel zum ersten Mal in der Vereinsgeschichte den deutschen Meistertitel. 1931 erreichte Hertha BSC wieder das Finale und traf im Müngersdorfer Stadion in Köln auf 1860 München, diesmal schoss Willi Kirsei in der 89. Spielminute den Siegtreffer zum 3:2 und somit zum zweiten Meisterschaftsgewinn.

Zusammen mit Sobek und Ruch ist Kirsei einer von lediglich drei Spielern, die in allen sechs Endspielen um die Deutsche Meisterschaft mitwirkten und zweimal die Meis-

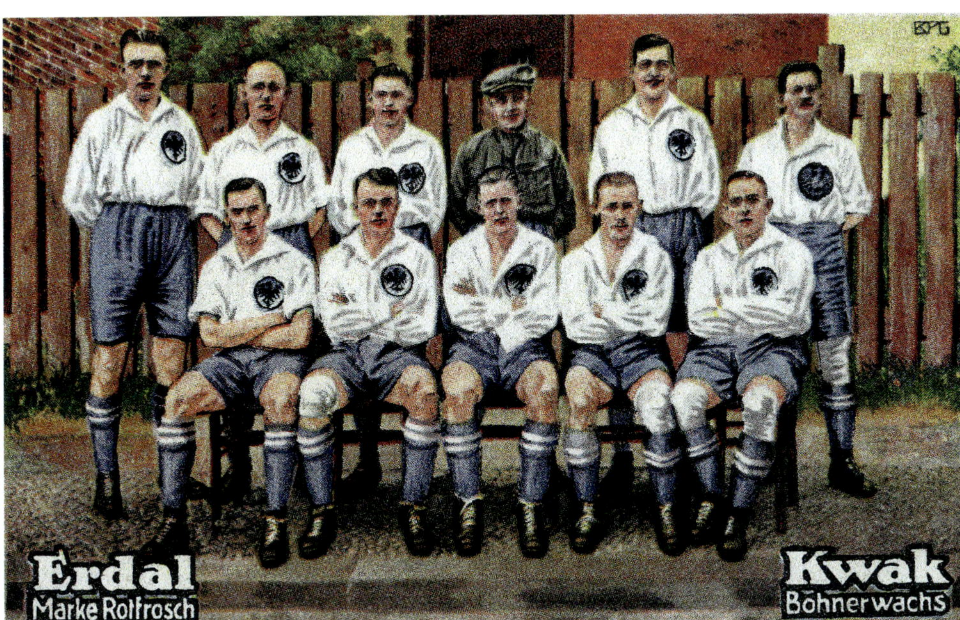

Sammelbild mit der Meister-Mannschaft von Hertha BSC

ter-Trophäe „Viktoria“ nach Berlin holten. In 34 Endrundenspielen erzielte er 34 Tore. Zudem ist er bis zum heutigen Tage mit 244 Toren in 164 Punktspielen der Rekord-Torschütze von Hertha BSC.

Nach Beendigung seiner aktiven Karriere im Jahre 1936 betrieb Willi Kirsei eine Toto-Annahmestelle in der Gneisenaustraße, Ecke Mehringdamm. Aber auch dem Fußball blieb er treu. Als Trainer gewann er 1947/48 mit dem Berliner SV 1892 gleich im ersten Anlauf den Berliner Meistertitel. Am 19. Dezember 1963, kurz nach seinem 61. Geburtstag, verstarb Willi Kirsei, einer der erfolgreichsten Herthaner der Vereinsgeschichte.

Frank Schurmann

Katia Kobelt

*20. April 1979

Mit Leib und Seele Schiedsrichterin

Katia Kobelt ist mit Leib und Seele Schiedsrichterin. Sie hat ihre aktive Laufbahn als Referee zwar bereits beendet – mit, aber nicht wegen Corona –, ist dem Schiedsrichterinnen-Bereich jedoch in verschiedenen Funktionen treu geblieben: Sie ist stellvertretende Leiterin des Team Leistungskader des BFV und zuständig für die Lehrarbeit in der Startergruppe der Lehrgemeinschaft Treptow, in der Kobelt seit 2008/2009 ebenfalls eine Leitungsfunktion innehat. Zudem ist sie mit der Beobachtung und dem Coaching von Schiedsrichterinnen betraut.

Dabei kann die 43-Jährige durchaus auf eine erfolgreiche Laufbahn als Fußballerin zurückblicken. Katia Kobelt startete 1992 beim 1. FC Union mit dem Fußballspielen und kam mit 15 Jahren in die Frauenmannschaft des Vereins, wo sie unter anderem mit Ailien Poese und noch mit Kathrin Nicklas zusammenspielte sowie von letzterer schließlich auch trainiert wurde. Die Frauen gewannen dreimal – 1994, 1995 und 2001 – die Berliner Meisterschaft, 2001 gelang der Aufstieg in die NOFV-Regionalliga. Darüber hinaus siegte Kobelt einmal im Berliner Pokal sowie einmal beim Hallenmasters. Weitere Stationen als Spielerin waren FFC Berlin 2004, BSV Al Dersimspor, mit dem sie 2011 ebenfalls den Aufstieg in die Regionalliga schaffte, sowie schließlich BSC Marzahn und Rot-Weiß Hellersdorf.

Der Einstieg in das Schiedsrichterwesen erfolgte über ihren damaligen Verein 1. FC Union, wo sie an einem reinen Frauen- und Mädchen-Lehrgang teilnahm. Ihren Schiedsrichter-Schein hat Katia Kobelt seit 2004. Sie begann als Unparteiische im A-Jugend-Bereich und stieg seitdem jedes Jahr eine Klasse höher. Darüber hinaus war Kobelt Schiedsrichterin im Berliner Frauen-Pokalfinale 2007/08, 2013/14 und 2016/17, pfeift seit 2006/07 für den NOFV und war ab 2008/09 auch für den DFB als Schiedsrichterassistentin aktiv. Höhepunkt ihrer Karriere war sicherlich das DFB-Pokalfinale 2018 zwischen dem Bayern München und dem VfL Wolfsburg, wo sie ebenfalls als Schiedsrichterassistentin fungierte. Ihre guten Leistungen auf allen sportlichen Ebenen wurden mit mehreren Auszeichnungen als Schiedsrichterin des Jahres sowie 2011 mit der Einladung zur Premierenveranstaltung der DFB-Aktion „Danke Schiri“ belohnt.

Beruflich ist Katia Kobelt als Prokuristin und Projektingenieurin beschäftigt und für die Planung, Bauüberwachung, Vermessung und Infrastruktur für Bauvorhaben der Eisenbahn in Deutschland zuständig – eine Arbeit also, bei der es auf Präzision, Sorgfalt, Übersicht und klare Kommunikation ankommt. Allesamt Eigenschaften und Tugenden, die sie auch bei ihrer Tätigkeit als Schiedsrichterin oder Schiedsrichterbeobachterin gebrauchen kann.

Carl Koppehel

*16. November 1890 †28. Juni 1975

Der Fußball-Arbeiter

Niemand häufte so viele Ämter an, niemand schrieb so viel wie Carl Koppehel.

Der Große Krieg tobte noch, die Revolution kündigte sich am Horizont an, als Carl Koppehel am 1. November 1918 die Berliner Schiedsrichter-Zeitung aus der Taufe hob, das erste deutsche Schiedsrichter-Organ. Während das Kaiserreich also kollabierte, dachte jemand über die Auslegung der Abseitsregel oder den korrekten Auftritt eines Spielleiters nach.

Von heute aus gesehen mag das absurd erscheinen. Aber es beschreibt recht eindrücklich die seltsame Fähigkeit dieses Mannes, sich in allen politischen Systemen konzentriert den Themen des Fußballs zu widmen – ob nun unter einem Kaiser, in der Weimarer Republik, im Nationalsozialismus oder im demokratischen Nachkriegsdeutschland.

Als Koppehel 1918 jene Zeitschrift gründete, die bald in Deutsche Schiedsrichter-Zeitung (DSZ) umfirmierte, hatte er sich in Berlin schon einen Namen gemacht. Der „Kreuzberger Junge“, der am 16. November 1890 geboren worden war und eine Lehre als Buchdrucker absolvierte, hatte schon seit 1909 als Regelexperte im VBB gewirkt.

Als er 1916 wegen einer Krankheit von der Front zurückkehrte, stieg er im VBB rasch auf. Zunächst Jugend-Obmann, agierte er zwei Jahre lang als Chef des Haupt-Spielausschusses, außerdem war er Vorsitzender von Minerva (sein Stammverein Schöneberger BSC Kickers existierte nicht mehr). Vor allem aber ging er wieder seiner Passion nach, der Schiedsrichterei. Dort war er so erfolgreich, dass er bis 1923 immerhin drei Länderspiele leitete.

Aber diese Leidenschaft gab er dann auf, weil er sich schnell zur führenden Verwaltungskraft des Berliner Verbandes entwickelte. Als VBB-Chef Felix Linnemann 1919 zum 2. DFB-Vorsitzenden gewählt wurde, übernahm Koppehel als Geschäftsführer den Regionalverband in jener stürmischen Zeit, die von Aufbruch und rasant steigenden Mitgliederzahlen gekennzeichnet war. Nun machte er sich auch im DFB einen Namen.

Koppehel wurde als glänzender Organisator gerühmt, wechselte aber im August 1926 als Geschäftsführer zur Tennis Borussia und sanierte den maroden Club. Spätestens mit diesem Job war er, der aus einfachen Verhältnissen gekommen war, aufgestiegen in die bessere Gesellschaft. Als Mitglied der Auswahl-Mannschaft „Berliner Oase“ verkehrte er mit Künstlern, Regisseuren und Schauspielern.

Einen enormen Einfluss hatte Koppehel als Fußball-Publizist. Neben seiner Tätigkeit als DSZ-Redakteur arbeitete er auch als Hauptschriftleiter des „Rasensports“ und als freier Autor für die „Fußball-Woche“ – nun zwar nun nicht mehr nur als Regelspezialist, sondern als Reporter, der auch fußballpolitische Themen durchdeklinierte. So zählte er 1930 zu den wortreichsten Befürwortern einer Profi-Liga. Neben Walther Bensemann („kicker“), Ernst Werner („FuWo“) oder Willy Meisl („Vossische Zeitung“) zählte er am Ende der 1920er-Jahre zu den bekanntesten Fußballautoren.

Populär wurde Koppehel auch durch ein neues Medium: Schon 1924 hielt er im Berliner Sender Vorträge über den Fußball, ab 1925 war er einer der ersten Hörfunk-Kommentatoren. Zusätzliches Renommee erwarb er sich durch zahlreiche Buchpublikationen, ob nun als Autor über Schiedsrichterei, eines Internationalen Fußball-Almanachs oder einer Festschrift zum 25-jährigen VBB-Jubiläum. Wie sehr Koppehel als Fachmann geschätzt wurde, zeigte der Bestseller „Der Kampf um den Ball“, den er 1933 gemeinsam mit Reichstrainer Otto Nerz herausbrachte.

Beim Übergang in die NS-Zeit ging Koppehel, obwohl er seit 1909 SPD-Mitglied gewesen sein soll, den nächsten Schritt auf der Karriereleiter. Linnemann, inzwischen DFB-Präsident, holte Koppehel als seine rechte Hand ins neu geschaffene Fachamt Fußball. Zuvor hatte Koppehel sich in der DSZ über den „frischen Wind“ nach der NS-Machtübernahme gefreut.

Als Linnemann ab 1937 außerhalb Berlins eingesetzt wurde, übernahm Koppehel gemeinsam mit Georg Xandry die kommissarische Führung des Fachamtes und bekleidete die Ämter des Reichsschiedsrichterobmanns und des Pressechefs. Er publizierte weiter unübersehbar viele Aufsätze und Artikel – und dies nun in völligem Einklang mit der NS-Ideologie. Koppehel sei systemkonform gewesen und habe sich stets zum „gewaltigen Umbruch des deutschen Lebens durch die nationalsozialistische Revolution“ bekannt, urteilte später der Sporthistoriker Hajo Bernett. Am Ende des Krieges arbeiteten nur noch Koppehel und eine Sekretärin im Fachamt, er war also nun für alles zuständig.

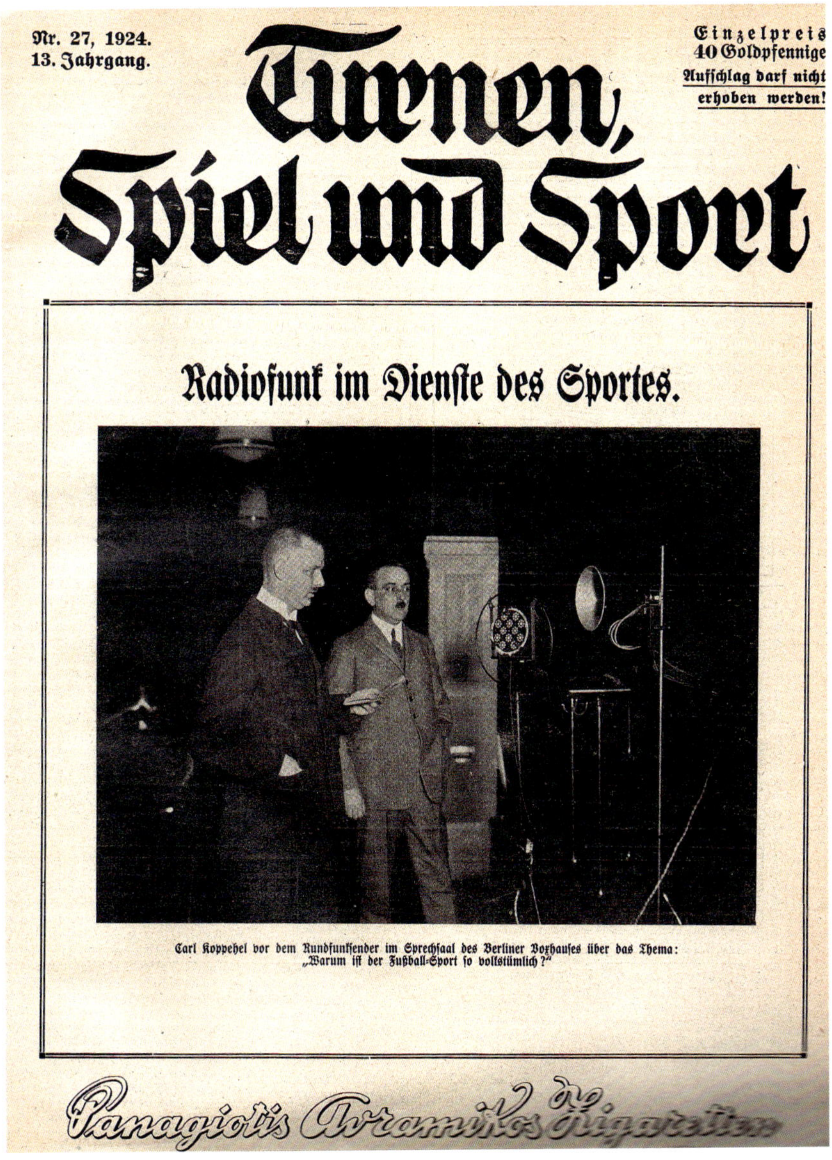

Nr. 27, 1924.
13. Jahrgang.

Turnen, Spiel und Sport

Einzelpreis 40 Goldpfennige
Aufschlag darf nicht erhoben werden!

Radiofunk im Dienste des Sportes.

Carl Koppehel vor dem Rundfunksender im Sprechsaal des Berliner Boxhauses über das Thema: „Warum ist der Fußball-Sport so volkstümlich?“

Panagiotis Avramikos Zigaretten

Zeitschrift mit Abbildung von Carl Koppehel beim Rundfunk

Trotz dieser Führungspositionen und seiner Texte blieb Koppehel nach 1945 von der Entnazifizierung verschont, da er nie NSDAP-Mitglied gewesen war. Nur drei Monate nach Kriegsende wurde er als Fußball-Vertreter in den Zentralen Sportausschuss der Stadt Berlin berufen und bekleidete 1949/1950 das Amt des Spielausschussobmanns im Berliner Fußball-Verband. Dabei half er, das erste Repräsentativspiel nach dem Krieg zu organisieren. Nach Jahren der Isolation des deutschen Sports infolge des Krieges war die Begegnung Berlin gegen Zürich am 11. Februar 1950 sportpolitisch bedeutsam.

Er konnte sein Haus in Kleinmachnow nicht behalten, verließ seine Heimat und siedelte nach Frankfurt am Main um, wo sich der DFB neu gegründet hatte. Nach kurzer Zeit im geschäftsführenden Vorstand wurde Koppehel 1951 zum Chef des „Amtes für Presse und Propaganda" im DFB berufen und redigierte nebenher Publikationen wie „Sport-Bedarf", die Zeitschrift des deutschen Sportartikelhandels.

Als Pressesprecher durchaus nicht unumstritten, weil er keinem Konflikt mit den Medienvertretern aus dem Weg ging, veröffentlichte er 1954 die „Geschichte des deutschen Fußballsports", die viele Auflagen erlebte. Sie wurde 1958 als Standardwerk gewürdigt, als Koppehel in Pension ging und auch noch in Nachrufen zu seinem Tod am 28. Juli 1975 in Lindenfels/Odenwald.

Tatsächlich bröckelte Koppehels Ruf als Historiker bereits beim DFB-Jubiläum 1975, als sich der Rhetorik-Professor Walter Jens in einer Rede über die vielen Leerstellen und Euphemismen in diesem Werk echauffierte. Über die Ausgrenzung und Vernichtung der Juden oder die Zerschlagung des Arbeiterfußballs stand darin nämlich kein Wort.

Insofern ist die Biographie eines der arbeitsamsten Publizisten und Funktionäre des Berliner Fußballs heute ein Lehrstück dafür, dass der Fußball keine unpolitische Oase darstellt.

Erik Eggers

Susanne Kopplin

24. Januar 1963

Ihr Anteil am Erfolg

Über die Fußball-Begeisterung der eigenen Kinder fanden schon einige Väter und Mütter zur Mitarbeit in den Berliner Vereinen. Heutzutage jedoch hält die Verbindung oft nur, solange der Nachwuchs selbst kickt. Anders bei Susanne Kopplin.

Vom Fußball war Susanne Kopplin ursprünglich nicht begeistert, erklärt sie in ihrer offenen und den Menschen zugewandten Art einem Journalisten gegenüber ohne Umschweife. Aber ihre Kinder – vor allem ihr jüngerer Sohn – seien von klein auf verrückt nach dem Ball gewesen und hatten schon früh Ambitionen. Als der Junge beim Vereinstraining des 1. FC Union einstieg, wollte sie aber nicht als Mutter nur am Rand stehen und zuschauen. Kopplin packte an, als sich Gelegenheit bot, weil es ihr wohl nicht anders möglich war. So führte ihr Weg in die Welt des Fußballs.

Zunächst ehrenamtlich im Kinder- und Jugendbereich des 1. FC Union aktiv, fand die gelernte Elektromontiererin und nach der deutschen Wiedervereinigung zur Möbel- und Bautischlerin umgeschulte Kopplin 2003 Anstellung bei den Köpenickern. Nach Jahren im Nachwuchsbereich und bei den Amateuren, wechselte sie im Sommer 2016 zur Lizenzmannschaft der Rot-Weißen. Ihre Aufgabe ist seitdem die einer Zeugwärtin und Teammanagerin.

Wenn Kopplin über ihre Arbeit spricht, wird deutlich, dass sie den Trubel des Alltags und die Anspannung während der Spiele auskostet. Selbst sagt sie über sich, dass sie es liebt zu organisieren und nach dem Motto „Geht nicht, gibt's nicht" lebt. Mit noch größer Begeisterung spricht sie jedoch über die vielen intensiven menschlichen Begegnun-

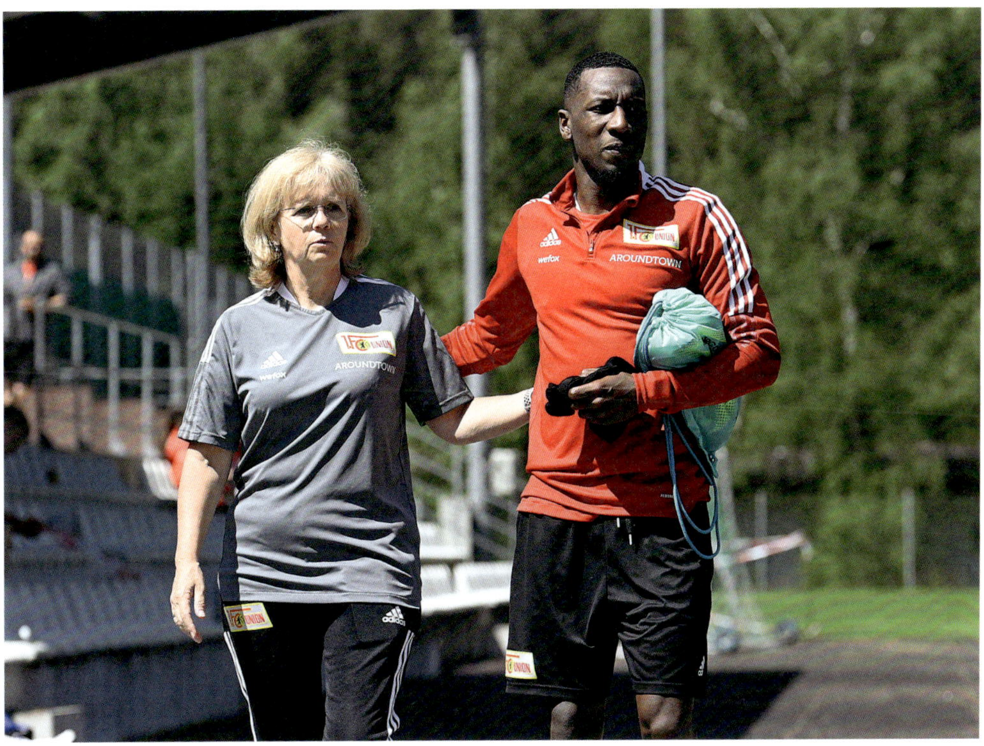

Susanne Kopplin mit einem Union-Spieler im Stadion An der Alten Försterei

gen und eindrücklichen Momente, die sie als Betreuerin einer Mannschaft im Teamsport Fußball mit seinen Anstrengungen und Glücksmomenten erlebt.

An der viel beachteten Entwicklung der Eisernen aus Köpenick in den vergangenen Jahren hatte Kopplin im Funktionsteam der Profis Anteil. Ihre Bedeutung für die Mannschaft ist aber weit größer. Unions Ex-Keeper Gikiewicz ist wie viele Spieler von ihr begeistert und stellte fest, dass sie „für die familiäre Atmosphäre in der Mannschaft sorgt. Ohne sie wäre Union nicht so, wie der Verein ist."

Heinz-Dietrich Kraschewski

*25. Juli 1952

Zuhause ist auf dem Platz

Wenn Heinz-Dietrich „Dieter" Kraschewski nicht zuhause ist, ist er auf dem Platz. Man könnte denken, dass er nie zuhause ist, denn auf dem Platz ist „Kraschi" eigentlich fast immer anzutreffen. Da trifft es sich gut, dass er nicht weit weg wohnt, denn von seiner Wohnung bis zur Spielstätte des BFC Germania 1888 in der Götzstraße in Tempelhof, inmitten von zahlreichen Laubenkolonien, sind es nur wenige Schritte. Und irgendwie ist die „Paul-Jestram-Sportanlage", wie das Areal seit 2019 heißt, ja auch Kraschis Zuhause.

„Der älteste deutsche Fußballverein begrüßt seine Gäste", steht auf einem Schild über dem kleinen Büdchen am Rande des Platzes, wo man bei Kraschi persönlich Bratwurst und Bier kaufen kann. Tatsächlich ist der BFC Germania 1888 der älteste noch bestehende Verein in Deutschland. Auf dem unscheinbaren Sportplatz mit dem Kunstrasenbelag ist der Klub seit dem Jubiläumsjahr 1988 beheimatet. Vorher spielte Germania im Friedrich-Ebert-Stadion in der Bosestraße, wo auch der einstige Konkurrent aus glanzvolleren Zeiten, der BFC Viktoria 1889, zuhause war, bevor dieser mit dem Lichterfelder FC 1892 fusionierte und nach Lichterfelde umzog.

Dieter Kraschewski ist zwar nicht der dienstälteste Germane, aber gefühlt schon seit Ewigkeiten, genauer seit 1963 dabei. Er gehörte als Torwart jener Mannschaft an, die in den 1970er-Jahren vom ehemaligen Bundesliga-Profi László Gergely trainiert wurde und den Aufstieg in die A-Klasse anstrebte. Doch daraus wurde nichts. Von 2000 bis 2004, als man in die höchste Berliner Spielklasse durchmarschierte und kurz vor dem Sprung in die Oberliga stand, folgte der vorerst letzte Höhenflug des Vereins. Damals zog sich der Sponsor zurück, im Verein entstand Unruhe, die Vorsitzenden wechselten schnell – bis Kraschi übernahm und Germania wieder in ruhigeres Fahrwasser führte.

Der Verein spielt mittlerweile seit Jahren in der Kreisliga B, der Traum von früherer Größe ist zwar schon lange ausgeträumt. Aber Dieter Kraschewski und seine Mitstreiter trauern dem nicht nach und sind mit der Gegenwart zufrieden. Ihnen ist viel wichtiger, dass der BFC Germania 1888 in erster Linie seiner sozialen Funktion nachkommt und den Menschen aus dem Stadtteil eine Heimat zum Kicken – man könnte auch sagen: ein Zuhause – gibt.

Die Tatsache, dass der BFC Germania 1888 der älteste deutsche Fußball-Klub ist, kann dem Verein ohnehin keiner mehr nehmen. Im Jahr 2019 brachte der Klub auf Kraschis Initiative auf dem Gelände eine Erinnerungstafel an Paul Jestram an, der den Verein 1888 im Alter von 17 Jahren gegründet hatte. Seitdem trägt der Platz den Namen „Paul-Jestram-Sportanlage".

Helmut „Fiffi" Kronsbein

*25. Dezember 1914 †27. März 1991

Nur gefeiert, nie gefeuert

Hertha BSC verpflichtete Helmut „Fiffi" Kronsbein zur Spielzeit 1966/67, um nach dem vom DFB nach der Saison 1964/65 angeordneten Zwangsabstieg in die Regionalliga die Rückkehr ins deutsche Fußball-Oberhaus zu bewerkstelligen. Der in Danzig geborene Fußballlehrer, ehemaliger Lehrling von Josef „Sepp" Herberger und mit Hannover 96 im Jahre 1954 sensationell Deutscher Meister, hatte den Ruf eines stets absolute Disziplin einfordernden und strengen Trainers. In der Aufstiegsrunde 1968 gelang Kronsbein im zweiten Anlauf die ersehnte Rückkehr in die Fußball-Bundesliga, Trainer und Mannschaft wurden unter dem großen Jubel der blau-weißen Anhänger vor dem Rathaus Schöneberg vom Regierenden Bürgermeister Klaus Schütz empfangen.

Nachdem in der ersten Bundesliga-Saison 1968/69 der Klassenerhalt gelang, baute „Fiffi", wie Helmut Kronsbein seit jeher genannt wird, eine Mannschaft auf, die in den folgenden zwei Spielzeiten sogar den Anschluss an die aufkommende Dominanz von Bayern München und Borussia Mönchengladbach herstellte. 710.000 Besucher pilgerten zu den 17 Heimspielen ins Berliner Olympiastadion, andere Vereine fürchteten bei einem derartig anhaltenden Zuschauerzuspruch und den damit verbundenen Einnahmen bereits den Abgang ihrer Leistungsträger nach Berlin.

In der Spielzeit 1970/71 blieb die Mannschaft in sechzehn Heimspielen unbesiegt, lediglich am letzten Spieltag unterlag man zuhause Arminia Bielefeld mit 0:1 (0:0). Wie sich einen Tag nach Saisonende und im Verlauf der folgenden Spielzeit herausstellte, waren bis auf Lorenz „Lenz“ Horr alle Stammspieler mutmaßlich in eine Manipulation dieser Partie verwickelt. In der unter den Folgen des Bundesliga-Skandals massiv leidenden Saison 1971/72 erreichte „Fiffi“ immerhin den sechsten Tabellenrang.

Zu Beginn der Spielzeit 1972/73 führte Helmut Kronsbein den Neuaufbau der Mannschaft fort und erreichte mit Hertha BSC letztendlich den 13. Tabellenplatz. In der Saison 1973/74 schaffte es „Fiffi“ sogar, die Mannschaft in der oberen Tabellenhälfte zu etablieren. Mit einem Heimsieg am 25. Spieltag endete seine fast achtjährige Amtszeit in Berlin, da sich sein ehemaliger Verein Hannover 96 in höchster Abstiegsnot befand und Hertha BSC dem Trainer aufgrund seiner Verdienste die sofortige Freigabe erteilte.

Als nach der Hinrunde 1979/80 Hertha BSC Tabellenschlusslicht im deutschen Fußball-Oberhaus war, übernahm Helmut Kronsbein kurz vor dem Jahreswechsel die Mannschaft von Interimstrainer Hans „Gustav“ Eder, konnte jedoch den Abstieg aufgrund einer um zwei Tore schlechteren Tordifferenz gegenüber Bayer 05 Uerdingen nicht verhindern. Die Leistung des mit 3.000 Amtstagen und 212 Bundesligaspielen bis zum heutigen Tage mit Abstand dienstältesten Trainers der Herthaner, der danach seine Trainerkarriere endgültig beendete, wurde trotzdem von den mehr als 50.000 Zuschauern in einem tränenreichen Abschied gewürdigt. Im Jahre 1971 veröffentlichte „Fiffi“ seine Erinnerungen unter dem Titel „FIFFI gefeiert und gefeuert“. Bei Hertha BSC wurde er nur gefeiert, nie gefeuert. Am 27. März 1991 starb Helmut Kronsbein in Berlin.

Frank Schurmann

Axel Kruse

*28. September 1967

Spielstark und meinungsfreudig

Seit ihrer Gründung flohen Millionen Bürger aus der DDR und suchten im Westen politische Freiheit, Entfaltungsmöglichkeit und Wohlstand. Immer wieder kehrten auch Leistungssportler der DDR den Rücken. Im Berliner Fußball sorgten die Fluchten von Horst Aßmy und Rolf Fritzsche, Lutz Eigendorf, Falko Götz und Dirk Schlegel für Aufsehen. Weniger beachtet wurde hingegen, dass ab Mitte der 1970er-Jahre viele Amateur-Fußballer über Ausreiseanträge die DDR verließen und in den Westen gingen.

In der zweiten Hälfte der 1980er-Jahre wurde die Krise der DDR immer offensichtlicher. Der Wunsch, der Enge des Landes zu entkommen, wuchs vor allem unter Jugendlichen, und auch viele Nachwuchshoffnungen des Sports haderten mit den Umständen. Einer von ihnen war Axel Kruse, der in Rostock nicht nur durch fußballerisches Talent, sondern auch durch offene Meinungsäußerungen auffiel, was ihm Probleme bringen sollte.

Im Alter von 19 Jahren wurde Kruse von der Stasi verhört und mit dem Vorwurf einer geplanten Republikflucht konfrontiert. Nach der mehrstündigen Vernehmung stand – entgegen seiner eigentlichen Absicht – fest, dass er in der DDR trotz seiner Privilegien als Leistungssportler nicht mehr leben wollte.

Drei Jahre später, am 8. Juli 1989 setzte er sich von seinem Team Hansa Rostock, das zu einem Spiel nach Kopenhagen gereist war, ab und floh mit Hilfe von Freunden nach West-Berlin. Hier wollte er Profi-Fußballer werden und schloss sich dem damaligen Zweitligisten Hertha BSC an. Da er anfangs von der FIFA keine Spielberechtigung bekam, konnte er erst ab Februar 1990 seinen Verein bei den Aufstiegsbemühungen erfolgreich unterstützen. Kruse blieb noch ein Jahr in Berlin, spielte in der Bundesliga und wechselte im Winter der Saison 1990/91 zu Eintracht Frankfurt.

Über die Stationen Stuttgart und Basel kehrte er 1996 wieder nach Berlin zurück und wurde als spielstarker Akteur mit klarer Meinung auf Anhieb Kapitän der Mannschaft. Seine 15 Tore hatten 1997 wesentlichen Anteil am Aufstieg der Charlottenburger in die Bundesliga. Verletzungsbedingt musste Kruse seine Karriere als Fußball-Profi 1998 beenden.

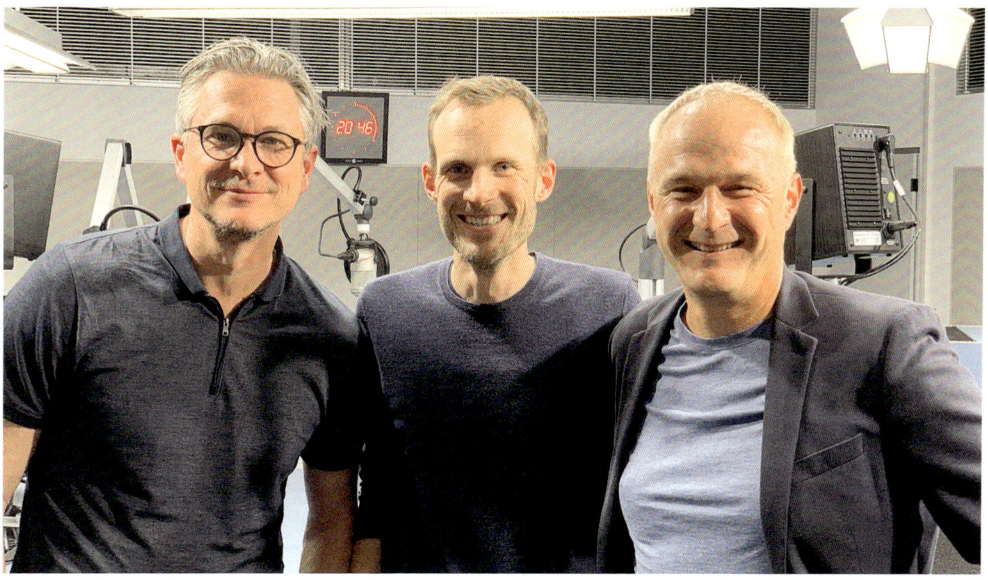

Axel Kruse (rechts) zusammen mit Christian Beeck (links) und Dirk Wallsdorf beim rbb

Axel Kruse, seit 1989 Mitglied von Hertha BSC, widmete sich nach seiner Laufbahn im Fußball vier Jahre lang mit Erfolg als Spieler dem American Football bei Berlin Thunder. 2007 unterzeichnete er einen Vertrag als Trainer bei Tasmania Gropiusstadt.

Sein beruflicher Weg führte ihn in die Medienbranche. Axel Kruse arbeitete als Moderator einer eigenen Sportsendung bei TV Berlin und übernahm als Geschäftsführer die Film- und Fernsehproduktionsfirma farbfilm media. Seit 2019 ist er regelmäßig im Podcast „Hauptstadtderby" des Senders rbb zu hören, der sich mit den beiden Berliner Bundesligisten beschäftigt. Als Axel Kruse in den Westen floh, war an diese konkrete Möglichkeit, seine Meinung öffentlich zu äußern, natürlich nicht zu denken. Doch er verließ die DDR auch, weil er solche Chancen dort nie erhalten hätte.

Simon Leiserowitsch

*18. August 1891 †11. November 1962

Berlins erster Fußballstar

„Schon als kleiner Junge", erinnerte sich Hanne Sobek, Jahre später bei Hertha BSC selbst ein echter Star, „der noch über die Zäune der Berliner Fußballplätze kletterte, nahm ich mir einen Tennis-Borussen zum Vorbild: Es war Simon Leiserowitsch. Nicht nur sein spielerisches Können, auch seine moralischen Qualitäten haben mir damals sehr imponiert. Bis auf den heutigen Tag ist ‚Sim' mein leuchtendes Vorbild geblieben."

Simon Leiserowitsch, von dem seine ehemaligen Gegner und Mitspieler gleichermaßen schwärmten, war ein Allround-Talent, das auf allen Positionen eingesetzt werden konnte. Vor allem aber war Simon „Sim Sim Simsalabim", wie sie die Berliner ihn wegen seines übernatürlich anmutenden Könnens am Ball nannten, Berlins erster echter Fußballstar. Simon Leiserowitsch stieß 1912 über seinen Heimatverein SC Dresdensia 1898 und nach einem kurzen Aufenthalt bei Hertha BSC zum Berliner Tennis-Club „Borussia". Geboren wurde er am 18. August 1891 in Dresden. Seine Eltern waren um 1887 vor Pogromen aus Minsk, Weißrussland, geflohen. Julius und Basse Leiserowitsch zogen Simon und seine vier Geschwister in sehr ärmlichen Verhältnissen groß.

Nur rund ein Jahr, nachdem Simon Leiserowitsch die lila-weißen Farben des Clubs anlegte, brach im August 1914 der Erste Weltkrieg aus. Für den Fußball-Spielbetrieb und die Vereine kam das einer Katastrophe gleich. Über Nacht fehlten schlicht die Sportler. Als erster Teilverband des DFB hatte gleichwohl der VBB bereits kurz nach dem Ausbruch des Ersten Weltkriegs den Sportbetrieb wiederaufgenommen. Gespielt wurde mit einer wild anmutenden Mischung aus Jugendlichen, älteren Semestern und im Fortgang des Krieges mit Kriegsurlaubern wie Kriegsheimkehrern. Bei der Tennis Borussia waren Simon und sein jüngerer Bruder Fritz Leiserowitsch Basis und Ruhepol der Ersten Herren.

Simon Leiserowitsch, der Ballzauberer, hielt Woche für Woche die Mannschaft zusammen. Er spielte, wo er gebraucht wurde, in der Verteidigung, als (Mittel)Läufer, im Sturm, und gelegentlich stand er im Tor. Und (fast) immer war er es, dessen herausragende Leistung die Presse besonders hervorhob. Erstmals in der Berichterstattung namentlich gewürdigt wurde mit Fritz Leiserowitsch Simons 17-jähriger Bruder, der von den Junioren zu den Ersten Herren stieß. Die beiden harmonierten auch auf dem Platz, „besonders der linke Flügel Gebrüder Leiserowitsch bricht immer wieder durch". Es sind nicht nur die Spiele seines Vereins, in denen Simon Leiserowitsch glänzte. Im Laufe seiner Karriere zog er sich insgesamt 29 Mal die rot-weißen Farben des VBB über.

Nicht nur sportlich brachten die Kriegsjahre die Vereine an den Rand ihrer Möglichkeiten. Wie selbstverständlich übernahmen Simon und Fritz auch im Club Verantwortung und waren noch in den frühen 1920er-Jahren im Funktionsteam der Tennis Borussen aktiv. 1922 beendete Simon Leiserowitsch seine aktive Karriere in der Ersten Mann-

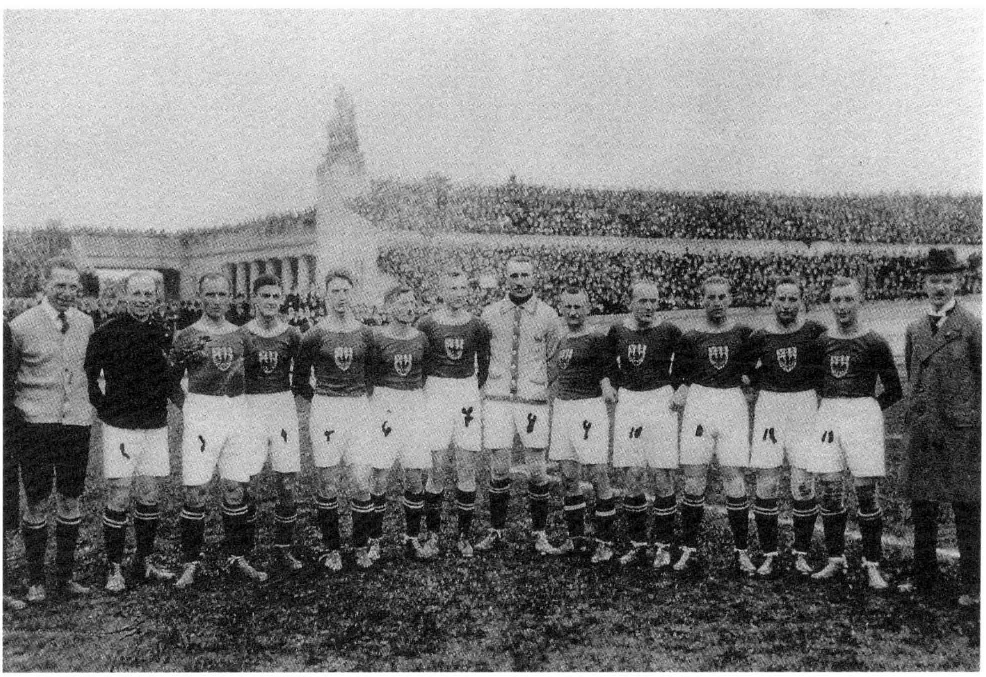

Simon Leiserowitsch (zweiter von links) mit der Auswahlmannschaft des VBB vor einem Spiel im Deutschen Stadion

schaft des Vereins, blieb jedoch bei den Alten Herren und in der Fußball-Oase, einem Vorgänger der Prominenten-Elf von Tennis Borussia, weiterhin sportlich aktiv. In der Saison 1927/28 trat Leiserowitsch in 27 von 32 Spielen der Alten Herren an. Wie in alten Tagen schickte er „feine Leute" ins Netz des Gegners, wie die Tennis Borussen mit Blick auf das Vereinsmilieu mit feiner Ironie zu sagen pflegten.

Privat wie beruflich führte Simon Leiserowitsch ein umtriebiges Leben. Gemeinsam mit seinen Brüdern betrieb er in den späten 1910er- und 1920er-Jahren mehrere Cafés. Später war er als Kaufmann reichsweit aktiv. Früh floh Leiserowitsch vor den Nazis. Bereits 1933 traf er im (späteren) Israel ein. Er bemühte sich, an seine fußballerische Karriere anzuknüpfen, wurde Trainer von Makkabi Tel Aviv und war als Jugendbetreuer von Hapoel Tel Aviv tätig. Aber wie vielen anderen Emigranten wollte es ihm nicht so recht gelingen, an sein Leben vor der Flucht anzuknüpfen, denn Simon Leiserowitsch fiel es schwer, die neue Sprache zu erlernen. Am 11. November 1962 verstarb Berlins erster Fußballstar in Tel Aviv.

Jan Buschbom

Jochen Lesching

*12. November 1941

Rock'n'Roll und Fußball

Der in Thüringen aufgewachsene Lesching erlernte den Beruf eines Elektrikers und studierte Anfang der 1960er-Jahre in Dresden Energetik. Anschließend arbeitete er als Ingenieurökonom in der Maxhütte Unterwellenborn. Nebenbei leitete er ein Laienkabarett, organisierte Feste und interessierte sich zunehmend für Rockmusik, die in der DDR den Jugendlichen im Rahmen des Systems Freiräume schuf und Selbstbestimmung ermöglichte.

Die Stimmung im Stadion An der Alten Försterei erlebte Lesching erstmals 1969. Union trat damals gegen Jena an – jenen Verein, den die Köpenicker 1968 legendär im FDGB-Pokalfinale bezwungen hatten. Für ihn wurde der Besuch „ein Urerlebnis". Was im Stadion abging, war für Lesching wie Rock'n'Roll!

Dann folgte eine längere Fußball-Pause, da Lesching der Kulturbetrieb als Mitarbeiter der FDJ, als wissenschaftlicher Referent im Kulturministerium der DDR und vor allem als Gewerkschaftsfunktionär im Berliner Friedrichstadtpalast voll in Anspruch nahm.

Als die DDR-Bürger im Herbst 1989 ihr Regime stürzten, beteiligte sich auch Lesching aktiv am demokratischen Aufbruch des Landes. Gemeinsam mit anderen setzte er sich für eine freie Gewerkschaft „Kunst, Medien und Kultur" ein. Bei den Kontakten mit den Kolleginnen und Kollegen aus dem Westen vor der Wiedervereinigung vermisste er die gleichberechtigte Kooperation auf Augenhöhe als Voraussetzung einer künftig gesamtdeutschen Gewerkschaftsarbeit und zog die Konsequenzen.

Im wiedervereinigten Deutschland angekommen, musste sich Lesching wie Millionen Menschen in Ostdeutschland beruflich neu orientieren. Sein Traum, eine Veranstaltungsagentur zu gründen, erwies sich in Anbetracht der Konkurrenz als Illusion. In diesem schwierigen Moment half ihm sein ursprünglich erlernter Beruf als Elektriker weiter. Lesching startete 1991 als Unternehmer für Leuchtreklame, die er in den ers-

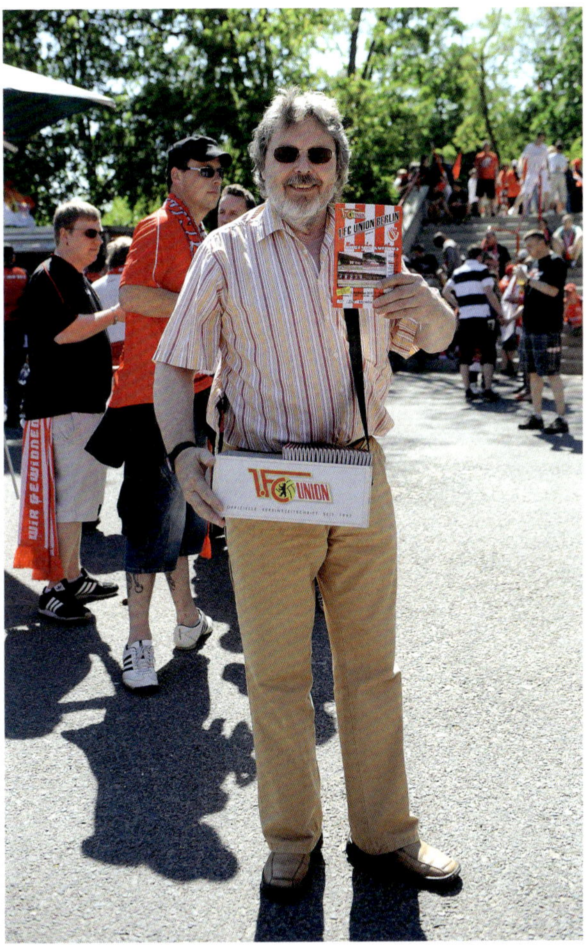

Jochen Lesching beim Verkauf von Stadionheften vor dem Stadion An der Alten Försterei

ten Wochen im Wohnzimmer montierte. Aus diesen mühsamen Anfängen heraus entwickelte die Familie – seine Frau und sein Sohn engagierten sich voll im Geschäft – eine Druckerei, die heute als vierCprint+mediafabrik auf dem Markt etabliert ist.

In der Startphase des Familienbetriebes spielte das Stadionheft des 1. FC Union eine wichtige Rolle. Als der Verein 1997 finanziell in Not war, baten ehemalige Kollegen aus seiner Zeit im Friedrichstadtpalast Lesching um Hilfe. Er bot ihnen in dieser Situation an, das Stadionheft kostenfrei zu drucken. Der Verein übergab es dann sogar an Lesching, der fortan gemeinsam mit einer Handvoll Unionern für Inhalt, Grafik und Vertrieb verantwortlich war. Ein gedrucktes Programmheft produziert vierC bis heute. Dabei soll es auch in Zukunft bleiben, denn entgegen dem allgemeinen Trend glaubt Lesching, dass ein haptisches Stadionheft selbst im Zeitalter der Digitalisierung eine kulturelle, soziale und gesellschaftliche Bedeutung hat.

In einem Interview auf den Kultstatus von Union in Vergangenheit und Gegenwart angesprochen, formulierte Lesching sein Credo: „Dass Unioner für Unioner ein eigenes Stadionheft machen, das ist Kult. Selbstbestimmtes Auftreten, selbst machen und sich kümmern, so definiere ich für mich das Kultige an Union, ohne es allerdings ständig rauszuposaunen."

Jochen Lesching beließ es beim 1. FC Union nicht dabei, das Programmheft zu retten, sondern ist heute Mitglied des Aufsichtsrates und Vorstandsvorsitzender der Stiftung „UNION VEREINT. Schulter an Schulter". Vor allem die Stiftung liegt dem Träger des Verdienstkreuzes am Bande des Verdienstordens der Bundesrepublik Deutschland am Herzen. Mit ihr gelingt es, Initiativen zu fördern, die sowohl mit dem Fußball in direktem Zusammenhang stehen, als auch mit der Arbeit mit Flüchtlingen, gesundheitlicher Aufklärung, Toleranz und Integration sowie Umweltprojekten verbunden sind.

Jochen Leschings Werdegang zum Vorstandsvorsitzenden der Stiftung „UNION VEREINT. Schulter an Schulter" verlief gradlinig, aber nicht direkt. Bei seinem vielfältigen gesellschaftlichen Engagement über die Jahre in unterschiedlichen Bereichen ist Lesching seinen Leitgedanken treu geblieben. Stets ging es dem Ehrenmitglied der Eisernen um Selbstbestimmung, Engagement und solidarisches Miteinander. Fußball ist für ihn wie für viele Unioner mehr als Balltreten.

Alfred Lesser

*23. Mai 1882 † 1942

Einer der wichtigsten Unbekannten des deutschen Fußballs

Der Berliner Tennis-Club „Borussia“ war kein jüdischer Verein, aber unter den Gründern waren überdurchschnittlich viele deutsche Juden im Club als Sportler und Funktionäre aktiv. Es gab nicht den einen Vereinspräsidenten, der – wie in anderen vergleichbaren Vereinen – über lange Jahre den Verein „führte“, stattdessen tauschten die Veilchen ihr Führungs- und Funktionspersonal nahezu im jährlichen Turnus aus. Aber einer stach doch hervor: Alfred Lesser. Wenn die Lila-Weißen von „unserem Alfred“ sprachen, veränderte sich der Ton. Sie redeten zeitlebens voller Hochachtung und Dankbarkeit von „Exzellenz“.

Alfred Lesser, geboren am 23. Mai 1882 in Guben, war der Spiritus rector des Clubs bei der Gestaltung von Tennis Borussia zu einem der modernsten Vereine im deutschsprachigen Sport. Nicht nur war Lesser einer der Gründer vom 9. April 1902 und regte bereits im Sommer 1903 die Gründung der Fußballabteilung an. Als es Ende der 1900er-Jahre in der Fußballabteilung zu einer ersten sportlichen Krise kam, reagierten die Borussen mit der Verpflichtung auswärtiger Spieler anderer Vereine. Allen voran Simon Leiserowitsch (Dresden), der rasch zum ersten Fußballliebling der Berliner avancierte.

Wollten die Tennis Borussen dem eigenen Leistungsanspruch gerecht werden, fehlten nicht nur die Spieler. Der sportliche Aufstieg der Gründerjahre konnte nicht dauerhaft bleiben, solange nicht an einen regulären Trainingsbetrieb zu denken war. 1912 gelang Alfred Lesser die Verpflichtung des ersten Trainers im deutschsprachigen Fußball. Bereits damals wurde im Club heftig über den „Amateurgedanken“ diskutiert, wie sich Richard Girulatis später erinnerte. Ihm wurde es „gestattet“, als ehrenamtlicher Trainer für die Veilchen tätig zu werden, so Girulatis. Er musste Vereinsmitglied werden und pünktlich seinen Mitgliederbeitrag zahlen. Der „starre Amateurstandpunkt“ ließ die Bestellung als bezahlter Trainer nicht zu.

Im Sommer 1912 stiftete Lesser dem Verein aus seinem Privatvermögen einen Platz in Niederschönhausen, weit im Berliner Norden, mit insgesamt 26.922 qm Fläche, auf dem er zwei Sport- und Trainingsplätze einrichten ließ. Die Plätze dienten zunächst auch als Heimspielplatz, vor allem aber waren sie über Jahrzehnte der Trainingsort der Tennis Borussen. Mit dieser großzügigen Stiftung hatte Alfred den irregulären und wilden Trainings der Anfangsjahre endgültig ein Ende gesetzt und den entscheidenden Grundstein für die Entwicklung des Clubs gelegt.

Die Verpflichtungen der Trainer Otto Nerz und Sepp Herberger waren ebenfalls Alfred Lessers Verdienst. Doch der sportliche Erfolg benötigte außerdem ein professionelles Umfeld, wie Lesser früh erkannte. 1924 beauftragte er mit Robert Neppach einen bekannten Filmarchitekten und -ausstatter, der seit 1922 für die Alten Herren der Borussen den Ball trat, mit dem Ausbau der Plätze in Niederschönhausen. Es entstand ein hochmodernes Stadion mit Massageräumen, einem Operationsraum für die beiden Vereinsärzte, einem VIP-Bereich (wie man es heute nennen würde), einem Pressebereich, einem Waschraum für den Zeugwart, dem Casino und allem, das heute noch zur Grundausstattung von Fußballstadien gehört.

Hoch umstritten hingegen war im Verein die Entscheidung, den ersten bezahlten Geschäftsführer im deutschsprachigen Fußball einzustellen. Heftig stritt im Frühjahr 1925 die Generalversammlung darüber, ob solch ein Schritt sich mit dem Amateurgedanken vertrug. Die Mitglieder stimmten der Einstellung des späteren DFB-Pressesprechers Carl Koppehel erst zu, als sich der Bankier Ernst Salinger und Alfred Lesser bereit erklärten, das Geschäftsführergehalt privat zu übernehmen. Seine Verpflichtung sollte nicht nur die finanzielle Abwicklung der Vereinsgeschäfte absichern. Dass Lesser der Mitgliederversammlung den bekannten Journalisten Koppehel präsentierte, war auch ein zentraler Baustein einer ausgeklügelten PR-Strategie.

Ziel der Maßnahmen war es, möglichst viele Zuschauer für die Lila-Weißen zu interessieren und so die lebensnotwendigen Einnahmen zu generieren. Bereits zur Einweihung des Stadionumbaus in Niederschönhausen wurden vom Verein Werbeflächen verkauft. Um Aufgaben wie die Anwerbung von Reklamekunden umzusetzen, gründete Lesser eigens eine „Propagandaabteilung“ – heute würde man sie Öffentlichkeitsarbeit nennen. Zu ihren Aufgaben gehörte auch die Organisation von Veranstaltungen und Festen im Verein, aber ebenso die Gestaltung des Begleitprogramms für die Spiele, sei es in Form von Boxkämpfen vorab oder die Einladung einer Reihe von prominenten Gästen, etwa Max Schmeling, Erich Seelig, Hans Albers oder Leni Riefenstahl.

Alfred Lesser war mit Leib und Seele Sportler. Zunächst spielte er während der Gründerzeit in der 1. Fußballmannschaft, danach wurde er bis 1928 in der Mannschaft der Alten Herren aktiv, unter anderem neben den Brüdern Leiserowitsch, den Brüdern Lutzenberger oder dem Sportarzt Dr. Wisotzki. So zeigen die Mannschaftsaufstellungen der Alten Herren in besonderer Weise das enge Verhältnis zwischen Vereinsfunktionären einerseits und verdienten Sportlern andererseits. Nach der von ihm betriebenen Gründung der Boxabteilung 1925 galt Lessers sportliches Interesse jedoch vornehmlich dem Boxsport.

Die vielleicht größte Enttäuschung seines Lebens dürfte der als „freiwilliger Vereinsaustritt“ nur kaum verhohlene Ausschluss der jüdischen Mitglieder von Tennis Borussia nach der Machtübernahme der Nationalsozialisten 1933 gewesen sein. Alfred Lesser gelang erst sehr spät die Flucht. Am 26. Juni 1941 reiste er von Kobe, Japan, auf der Hie Maru in die USA ein. Lesser verstarb sehr früh 1946. 1952 schrieb seine Witwe Tutti an den Verein, sie lege immer lila-weiße Blumen auf das Grab ihres Mannes, „Tennis Borussia gehörte doch so sehr zu seinem Leben!"

Alfred Lesser war als Funktionär und Mäzen der maßgebliche Akteur bei der Gestaltung der Tennis Borussia zu einem der modernsten Fußball-Klubs der 1920er-Jahre. Der Berliner Verein strahlte mit der Ausgestaltung seiner Strukturen wie der sportlichen Ausrichtung wie wenig andere auf den gesamten Fußball in Deutschland aus, nicht zuletzt durch die von Konsul Lesser organisierten „internationalen Begegnungen", die die Veilchen nahezu im Wochentakt absolvierten. In diesem Sinne ist Alfred Lesser einer der wichtigsten Unbekannten des deutschen Fußballs.

Jan Buschbom

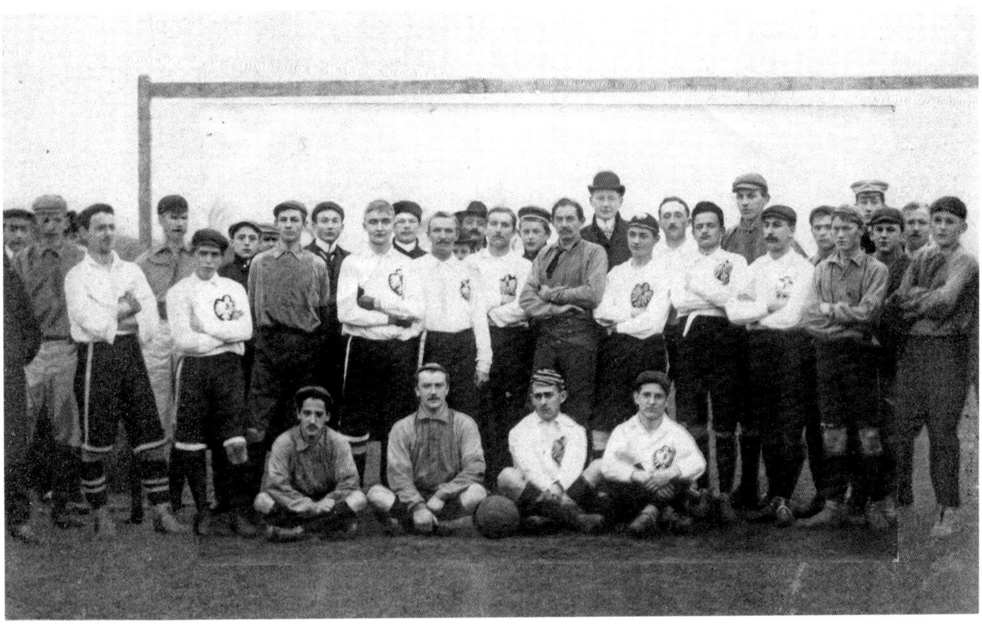

Alfred Lesser (mit weißem Trikot und schwarzer Hose, stehend, zweiter von rechts) inmitten von Spielern und Mitgliedern von Tennis Borussia

Georg Leux

*22. April 1863 †4. Oktober 1936

Der „Fußball-Vater Berlins“

Georg Leux ist gewissermaßen der Fußball-Vater Berlins und mit Sicherheit eine der schillerndsten Persönlichkeiten der Berliner Fußball-Geschichte. Beruflich betätigte er sich als Bildhauer, Maler, Opernsänger und Filmschauspieler. Seine vielfältigen kleinen Zeichnungen, Grafiken und Skizzen, die er für die Gemeinschaft der Sportler in Berlin anfertigte, sind noch heute in vielen der damaligen Vereinszeitschriften, Festschriften und dergleichen präsent.

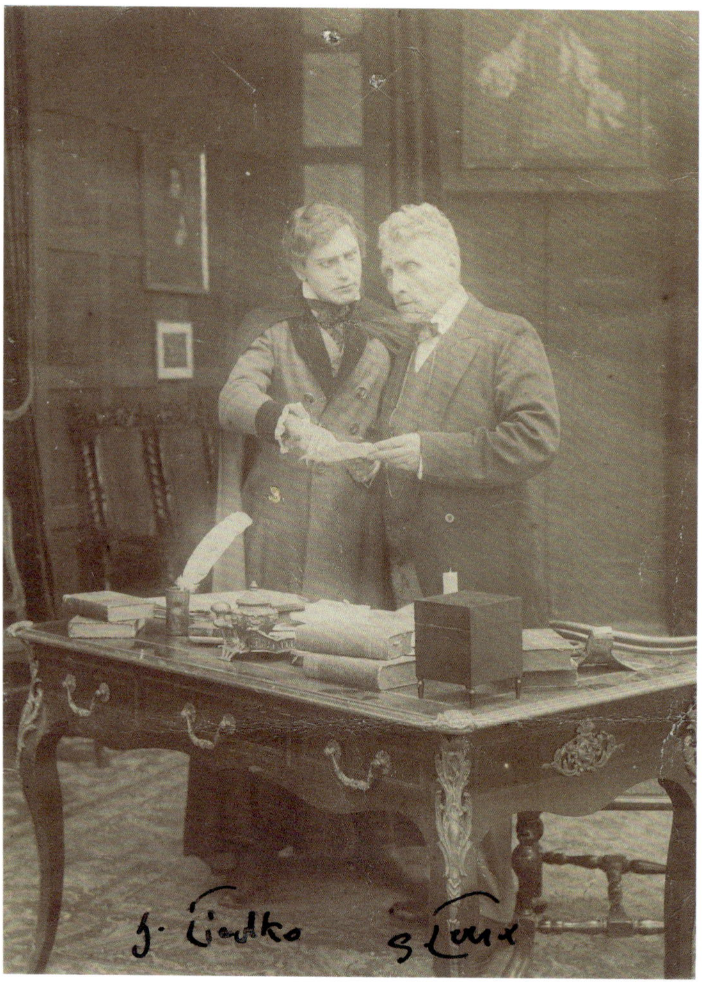

Georg Leux (rechts) als Schauspieler

Auch sportlich war Georg Leux ein Multitalent. Er stammte aus einer Frankfurter Sportlerfamilie und kam Mitte 1884 nach Berlin. Leux scharte einen Kreis sportbegeisterter Männer um sich, dem „ältere, erfahrene Herren“ aus seiner Heimatstadt angehörten. So entstand 1885 der erste Berliner Verein, der Fußball in seinem Namen trug und dessen voller Name nach der Herkunftsstadt des Gründers kurioserweise „Berliner FC Frankfurt“ lautete, sich allerdings 1902 wieder auflöste.

Daneben war Leux in zahlreichen anderen Disziplinen aktiv. Er spielte Rugby und Association-Fußball, betrieb Leichtathletik wie Laufen und Diskuswerfen und begeisterte sich für Radfahren und Eislaufen. Darüber hinaus war er aber auch ein begeisterter und erfolgreicher Schwerathlet, der Ringen, Gewichtheben, Steinstoßen und Tauziehen ausübte. Insbesondere beim Tauziehen, das bei keinem Sportfest jener Zeit fehlen durfte, errang er viele Auszeichnungen, Preise und Medaillen.

1890 trat Georg Leux dem BFC Germania 1888 bei, weil er in diesem Club ein größeres Entwicklungspotenzial sah, und wurde sofort Vereinsvorsitzender. Im gleichen Jahr gründete er mit dem Bund Deutscher Fußballspieler den ersten Fußballverband in Deutschland, dessen Vorsitz er ebenfalls sogleich übernahm. Darüber hinaus war er 1892 Mitbegründer des Deutschen Fußball- und Cricket-Bundes und 1894 des Allgemeinen Deutschen Sportbundes.

1913 wurde er zum Ehrenmitglied des BFC Germania ernannt. Als der Erste Weltkrieg ausgebrochen war, trug man ihm erneut den Posten des ersten Vorsitzenden an, den er bis 1918 innehatte. Georg Leux starb 1936 im Alter von 73 Jahren und wurde unter großer Anteilnahme der Berliner Fußball-Gemeinde zu Grabe getragen.

Aus den 1910er- und 1920er-Jahren sind Fotos aus seiner Zeit als Schauspieler überliefert, in der Georg Leux in zahlreichen Stummfilmen wie „Der Ring des Schicksals“ oder „Gesprengte Fesseln“ als Charakterdarsteller reüssierte. Anhand seiner Präsenz, die allein auf diesen Bildern zum Ausdruck kommt, kann man erahnen, welche charismatische Ausstrahlung der Fußball-Vater Berlins auf die nachfolgenden Generationen gehabt haben mag.

Gerd Liesegang

*4. Dezember 1956

Streiter und Mahner für soziale Verantwortung

Ohne Gerd Liesegang wäre vieles, was den Berliner Fußball-Verband heute ausmacht, was ihm wichtig ist und wofür er sich einsetzt, kaum denkbar. Seit 1998 gehörte er dem BFV-Vorstand als Beisitzer an, von 2004 bis 2020 war er Vizepräsident Qualifizierung und Soziales des Verbandes. Doch sein ehrenamtliches Engagement, mit dem er weit über den Fußball in Berlin hinaus wirkte, reicht bereits deutlich länger zurück.

Der gebürtige Berliner begann seine aktive Fußballer-Laufbahn 1968 bei den D-Junioren des BBC Südost. Für diesen Berliner Verein spielte er dann bis zur damaligen „Jungliga". Bereits ab 1975 widmete sich Gerd Liesegang zusätzlich zum eigenen Spielen der fußballerischen Ausbildung seiner jungen Vereinskameraden, indem er als Jugendtrainer wirkte. Dieses Engagement für andere setzte er dann in aller Konsequenz fort, wobei er allerdings 1977 zum SC Berliner Amateure wechselte.

Auch dort übernahm Gerd Liesegang ab 1982 das Amt des Jugendleiters, ab 1987 – mit 31 Jahren – wurde er Vorsitzender des SC Berliner Amateure. Bereits während dieser Zeit lagen ihm insbesondere die Themenbereiche „Anti-Gewalt", „Fairplay", „Integration" und „Prävention" am Herzen. Mit den zahlreichen sozialen Aktivitäten, die er auf den Weg brachte, hat er sich im Laufe der Jahre weit über die Grenzen der Stadt und des Verbandes hinaus einen bedeutenden Namen gemacht.

Hauptberuflich bei den Berliner Verkehrsbetrieben (BVG) beschäftigt, geschah sein intensives – und teilweise bahnbrechendes – Wirken für den Fußball stets rein ehrenamtlich. Wie sehr ihn seine zahlreichen Tätigkeiten für den Verband und dessen Vereine ausfüllten, wurde deutlich, als er anlässlich seines 50. Geburtstages im Jahr 2006 auf die Frage nach seinen weiteren Hobbies antwortete: „Ich habe und brauche keine Zeit für andere Dinge außer Fußball!"

Für sein vorbildliches Engagement im Fußballsport wurde Gerd Liesegang im Laufe der Jahre mit zahlreichen Ehrungen ausgezeichnet. So erhielt er bereits 1990 die Bronzene Ehrennadel des BFV, der zehn Jahre später die Silberne Ehrennadel folgte. Ebenfalls 1990 wurde er zum Ehrenmitglied des SC Berliner Amateure, 2006 dann zum Ehrenpräsidenten des SC Berliner Amateure ernannt. 1991 wurde ihm die Ehrenplakette des Senats von Berlin verliehen. 1997 erhielt er den Ehrenamtspreis des DFB, 2003 die Verdienstnadel des NOFV. Und schließlich wurde er 1992 mit dem Verdienstkreuz am Bande, im Jahr 2006 mit dem Verdienstkreuz 1. Klasse des Verdienstordens der Bundesrepublik Deutschland geehrt.

Im Berliner Fußball-Verband hat er im Laufe der vielen Jahre seiner ehrenamtlichen Tätigkeit sowie insbesondere von 2004 bis 2020, als er dem Präsidium des BFV angehörte, tiefe Spuren hinterlassen. Als er 2020 aus persönlichen Gründen seinen Rücktritt als Vizepräsident erklärte und sämtliche Ehrenämter niederlegte, ging ein Schock durch die Berliner Fußball-Welt.

Neben seinem vielfältigen Engagement gegen Gewalt, Hass und Diskriminierung sowie für Toleranz, Vielfalt und Respekt, in dessen Rahmen der BFV beispielsweise Kooperationen mit dem LSVD oder mit der Berliner Jugendstrafanstalt einging, interessierte er sich vor allem für die Geschichte des Verbandes. So initiierte Gerd Liesegang zusammen mit Präsident Bernd Schultz die FUSSBALL ROUTE BERLIN, die 2015 eröffnet wurde. Auch an den Vorbereitungen zum 125-jährigen Jubiläum des BFV wirkte er maßgeblich mit. Insbesondere setzte er sich dafür ein, dass die Rolle des Verbandes in der NS-Diktatur aufgearbeitet sowie an das Schicksal der jüdischen Mitglieder in der Zeit von 1933 bis 1945 erinnert und der Opfer von Diskriminierungen und Gewalt bis hin zum millionenfachen Mord gedacht wird.

In seiner Funktion als unermüdlicher Streiter und Mahner für die gesellschaftliche Verantwortung des Fußballs und seiner daraus erwachsenden Verpflichtung zum sozialen Engagement, wegen der vielfältigen Aktivitäten und Projekte, die von ihm initiiert und in die Öffentlichkeit getragen wurden, und wegen seines allseits geschätzten, weithin anerkannten Engagements ist die Bedeutung von Gerd Liesegang für den Berliner Fußball und darüber hinaus gar nicht hoch genug zu schätzen.

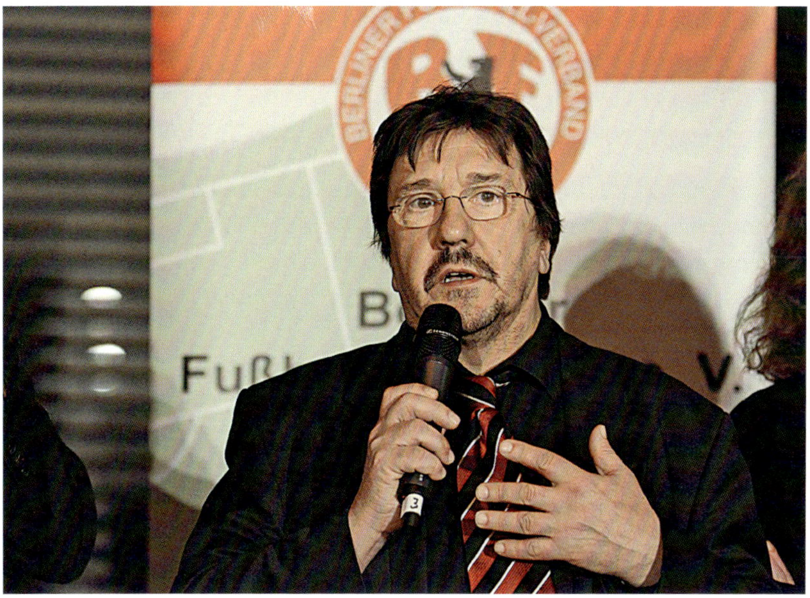

Gerd Liesegang bei einer Veranstaltung des BFV

Felix Linnemann

*20. November 1882 †11. März 1948

Unterstützer der NS-Diktatur

Felix Linnemann wirkte 37 Jahre lang als Funktionär im Fußballsport. Im Kaiserreich, in der Weimarer Republik und in der NS-Diktatur beeinflusste er auf verschiedenen Ebenen die Entwicklung des deutschen Fußballs. Berlin spielte in Linnemanns Karriere eine wesentliche Rolle.

Felix Linnemann studierte, ohne einen Abschluss zu erlangen, in München, Münster und Berlin Jura und Medizin. 1910 schlug er die Beamtenlaufbahn bei der Polizei, insbesondere der Kriminalpolizei ein. In Berlin spielte er ab 1902 beim BFC Preussen und wurde dort 1908 in den Vorstand gewählt. Von 1918 bis 1920 übernahm Linnemann den Vorsitz im Verband Brandenburgischer Ballspielvereine. Dieser Posten wurde für ihn zum Sprungbrett, denn er vertrat die Berliner Fußballer auch im Deutschen Fußball-Bund. Im April 1919 setzte er sich bei der Tagung des Bundesausschusses nachdrücklich für die Stärkung des DFB als Dachorganisation des nationalen Fußballsports ein und wurde daraufhin als 2. Bundesvorsitzender berufen. 1925 löste Linnemann an der Spitze des DFB den langjährigen Vorsitzenden Gottfried Hinze ab und hatte die Position bis 1945 inne.

Linnemann, der Durchsetzungsvermögen und Machtinstinkt besaß, beurteilte als Funktionär im Verein, im Regionalverband und im DFB gesellschaftliche und politische Vorgänge stets aus der Perspektive, welche Vorteile sich für den Fußball gewinnen lassen und welche weiteren Entwicklungen für den Sport sich daraus ergeben. Er setzte sich für den Ausbau der Verbände und ihre Stärkung gegenüber den Vereinen ein. Vor allem der DFB sollte als Zentralgewalt alle wichtigen Entwicklungen bestimmen.

Für die Durchsetzung der Interessen des Fußballs und seiner Verbände nutzte Felix Linnemann die wachsenden Möglichkeiten seiner Zeit. Er trieb die Modernisierung, die Internationalisierung, die Kommerzialisierung und die Nutzung der modernen Medien voran. Auch bei den konkreten Angelegenheiten des Sports setzte er Zeichen und ermöglichte Entwicklungsimpulse, wie die Berufung von Otto Nerz als Reichstrainer belegt. Die Einführung des Profi-Fußballs in Deutschland lehnte er strikt ab, da er fürchtete, dass der DFB zur Zahlung von Vergnügungssteuer herangezogen würde.

Linnemann wusste bei seiner Arbeit als DFB-Präsident um seinen Standortvorteil gegenüber anderen Funktionären, die in ganz Deutschland verstreut lebten, und gewann ihnen gegenüber einen Kompetenzvorsprung. Da er in Berlin wohnte und arbeitete, hatte er trotz seiner beruflichen Pflichten täglichen Zugang zur Geschäftsstelle, war über die wichtigen Vorgänge immer informiert und konnte stets eingreifen.

Nach der Errichtung der NS-Diktatur und der Gleichschaltung aller gesellschaftlichen Bereiche wurde Linnemann am 30. Mai 1933 vom damaligen Reichssportkommissar Hans von Tschammer und Osten mit der Leitung des DFB beauftragt. Der nur 28 Minuten dauernde DFB-Bundestag am 9. Juli bestätigte formell die Entscheidung. 1934 kam die Aufgabe als Leiter des Fachamtes Fußball im Deutschen Reichsbund für Leibesübungen hinzu. Linnemann setzte die politischen und sportpolitischen Vorgaben der Nationalsozialisten vollständig um, wobei die Auflösung der Landes- und Regionalverbände folgenreich war.

Der Ausschluss der jüdischen Sportler, den der DFB unter Linnemann bereitwillig und zum Teil in vorauseilendem Gehorsam vollzog, wurde zu einer Voraussetzung für den späteren Holocaust.

Linnemann vermied bis 1937 die Mitgliedschaft in der NSDAP, was ihm beruflich schadete und zu seiner Ablösung als Chef der Berliner Kriminalpolizei und seiner Versetzung nach Stettin führte. Fortan von den operativen Vorgängen in der Verwaltung des Fußballs abgeschnitten, verlor er zunehmend an Einfluss im Sport.

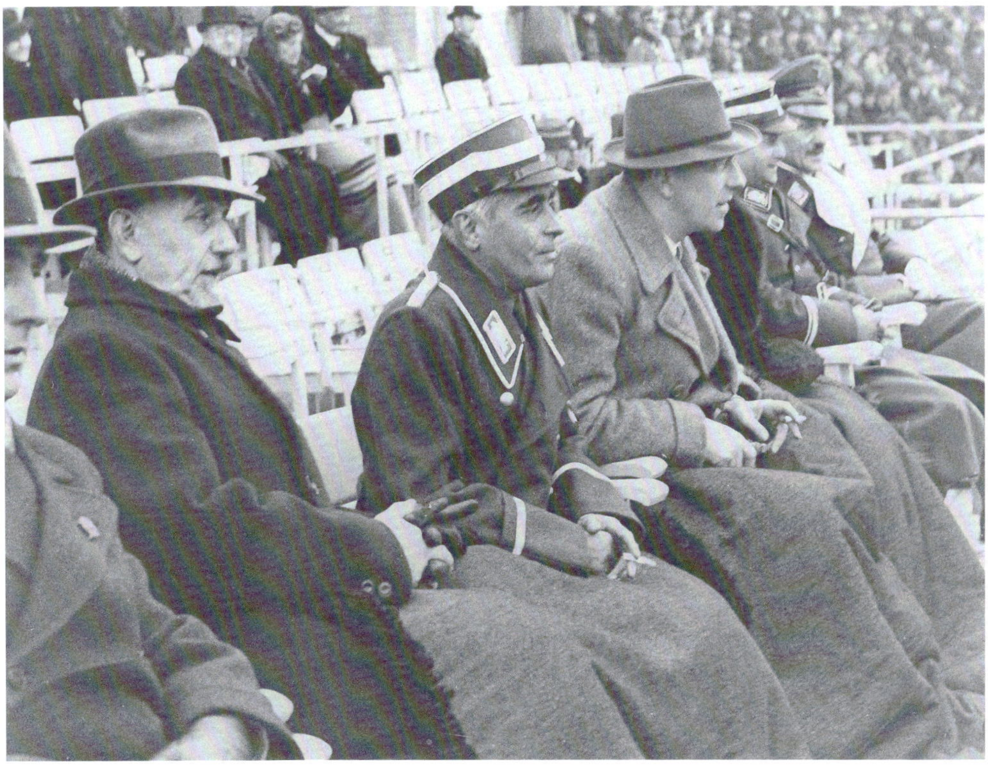

Felix Linnemann (links) zusammen mit Reichssportführer Hans von Tschammer und Osten

1939 wurde Linnemann nach Hannover versetzt und zum Regierungs- und Kriminaldirektor befördert. Als Dienststellenleiter war er dort verantwortlich für die Deportation der in der Region Hannover ansässigen Sinti und Roma ins Konzentrationslager. Ab 1940 Mitglied der SS, begann Linnemann in den letzten Wochen des Krieges im Reichssicherheitshauptamt in Berlin im Range eines SS-Standartenführers tätig zu werden.

Nach dem Krieg verurteilte ein alliiertes Militärgericht Felix Linnemann, woraufhin er sechs Monate interniert wurde. Linnemann starb am 11. März 1948.

Linnemanns Leistungen und Verdienste um den Berliner Fußball-Sport sind zweifellos groß. Geschichtsvergessenheit gegenüber seinem Engagement in der NS-Diktatur, seinem Anteil am Ausschluss jüdischer Sportler aus den Vereinen und seinem Bemühen um die Liquidation des DFB sowie der Verbände wären jedoch in Gegenwart und Zukunft des Fußballsports hoch problematisch.

Pierre Littbarski

*16. April 1960

Botschafter des Fußballs

Der spätere Weltmeister Pierre Littbarski spielte ab 1967 beim VfL Schöneberg und wechselte 1976 zu Hertha 03 Zehlendorf. Mit den Zehlendorfern stand er 1978 im Endspiel um die Deutsche A-Junioren-Meisterschaft, die der Verein jedoch nicht gewinnen konnte. Littbarski wurde zu diesem Zeitpunkt bereits aufmerksam von Bundesliga-Vereinen beobachtet. Während Hertha BSC kein Interesse zeigte, weil er den Verantwortlichen zu schmächtig war, verpflichtete ihn der damalige Meister 1. FC Köln. Littbarski verließ Berlin und ging den Weg vieler Talente der Stadt, die danach nicht selten internationale Karriere machten.

Littbarski lief von 1978 bis 1986 und – nach einem Kurzausflug zum französischen Klub RC Paris – von 1987 bis 1993 in 505 Pflichtspielen für den 1. FC Köln auf. Mit sehenswerten Dribblings und Traumtoren spielte er sich in die Herzen der Fans und wurde zu einem der beliebtesten Profis der Kölner Vereinsgeschichte.

1990 schrieb Pierre Littbarski, der 73 Mal für die DFB-Auswahl auf dem Platz stand, eine der erfolgreichsten Geschichten des deutschen Fußballs mit. Auf dem Höhepunkt seiner Laufbahn errang er mit der Nationalmannschaft in Rom den WM-Titel.

Den Erfolg beim Turnier in Italien im Jahr der Deutschen Einheit bewertete Littbarski nicht nur als sportliche Leistung. Als Berliner mit Verwandtschaft im Osten und erlebter Teilung der Stadt durch die 1961 gebaute Mauer begriff er, dass „in Rom auch ein leuchtendes gesamtdeutsches Zeichen" gesetzt wurde.

1993 wechselte Pierre Littbarski nach Japan zu JEF United Chiba in die neu gegründete J. League. Der Weltmeister wurde im Land der aufgehenden Sonne begeistert empfangen und leistete viel für die Entwicklung und Verbreitung des Fußballsports. Die Zuschauerzahlen bei den Begegnungen stiegen damals deutlich und die japanische Nationalmannschaft qualifizierte sich 1998 erstmals für ein WM-Turnier. In Asien beendete Littbarski 1997 seine Profikarriere.

Auch die Laufbahn als Trainer startete Littbarski in Japan. Nach seiner Rückkehr nach Deutschland übernahm er auch in seinem Heimatland Trainerposten, konnte sich in diesem Metier jedoch nicht erfolgreich durchsetzen.

Japan spielt in Littbarskis Leben immer noch eine entscheidende Rolle. Er engagiert sich für die kulturelle Verständigung Deutschlands und Japans. Als das asiatische Land 2011 von einem verheerenden Tsunami heimgesucht wurde, der unter anderem die Nuklearkatastrophe von Fukushima auslöste, nutzte er seine Popularität als ehemaliger Fußball-Star und unterstützte Spendensammlungen. Pierre Littbarski wurde zu einem Botschafter des Fußballs und seines Heimatlandes Deutschland in Japan.

Chris Lopatta

*15. Dezember 1963

Fußball und Bühne

Sein erstes Union-Spiel erlebte Chris Lopatta 1977 nicht direkt, da er in das ausverkaufte Stadion keinen Einlass bekam und dem Geschehen nur von außen über die Anfeuerungsrufe der Fans und mit einem sehr eingeschränkten Blick folgen konnte. Vierzehn Tage später hatte er dann mehr Glück und schaffte es in das Stadion An der Alten Försterei. Fortan war er Fan! Er spürte damals auch die magische Kraft, die vom großen Theater eines Fußballspiels ausgeht.

In den 1980er-Jahren studierte Lopatta in seiner Heimatstadt Berlin an der Hochschule für Schauspielkunst „Ernst Busch" und trat danach verschiedene Engagements an. Der

Fußball bestimmte dennoch stark sein Leben. Zusammen mit Freunden gründete er den Fan-Club „Die Schärfsten", in dem gekickt wurde.

Die Union-Fans organisierten 1981 eine eigene Liga, die noch heute existiert. 1983 wurde sie durch einen Pokalwettbewerb ergänzt. Auf ihre Art lebten die Fans in der Enge der DDR-Gesellschaft Selbstbestimmung und Autonomie, vollzogen in gewissem Sinne nach, was sich in der Anfangszeit des Fußballs mit den Vereins- und Verbandsgründungen entwickelte.

Als der 1. FC Union nach der Deutschen Einheit schwere Jahre erlebte und oftmals vor dem sportlichen wie wirtschaftlichen Absturz stand, hielt Lopatta dem Verein unbeeindruckt die Treue. Beim Bau des neuen Stadions 2008/09 war er gemeinsam mit über 2.300 anderen Freiwilligen dabei. Die große Chance, seine Leidenschaften Fußball und Schauspiel zu vereinen, bot sich ab 2006. Aus Anlass des 40. Gründungsjubiläums schrieb Autor und Regisseur Jörg Steinberg das Stück „Eisern Union! Das Stück zum Spiel", in dem er autobiografische Momente aus dem eigenen und dem Leben Lopattas einbezog, der nun in der Rolle eines Union-Fans auf der Bühne stand. Das Union-Drama reflektiert die wechselvolle Geschichte des Vereins und die Leiden der Fans im Kontext von Familie, Beruf und Politik. Die ursprüngliche Absicht, Fußballfans und Theaterfreunde anzusprechen, ging voll auf. Seit 2006 – mit erzwungener Unterbrechung durch Corona – wird das Stück und seine Fortsetzung „Wir werden ewig leben!" im Dezember jeden Jahres mit Zuspruch und Erfolg aufgeführt.

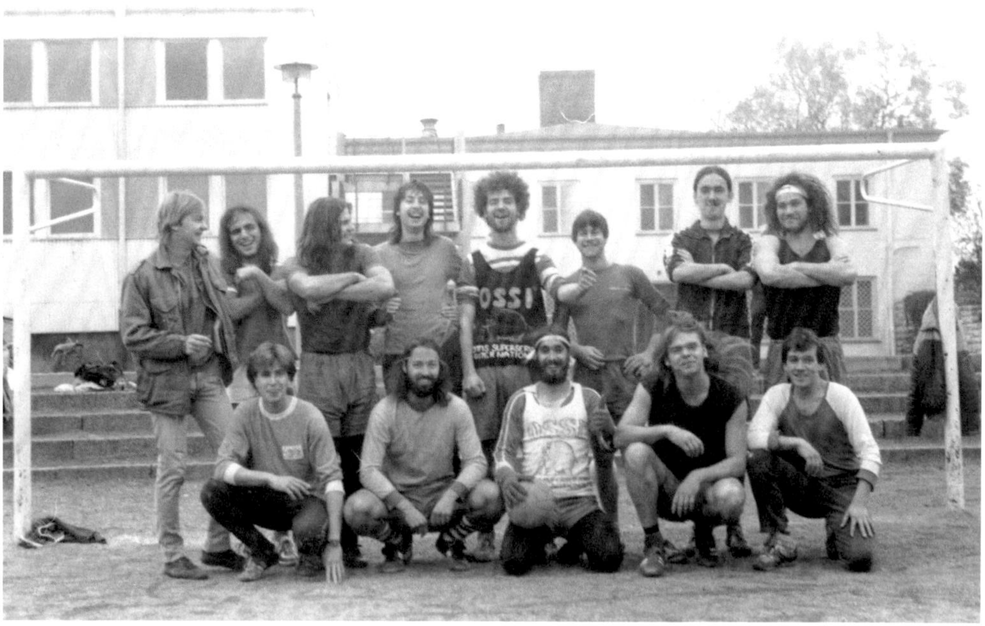

Die Mannschaft des Union-Fan-Clubs „Die Schärfsten"

Der Schauspieler Chris Lopatta hält sich nicht nur die Dezember-Tage für die Rolle als Union-Fan frei. Regelmäßig ist er als Stadionführer für Besuchergruppen des Stadions An der Alten Försterei unterwegs, denen er die Vereinsgeschichte nahebringt. In den Rundgängen fehlt es dann nicht an Anekdoten.

Gustav Manning

*3. Dezember 1873 † 1. Dezember 1953

Einsatz für Deutschland

Ohne Gustav Manning – oder auch Gus Randolph Manning, wie er sich in späteren Jahren nannte – hätte es das „Wunder von Bern" nicht gegeben. Denn er war es, der 1948 als erster Amerikaner Mitglied des Exekutivkomitees der FIFA wurde und sich auf dem Fußball-Weltkongress in Rio de Janeiro 1950 maßgeblich dafür einsetzte, Deutschland wieder in den Weltverband aufzunehmen, wodurch die DFB-Auswahl 1954 überhaupt erst an einer Fußball-Weltmeisterschaft teilnehmen durfte.

Bevor der im Londoner Vorort Lewisham geborene Gustav Manning 1905 aus beruflichen Gründen in die USA auswanderte, lebte er zusammen mit seinen drei Brüdern in Berlin. Sein Vater, der ursprünglich aus Königsberg in Ostpreußen stammende jüdische Kaufmann Wolfgang Gustav Mannheimer, hatte Anfang der 1880er-Jahre seine Firma verkauft, war nach Berlin übergesiedelt und hatte den anglisierten Namen „Manning" angenommen.

In Berlin traten Vater und Söhne zunächst dem Berliner Cricket-Club von 1883 bei, wo Cricket und Fußball gespielt wurde. Die Söhne Fred und Gustav spielten in diversen Berliner Vereinen Fußball, unter anderem ab 1893 bei dem in diesem Jahr gegründeten VfB Pankow. Gustav freundete sich dort mit seinem Mitspieler Franz John an, der einige Jahre später den FC Bayern München gründete.

Gustav Manning studierte Medizin und lebte zwischenzeitlich in Freiburg im Breisgau, wo er den Freiburger FC mitgründete, sowie in Straßburg, wo er beim Straßburger FV spielte, kehrte jedoch nach Berlin zurück und war als Spieler und von 1898 bis 1899 als Vorsitzender des VfB Pankow aktiv. Sein älterer Bruder Fred hingegen wandte sich neben dem Fußball dem Tennis zu, widmete sich der Sportberichterstattung und wurde Herausgeber der Zeitschrift „Der Lawn-Tennis Sport".

Beide, Fred und Gustav, nahmen im Januar 1900 an der Gründungsversammlung des DFB teil. Während Fred den VfB Pankow vertrat, sprach Gustav in seiner Funktion als Schriftführer des Verbands Süddeutscher Fußball-Vereine für mehrere süddeutsche Vereine, wurde sogleich erster Schriftführer des DFB und mit der Ausarbeitung der Verbandsstatuten nach englischem Vorbild betraut.

Nach seiner Übersiedlung in die USA gründete Gustav Manning dort am 5. April 1913 in New York den Fußballverband United States Football Association, der ihn am 21. Juni desselben Jahres zum ersten Vorsitzenden wählte. Bereits 1950 wurde er in die National Soccer Hall of Fame aufgenommen wurde. Eine Aufnahme in die Hall of Fame des deutschen Fußballs, die zweifellos gerechtfertigt wäre, steht noch aus.

Marcelo dos Santos Paráiba („Marcelinho")

*17. Mai 1975

Ein Liebling der Journalisten

Von allen Spielern, die jemals in Berlin gekickt haben, war Marcelinho vielleicht der schillerndste – oder zumindest derjenige, der die meiste mediale Aufmerksamkeit auf sich zog. Dabei machte Marcelo dos Santos Paráiba, wie er mit vollem Namen hieß, nicht nur durch herausragende Leistungen auf dem Platz von sich reden, sondern auch durch gelegentliche Eskapaden wie Prügeleien oder nächtliche Disco-Besuche. Für die Boulevard-Presse der Hauptstadt waren auch Eigenheiten wie seine meist auffälligen Schuhe oder die oft bunt gefärbten Haare willkommene Anlässe für die Berichterstattung abseits der sportlichen Leistungen. Fußballerisch standen seine Qualitäten jedoch außer Zweifel.

Der Brasilianer kam 2001 für eine Ablösesumme von 7,5 Millionen Euro von Gremio Porto Alegre zu Hertha BSC und avancierte schnell zu einem der wichtigsten Spieler des Vereins. Er war nicht nur technisch begabt, sondern auch körperlich robust, sodass er die Rolle des Spielgestalters im Mittelfeld übernahm und zudem große Torgefahr ausstrahlte. Bis 2006 absolvierte er insgesamt 165 Spiele für den Hauptstadtklub und erzielte dabei 65 Treffer, darunter die Tore des Monats Juli 2001 sowie April 2005, als er gegen den SC Freiburg aus 48,3 Metern traf.

In der brasilianischen Nationalmannschaft, der „Seleção", brachte er es auf fünf Einsätze, in denen er ein Tor schoss. Bei Hertha BSC war er innerhalb des Kaders nicht unumstritten, allerdings war die Mannschaft allzu oft spielerisch stark von ihm abhängig. Das funktionierte so lange, wie die Ergebnisse stimmten und er seine Disziplinlosigkeiten nicht übertrieb. Als er jedoch 2006 wieder einmal seinen Urlaub eigenmächtig verlängerte und zu spät zum Trainingsstart erschien, war das Maß voll und die Vereinsführung legte ihm nahe, Hertha zu verlassen.

Marcelinho wechselte zunächst in die türkische Liga zu Trabzonspor und kehrte 2007 für anderthalb Jahre noch einmal in die Bundesliga zum VfL Wolfsburg zurück. 2008 ging er zu Flamengo Rio de Janeiro und spielte in den folgenden Jahren bei 18 verschiedenen Klubs in seiner brasilianischen Heimat. Nach 29 Jahren als Fußball-Profi bestritt er am 15. März 2020 sein letztes offizielles Spiel und arbeitet seitdem als Trainer beim Drittligisten FC Treze. Schon drei Jahre vorher, im März 2017, feierte er mit vielen Weggefährten im Olympiastadion sein Berliner Abschiedsspiel. In Berlin dürfte er als Spieler wie auch als Liebling der Journalisten noch lange unvergessen bleiben.

Torsten „Tusche“ Mattuschka

*4. Oktober 1980

Vom verlorenen Talent zum Kultkicker

Torsten Mattuschka wurde in Cottbus geboren und begann frühzeitig mit dem Fußball im brandenburgischen Merzdorf. Mit sieben Jahren wechselte er zu Energie Cottbus, wo er bis 1996 spielte. Es folgten Jahre erneut in Merzdorf und dann Dissenchen. In der Landesklasse kickte Mattuschka so erfolgreich, dass der damalige Bundesligist Energie ihn erneut zu sich holte. Er kam erst in der 2. Mannschaft und dann 1993 einige Male im Bundesliga-Team zum Einsatz. Da die Lausitzer abstiegen, folgten für den Mittelfeldspieler einige Zweitligajahre. In Cottbus lobte man sein Talent, tadelte jedoch seine Disziplinlosigkeit und hegte Zweifel, ob aus ihm je ein solider Profi werden könnte.

2005 wendete sich das Blatt für Mattuschka mit seinem Wechsel zum 1. FC Union in die Oberliga Nordost. An der Alten Försterei begann seine kontinuierliche Entwicklung zu einem beachteten Fußball-Profi. Nachdem er in seiner ersten Saison maßgeblichen Anteil am Aufstieg der Köpenicker in die Regionalliga hatte, reifte Matuschka 2007 zu einem Leistungsträger des Vereins. Mit Union wurde er 2009 Meister der neugeschaffenen 3. Liga und stieg abermals auf. Die Eisernen konnten sich in den kommenden Jahren in der 2. Liga etablieren. Mattuschka übernahm 2010 die Kapitänsbinde und war fortan ein Publikumsliebling mit Kultstatus, dem die Fans ein eigenes Lied widmeten, das sie bei seinen Freistößen anstimmten.

Zu einem Bruch zwischen Union und Mattuschka kam es 2014, als Trainer Norbert Düwel ihn als Kapitän ablöste und nicht mehr wie in den Jahren zuvor in das Team einbaute. Er wechselte im selben Jahr in die Lausitz zurück und blieb bei Energie bis 2016. Danach verstärkte Mattuschka die VSG Altglienicke. Hier spielte er im Team, arbeitete als Trainer mit der Regionalliga-Mannschaft und im Nachwuchsbereich. 2019 beendete er seine aktive Laufbahn.

Mattuschka verstand es, nach seiner Laufbahn als Profi die erworbenen Fähigkeiten und die öffentliche Aufmerksamkeit auf unterschiedliche Art und auf verschiedenen Feldern zu nutzen. So blieb er als Co-Trainer an der Seite von Karsten Heine bei der VSG Altglienicke, die 2020 den Berliner Landespokal gewann. Darüber hinaus betätigte er sich als Spielervermittler. Gleichzeitig stieg Mattuschka in die Gastronomie ein und betreibt heute als Teilhaber eine Fußball-Kneipe in Köpenick unweit der Alten Försterei. Beim TV-Sender Sky kommentiert er zudem seit 2019 regelmäßig das Geschehen der 2. Liga, wobei die Zuschauer sein authentisches Auftreten schätzen.

Torsten Mattuschka verkörpert einen Typ des ehemaligen Fußball-Profis, der vor allem im Berlin-Brandenburger Raum von vielen als bodenständig, ehrlich und direkt wahrgenommen wird. „Tusche“, dessen Lebenslauf und dessen Fußball-Karriere auch weniger gute Tage aufweisen, scheint für das Publikum „einer von nebenan“ zu sein. Über seine Person gelingt es manchem Fußballbegeisterten, die Kluft zwischen der ausgestellten Welt der Fußballstars und dem selbsterlebten Alltag zu überwinden.

Mehmet Matur

*16. Januar 1960

Integration auf und neben dem Platz

Für Mehmet Matur ist Integration zum Lebensthema geworden. 1960 geboren, ist er mit zehn Jahren nach Deutschland gekommen und lebte zunächst mit seinen Eltern in Köln, wo er in einer Fußballmannschaft aufgenommen wurde. Nach zwischenzeitlichem Aufenthalt in der Türkei kam er Anfang der 1980er-Jahre nach Berlin. Matur arbeitete als junger Mann elf Jahre lang bei den Berliner Verkehrsbetrieben (BVG), in den 1990er-Jahren eröffnete er zusammen mit seinem Bruder das „Butterfly Sporthaus“ in der Erkstraße in Neukölln.

Im Beruf und bei seinem Hobby, dem Fußballspielen, erfuhr er, wie schwer sich die Menschen hierzulande mit der Integration ihrer ausländischen Mitbürger tun. Diese schufen seit den 1970er-Jahren eigene, migrantische Vereine, und auch Mehmet Matur engagierte sich und übernahm jahrelang verschiedene Funktionen bei Türkiyemspor Berlin, zuletzt als Mitglied des Aufsichtsrats. 1978 unter dem Namen BFC İzmirspor gegründet, zählt der Verein zu den bekanntesten von Migranten gegründeten Fußballklubs in Deutschland und gilt als Aushängeschild der türkischen Gemeinschaft Berlins sowie des multikulturellen Ortsteils Kreuzberg.

Die Mannschaft feierte in den 1980er-Jahren große Erfolge. Nach vier Aufstiegen in Folge qualifizierte sich Türkiyemspor Berlin am Ende der Saison 1986/87 für die damals drittklassige Amateur-Oberliga Berlin und spielte dort oftmals vor mehreren tausend Zuschauern gegen Gegner wie Hertha BSC oder Tennis Borussia. Im Paul-Rusch-Pokal stand das Team zwischen 1988 und 1991 vier Mal hintereinander im Finale und gewann dreimal den Berliner Landespokal, wodurch die Kreuzberger auch im DFB-Pokal starteten. Am Ende der Saison 1990/91 gelang Türkiyemspor Berlin beinahe der Aufstieg in die 2. Bundesliga.

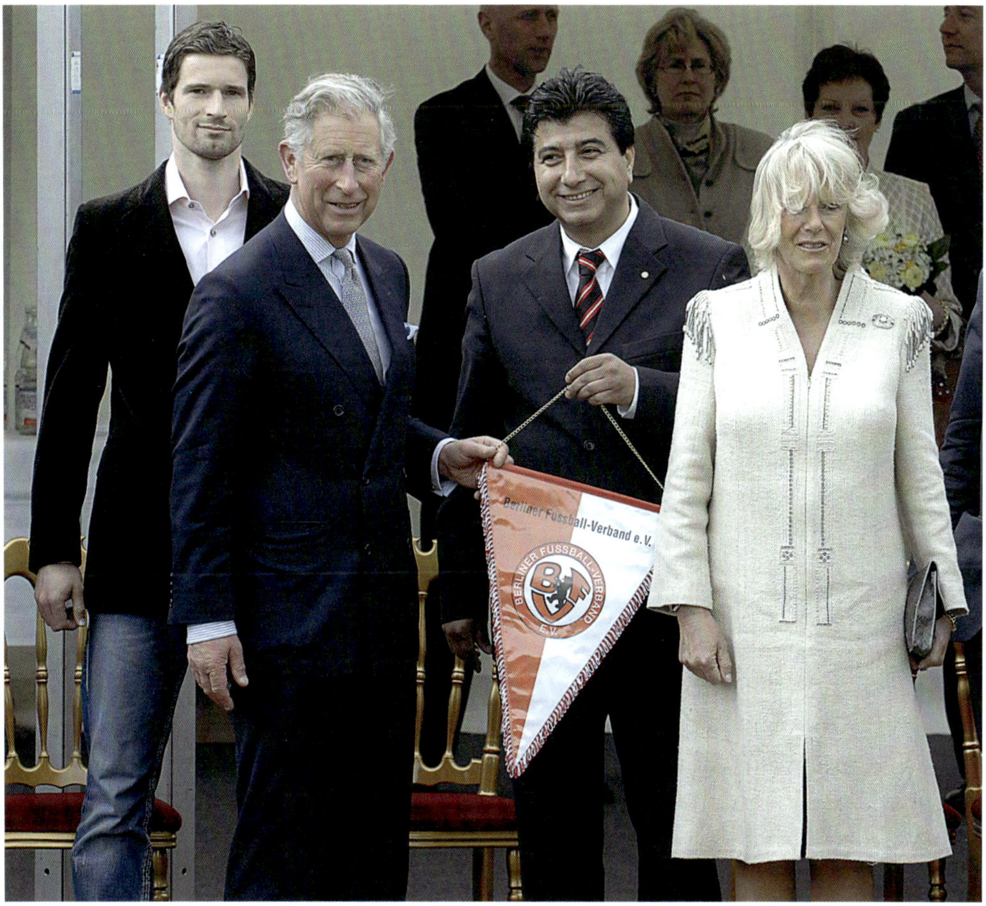

Mehmet Matur (Mitte) mit Prinz Charles und Camilla Parker-Bowles

In dem Verein spielten und spielen die Integrationsarbeit und vielfältiges soziales Engagement eine wichtige Rolle. Dafür wurde Türkiyemspor Berlin bereits vielfach ausgezeichnet, beispielsweise 2007 als erster Sieger des DFB-Integrationspreises, wodurch die Zusammenarbeit mit verschiedenen Einrichtungen und die Förderung des Mädchenfußballs anerkannt wurde. Heute verfügt der Klub über eine der größten Mädchen- und Frauenfußball-Abteilungen Deutschlands.

Mehmet Matur bekam in all den Jahren – auch durch sein zusätzliches Amt als 2. Vorsitzender des Türkischen Sportbegegnungszentrums – Kontakt zu fast allen türkischen Vereinen in der Stadt, und so war es kein Zufall, dass BFV-Präsident Bernd Schultz ihn 2004 fragte, ob er im Verband mitarbeiten und die Integration im Berliner Fußball voranbringen wolle. Seitdem gehört Matur dem Präsidium des BFV an, zunächst viele Jahre als Präsidialmitglied für Integration und Vielfalt, seit der Mitgliederversammlung 2021 als Vizepräsident Gesellschaftliche Verantwortung.

In seine langjährige Amtszeit fallen die Einführung des BFV-Integrationspreises oder die Durchführung von Maßnahmen wie Seminare für die Vereinsführung migrantischer Klubs zu vielfältigen Themen wie dem Pass- und Meldewesen, dem Vereinssteuerrecht, der Mitgliedergewinnung, der Betreuung oder dem Sponsoring. Auf und neben dem Platz setzt sich Mehmet Matur unermüdlich für gegenseitiges Verständnis und Annäherung ein.

Fritz Mauruschat

*16. Dezember 1901 † 27. August 1974

Das erfolgreichste Team in der Stadt

Fritz Mauruschat brachte das Kunststück fertig, zwischen 1959 und 1963 insgesamt dreimal, nämlich 1959, 1960 und 1962, die Berliner Meisterschaft sowie von 1961 bis 1963 ebenfalls dreimal den Berliner Pokal zu gewinnen. Seine Mannschaft war in den Jahren vor der Gründung der Bundesliga zweifellos das erfolgreichste Team in der Stadt – in die zur Saison 1963/64 startende höchste deutsche Spielklasse wurde jedoch nicht Tasmania 1900, um die es sich handelte, sondern bekanntlich Hertha BSC aufgenommen, die 1961 und 1963 die Berliner Meisterschaft für sich entscheiden konnte.

Bereits 1950 hatte Fritz Mauruschat mit Tennis Borussia den Titel erringen können. Zwischenzeitlich ging er als Cheftrainer in die Oberliga Süd zu Waldhof Mannheim, kehrte jedoch bereits zur Saison 1952/53 nach Berlin zurück und übernahm zunächst den Spandauer SV und ab 1953 erneut die „Veilchen". Bei Tennis Borussia trainierte der gebürtige Berliner nebenbei auch die Junioren-Mannschaften, wo seine Zwillingssöhne Armin und Horst spielten. Zwischen 1956 und 1958 wiederum in Süddeutschland beim 1. FC Bamberg, kam Mauruschat schließlich zu Tasmania.

Als der Verein nicht für die neu geschaffene Fußball-Bundesliga nominiert wurde, trat der Trainer verärgert von seinem Amt zurück. Auch bei Tasmania 1900 war die Enttäuschung groß, hatte man doch bis zuletzt um die Berücksichtigung als Gründungsmitglied gekämpft. Für die Verantwortlichen beim DFB mögen die früheren Erfolge von Hertha BSC den Ausschlag gegeben haben.

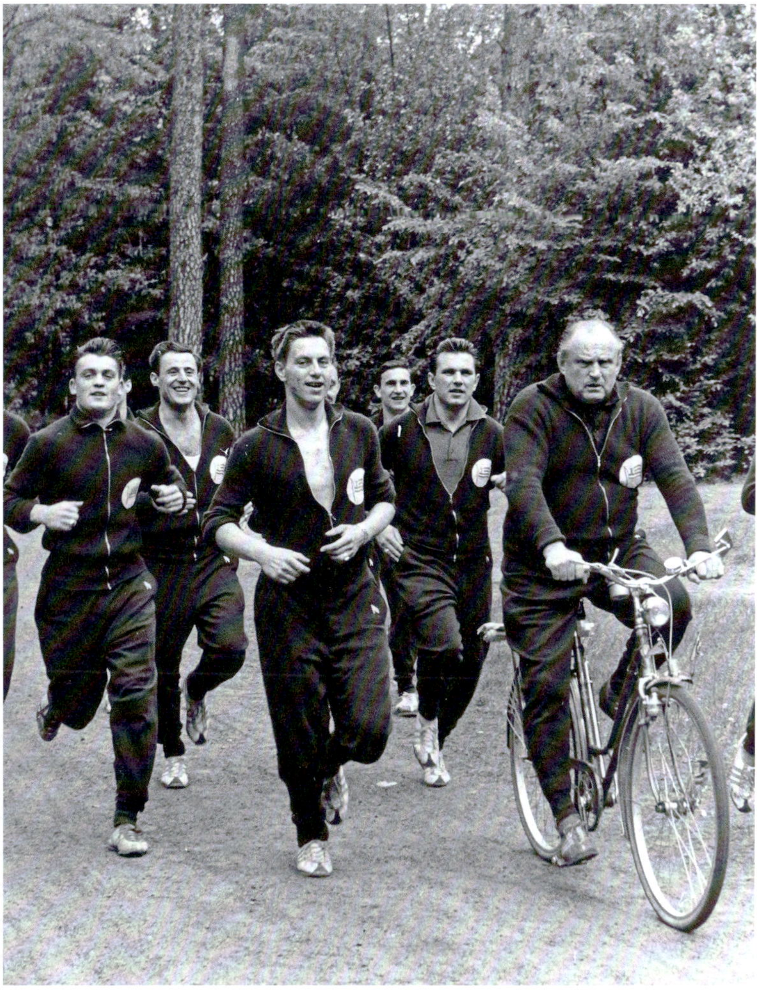

Fritz Mauruschat (auf dem Fahrrad) mit Spielern von Tasmania 1900 beim Waldlauf

Nachdem Hertha BSC zwei Jahre später in die Regionalliga zwangsversetzt wurde, da der Verein zuvor einige Spieler mit unerlaubten Handgeldern an die Spree gelockt hatte, hievte der DFB die Tasmanen als Ersatz ins Fußball-Oberhaus. Die meisten Spieler der erfolgreichen Meister-Mannschaft von 1959 bis 1963 hatten jedoch ihren fußballerischen Zenit bereits überschritten. Der Rest ist bekannt: Tasmania gewann in der gesamten Spielzeit 1965/66 lediglich zwei Partien und belegte am Ende mit 15:108 Toren und 8:60 Punkten abgeschlagen den letzten Platz.

Noch Jahre später machten sich die finanziellen Folgen des ungeplanten Bundesliga-Abenteuers bemerkbar. Tasmania 1900 meldete 1973 Konkurs an, unter dem Namen SV Tasmania Neukölln 73 entstand ein neuer Verein. Fritz Mauruschat beobachtete diese Entwicklung nur noch aus der Ferne. Als Trainer hatte er seine Karriere beim SC Gatow ausklingen lassen. Er starb am 27. August 1974 in St. Goarshausen.

Otto Nerz

*21. Oktober 1892 †19. April 1949

Widersprüchlicher Modernisierer des Fußballs

Otto Nerz wurde 1892 in Hechingen geboren und wuchs mit elf Geschwistern in sehr bescheidenen Verhältnissen auf. 1901 übersiedelte die Familie nach Mannheim, wo er beim VfR das Fußballspielen lernte. Trotz der schwierigen sozialen Verhältnisse besuchte Nerz ein Gymnasium, das er mit der Mittleren Reife verließ. Im Alter von 18 Jahren schloss er die Volkschullehrer-Ausbildung ab. 1914 zog er als Freiwilliger in den Ersten Weltkrieg und wurde 1916 nach schwerer Verwundung entlassen.

In der Weimarer Republik wurde Fußball in Deutschland zu einem Massensport. Die Zahl der Spieler und Vereine wuchs ebenso wie die gesellschaftliche Aufmerksamkeit. Die Organisation und das Spiel selbst wurden in jenen Jahren auf eine neue Stufe gehoben. Diese Rahmenbedingungen bedeuteten für den ehrgeizigen Otto Nerz ideale Voraussetzungen.

Nach dem Krieg war Nerz als Trainer beim VfR Mannheim tätig, wo ab 1921 Sepp Herberger spielte. Er bildete sich als Sportlehrer fort und siedelte 1922 nach Berlin über, was zum entscheidenden Schritt in seiner Biographie wurde.

In der Hauptstadt schrieb sich Nerz in die neugegründete Deutsche Hochschule für Leibesübungen ein und arbeitete bis 1926 als Trainer bei Tennis Borussia, einem der modernsten Vereine jener Zeit in Deutschland. 1926 engagierte ihn der DFB als nebenamtlich tätigen „Bundes-Fußballlehrer“. Sein erstes Länderspiel in dieser Funktion verantwortete er im selben Jahr gegen Holland.

Nerz modernisierte den deutschen Fußball. Mit seinen Erkenntnissen aus den wissenschaftlichen Studien sowie den Besuchen in England im Hintergrund reformierte er kontinuierlich seinen Sport. Unter Nerz wurden Trainingslager, Sichtungslehrgänge, Konditionstraining, Gymnastik, taktische Schulungen, die Betreuung der Auswahlspieler und spezifisches Wintertraining in der Halle eingeführt.

Das sportliche Sagen hatte Nerz bei vielen wichtigen Entscheidungen jedoch nicht allein, denn der DFB-Präsident und der Spielausschuss behielten stets das letzte Wort selbst bei den Mannschaftsaufstellungen. Die Länderspielbilanz fiel schon aus diesem Grund durchwachsen aus. Seinen Höhepunkt als Reichstrainer erlebte Nerz 1934, als die DFB-Auswahl bei der Weltmeisterschaft in Italien im kleinen Finale als Gewinner vom Platz ging.

Mit Beginn der Herrschaft der Nationalsozialisten wandelte sich Nerz, der 1919 in die SPD eingetreten war, zu einem Anhänger des Regimes. Überliefert sind antisemitische Positionen und klare Bekundungen für die NS-Machthaber. 1933 trat er der SA bei, in der er bis zum Obersturmbannführer aufstieg.

Während der Olympischen Spiele 1936 in Berlin begann nach einer Niederlage der DFB-Auswahl gegen Norwegen Nerz’ Stern als Reichstrainer zu sinken, wenngleich es schon früher Anzeichen für einen Rückzug vom Amt gegeben hatte. Nerz trat am 1. Juni 1936 eine Stelle an der Reichsakademie für Leibesübungen an und übernahm wenige Monate später im Fachamt Fußball eine Stelle als Referatsleiter. 1938 verlieh ihm Hitler persönlich eine Professur an der Philosophischen Fakultät der Berliner Universität.

Über Nerz’ Wirken während des Zweiten Weltkrieges ist wenig überliefert. Da er 1933 sein Medizinstudium abgeschlossen und 1938 promoviert hatte, arbeitete er in den Kriegsjahren als Arzt in der Wehrmacht. In dieser Zeit beschäftigte sich Nerz nach neueren Erkenntnissen mit Versehrtensport. Berichtet wird auch, dass er in den letzten Wochen des Krieges im Lazarett im U-Bahnhof Zoologischer Garten wirkte.

Nach dem Krieg nahmen britische Soldaten Nerz gefangen und überstellten ihn an die sowjetischen Militärbehörden. Die Russen brachten ihn in ein Gefangenenlager in Herzberge und anschließend ohne Prozess in ein Sonderlager des Geheimdienstes in Sachsenhausen bei Berlin. Nerz starb am 19. April 1946 im „Speziallager 1“ an einem Hirnödem.

Otto Nerz, der als widersprüchliche Persönlichkeit zu bewerten ist, gab dem deutschen Fußball nachhaltige Impulse, die auch den Berliner Sport in seiner Entwicklung beeinflussten.

Andreas „Zecke“ Neuendorf

*9. Februar 1975

Potentiale freigesetzt

Der Berliner Andreas „Zecke“ Neuendorf wuchs in Steglitz auf. Das Fußballspielen erlernte er bei Traditionsvereinen in seiner Heimatstadt – Stern 1900, Blau-Weiß 90, BFC Preussen sowie Reinickendorfer Füchse. Er startete bei Bayer 04 Leverkusen 1994 seine Profi-Karriere, die 2014 nach insgesamt 399 Spielen ausklang. In seiner aktiven Zeit war Neuendorf am stärksten mit Hertha BSC verbunden. Für den Berliner Verein lief der Mittelfeldspieler auch in acht Begegnungen des UEFA-Pokals und sieben Partien in der Champions League auf.

In den Jahren als Profi sorgte Neuendorf auch außerhalb der sachlichen Sportberichterstattung für Aufsehen. Legendär ist sein beharrliches Ringen um das Recht, seinen Spitznamen „Zecke“ auf dem Trikot zu tragen. Die vielen Anekdoten über Neuendorfs Späße und Undiszipliniertheiten verstellten jedoch lange Jahre die Sicht auf seine Potenziale.

Neuendorf entschied sich nach der aktiven Laufbahn für den Trainerberuf. In der Saison 2014/15 wurde er Coach beim Landesligisten BFC Preussen in Lankwitz und mit dem Team auf Anhieb Meister. Im Sommer 2015 wechselte er wieder zu Hertha BSC und übernahm die U15-Nachwuchsmannschaft als Cheftrainer. 2017 übertrug der Verein Neuendorf die gleiche Aufgabe im Nachwuchsleistungszentrum für die U17. Seine Aufgabe

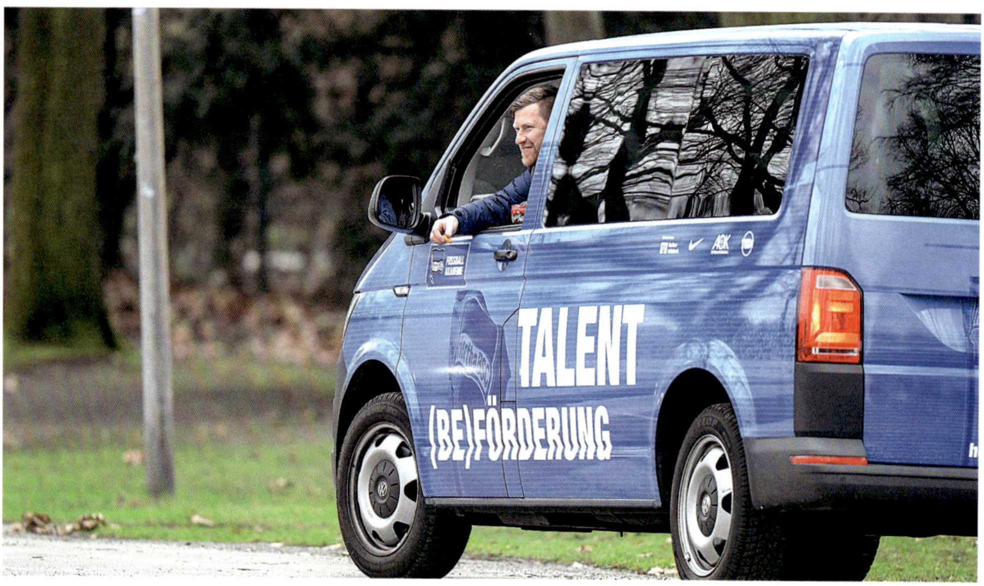

„Zecke" Neuendorf am Steuer eines Mannschaftsbusses von Hertha BSC

und Zielsetzung sah er in der sportlichen Ausbildung der jungen Fußballspieler und der Entwicklung ihrer Persönlichkeit, wobei Neuendorf bewusst war, in welch komplizierten Lebenssituationen sich seine Schützlinge durch die Kombination von Schule, Ausbildung und sportlicher Belastung immer wieder befanden. Nach überzeugenden Leistungen vertraute ihm die Vereinsführung 2019 als Coach die U23 an, bei der er Ante Čović ablöste.

An der Seite von Pál Dárdai wurde Neuendorf am 25. Januar 2021 Co-Trainer der Profimannschaft von Hertha BSC, die sich seit einigen Monaten in einer schwierigen Lage befand, denn den Charlottenburgern gelang trotz der üppigen Finanzspritze von Lars Windhorst und seiner Tennor Holding kein Aufwärtstrend in Spielweise und Tabellensituation. Dárdai und Neuendorf schafften ihre vorgegebene Zielstellung, den Abstieg 2021 zu verhindern. Doch in der Folge blieben ihre Ergebnisse hinter den Erwartungen zurück. Deshalb stellte die Vereinsführung der Herthaner im November 2021 Dárdai und Neuendorf frei.

Andreas Neuendorf erwarb im Mai 2021 die Fußballlehrer-Lizenz. Der vom Hertha-Anhang hochgeschätzte ehemalige Spieler hat am Trainerberuf offenbar Gefallen gefunden und ihn als seine Aufgabe entdeckt. Vielleicht bietet sich Neuendorf künftig sogar in seiner Heimatstadt Berlin oder anderswo eine anspruchsvolle Aufgabe.

Kathrin Nicklas

*22. Dezember 1960

Ein unvergessliches Erlebnis

Von ihrem sportbegeisterten Vater zu Bewegung angehalten, begann Kathrin Nicklas bereits in sehr jungen Jahren in ihrem Geburtsort Sangerhausen als Leichtathletin mit dem Sport. Vor den Trainingseinheiten der gemischten Gruppen oder in der Freizeit mit den Jungs der Umgebung kickte sie damals regelmäßig und entdeckte früh ihre Leidenschaft für den Fußball. Da organisierter Mädchenfußball noch nicht angeboten wurde, musste Nicklas warten, bis sie ihr Talent entfalten konnte.

Nach ihrer Ausbildung verließ Kathrin Nicklas ihre Heimatstadt im südlichen Harzvorland und zog nach Berlin, wo sie eine Stelle im Fechtverband der DDR antrat. Um weiter sportlich aktiv zu bleiben, spielte sie zunächst Handball. Eine Kollegin nahm sie 1981 mit Anfang 20 dann zum Fußball mit. Bei der BSG Kabelwerk Oberspree (KWO) engagierte sie sich schon nach kurzer Zeit für eine leistungssportliche Orientierung des Trainings und der Spiele des Teams. Die Mannschaft entwickelte sich zu einer der führenden in Berlin und konnte mit der Spitze des DDR-Frauenfußballs mithalten. Lohn waren die Berliner Meisterschaften 1984, 1985 und 1987. Bei den Bestenermittlungen der DDR – zu regulären Meisterschaften wollte sich der Fußball-Verband der DDR im Frauenfußball nicht entschließen – gelangte KWO wiederholt ins Halbfinale.

Zu einem Höhepunkt ihrer Laufbahn als Spielerin wurde für Kathrin Nicklas die Berufung zum ersten und einzigen Länderspiel einer Frauen-Auswahl der DDR. Trotz der deutlichen 0:3-Niederlage gegen die ČSSR in Potsdam war es für sie „ein unvergessliches Erlebnis, dabei gewesen zu sein".

Nach dem Mauerfall und der Deutschen Einheit mit ihren tiefgreifenden Veränderungen brach den KWO-Frauen der Träger der Betriebssportgemeinschaft weg. Sie schlossen sich in dieser Situation dem 1. FC Union an, der bereits zwischen 1968 und 1970 ein Frauenfußball-Team hatte und traditionell enge Kontakte zu KWO pflegte. Bei Union spielte Kathrin Nicklas aktiv bis 1997. Aber mit dem Fußball abzuschließen, kam für sie nicht in Frage.

Schon während ihrer aktiven Laufbahn hatte Kathrin Nicklas die nötige Lizenz erworben und trainierte von 1997 bis 2004 die Frauen des 1. FC Union. Ihr größter Erfolg als Vereinstrainerin war der Aufstieg der Köpenicker Frauen in die NOFV-Regionalliga 2001. Ihr Wissen und ihre Leidenschaft gibt sie seit Jahren auch als Verbandstrainerin und bei Qualifizierungslehrgängen weiter.

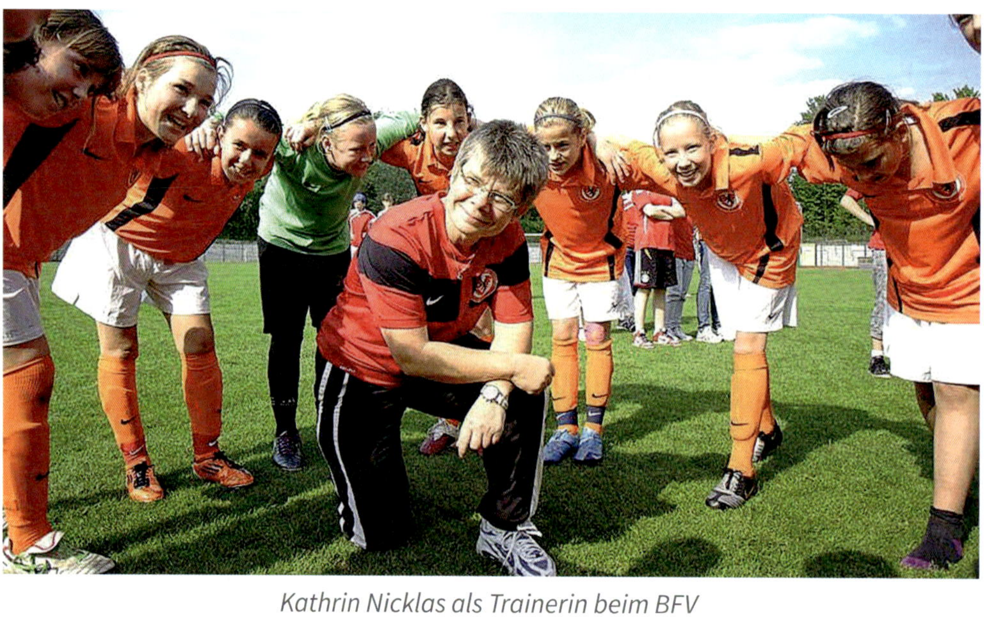

Kathrin Nicklas als Trainerin beim BFV

Kathrin Nicklas ist seit 1990 als hauptamtliche Mitarbeiterin im BFV beschäftigt und engagiert sich darüber hinaus ehrenamtlich für den Frauen- und Mädchenfußball in den verschiedenen Gremien des Landesverbandes, des NOFV und des DFB. In vier Jahrzehnten als Aktive, Trainerin und Funktionärin erlebte Kathrin Nicklas viele große Momente des Sports, insbesondere des Frauenfußballs. Sie selbst sagt von sich, dass sie durch den Fußball „viele tolle Menschen" kennenlernte. „Ich war in der glücklichen Lage, Beruf und Hobby miteinander zu verbinden, was mich immer wieder motiviert."

Jürgen Nöldner

*22. Februar 1941

Fast alles mit Links

Der 31. Oktober 1965 fiel auf einen Sonntag. Um die Mittagszeit drängten sich sagenhafte 95.000 Menschen im weiten Oval des Leipziger Zentralstadions. Um 14 Uhr – eine ungewöhnlich frühe Anstoßzeit – wurde das Fußball-WM-Qualifikationsspiel zwischen der Nationalmannschaft der DDR und dem Team aus Österreich angepfiffen. Die Fahrkarte zur WM 1966 nach England war allerdings schon zuvor an den anderen Gruppengegner Ungarn vergeben. Dennoch pilgerten fast 100.000 Zuschauer zum Spiel. Sensationell!

Die DDR-Elf, trainiert vom Ungarn Károly Sós, begann stürmisch und schon in der ersten Minute gelangte eine Flanke von rechts zum offensiven Mittelfeldspieler Jürgen Nöldner. Der bezwang mit einem straffen Schuss den österreichischen Keeper Gernot Fraydl, der drei Jahre später auch bei Hertha BSC im Tor stand. Es blieb in Leipzig beim 1:0 und Nöldners Treffer ging als schnellstes Tor in die Länderspielgeschichte der DDR ein – und blieb es auch bis zum Fall der Mauer 1989. Blitz-Torschütze Nöldner war beim Leipziger Spiel gerade 24 Jahre alt. Später kamen in insgesamt 30 Länderspiel-Einsätzen noch 15 weitere Treffer hinzu. Das schnelle Tor gegen Österreich sieht Nöldner, inzwischen 81 Jahre alt, noch sehr plastisch vor sich: „Das war ein Supertor, vor allem, weil ich es mit meinem schwachen rechten Fuß geschossen habe."

Ansonsten hielt es der technisch überragende Nöldner mit dem Spruch des berühmten ungarischen Fußballstars Ferenc Puskás: „Ein gutes linkes Bein ist besser als zwei schlechte rechte!"

Seine Tore, aber auch seine unzähligen genialen Pässe, die zu Treffern führten, hat Nöldner ausschließlich für den ASK Vorwärts Berlin, später FC Vorwärts – der Armeemannschaft aus Berlin – geschossen. Nur kurz blieb er noch am Ball, als der FC Vorwärts, der die DDR-Oberliga in der 1960er-Jahren dominierte, nach Frankfurt/Oder verlegt wurde. Zwischen 1959 und 1973 absolvierte der Mann mit dem goldenen linken Fuß 285 Oberliga-Duelle, in denen er 88 Treffer erzielte. Eine stattliche Quote für einen Mittelfeldspieler. Fünf Mal holte er den Meistertitel und ein Mal wurde er FDGB-Pokalsieger.

Warum hat er nie den Klub gewechselt? Nöldner sagt: „Vorwärts war damals die Nummer eins im DDR-Fußball, ich hatte keinen Grund, zu gehen. Ich habe mich dort sehr wohl gefühlt, hatte tolle Teamkameraden." Einmal, der FC Vorwärts spielte im Europapokal 1970/71 gegen den PSV Eindhoven aus Holland, kam der PSV auf Nöldner zu und bot diesem einen Zweijahres-Vertrag an. Nöldner winkte ab.

Der oft eigenwillige Spieler wurde und wird von allen nur „Kuppe" gerufen, was so viel wie „Spitze" oder auch „Kumpel" bedeutet. Er kam mit der Nationalmannschaft und auch mit dem FC Vorwärts viel in der Welt herum, spielte im Europacup und stand 1964 in der Olympiaauswahl, die in Tokio die Bronzemedaille errang. Wenn er unterwegs gefragt wurde, ob er Berliner sei, antwortete er immer: „Ich bin Lichtenberger!" Tatsächlich hat Nöldner diesen Stadtbezirk im Osten Berlins nie verlassen. „Ein paar Mal sind wir umgezogen", sagt er, „aber immer nur innerhalb von Lichtenberg."

In diesem Bezirk sind ein Platz und eine S-Bahn-Station nach seinem Vater Erwin Nöldner benannt worden. Der war während der NS-Herrschaft Widerstandskämpfer und gehörte der Gruppe um Anton Saefkow an. 1944 wurde er von den Nazis hingerichtet. Sohn Jürgen war da drei Jahre alt. Ein paar Erinnerungen an seinen Vater hat Jürgen Nöldner noch. „Wir sind immer mit dem Fahrrad zu unserem Garten gefahren im Kaulsdorfer Busch. Dann waren wir gemeinsam Baden im ‚Kauli', dem Kaulsdorfer See." Vater Erwin war einst Mitglied bei Sparta Lichtenberg, so wie auch der Ringer Werner Seelenbinder. „Vater hat Handball gespielt und Leichtathletik betrieben", erzählt Nöldner. Auch Sohn Jürgen begann seine Fußball-Karriere als kleiner Bursche bei Sparta. Mit sechs Jahren stürmte er in der siebten Schülermannschaft. Sein erstes Spiel? „Auswärts bei Stern Kaulsdorf. Nach dem Spiel gab es kein warmes Wasser zum Duschen."

Die Frage nach seinem schönsten Spiel kann er nicht beantworten. „Da gab es viele, Höhepunkt waren die Spiele 1964 bei Olympia, aber auch die vielen Duelle gegen die starken Ungarn in den 1960er-Jahren bleiben immer im Gedächtnis." 1965 etwa kam es zu einem großartigen Match in Budapest während der WM-Qualifikation. „Wir führten 1:0 durch ein Tor unseres Mittelstürmers Peter Ducke, der auch später zum 2:2 traf, aber wir verloren unglücklich mit 2:3. Bei einem Sieg wären wir zur WM nach England gefahren. Die Ungarn schlugen dort 1966 den Weltmeister Brasilien mit 3:1."

An ein wichtiges Spiel aber erinnert sich Nöldner sehr gern. Mit 18 Jahren wurde er im Europacup der Landesmeister gegen die Wolverhampton Wanderers aus England eingesetzt. Das passierte am 30. September 1959. 65.000 Zuschauer sahen im Walter-Ulbricht-Stadion, dem späteren „Stadion der Weltjugend", einen 2:1-Sieg des ASK Vorwärts. Nöldner hatte das Tor zum 1:1 geschossen. Das Rückspiel verlor der ASK allerdings mit 0:2.

Als Jürgen Nöldner seine erfolgreiche Karriere beendete, standen noch zwei wichtige Fakten in seiner Vita: 1966 wurde er zum „Fußballer des Jahres" in der DDR gewählt und 1989 gehörte er dem „Allstar-Team DDR 40" an, in das die besten Fußballer der DDR gewählt worden waren. Wer nun glaubte, Nöldner würde den Beruf des Trainers ergrei-

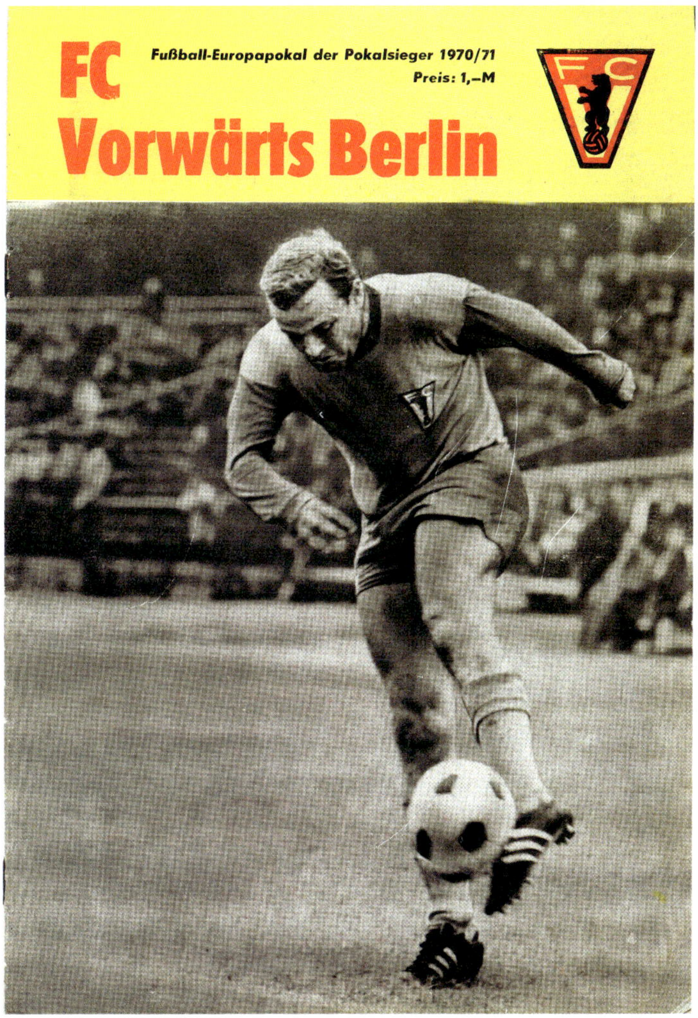

Jürgen Nöldner auf einem Stadionheft von Vorwärts Berlin

fen, der irrte gewaltig. Er wurde ein erfolgreicher Sportjournalist. „Trainer, nein!", sagt Nöldner, „man musste an der Deutschen Hochschule für Körperkultur und Sport, der DHfK, Sport studieren, um Trainer zu werden. Ich hätte Schwimmen oder im Winter von der Schanze springen müssen oder starke Leistungen beim Geräteturnen zeigen müssen. Das war nichts für mich."

Er studierte lieber Journalistik in Leipzig. Danach arbeitete er beim „Deutschen Sportecho", einer beliebten Sporttageszeitung und bei der „Neuen Fußball-Woche", wo er auch als Chefredakteur tätig war. „Mein Vorteil: Ich kannte den Fußball als Aktiver. Wenn ich jemanden kritisiert habe, konnte keiner kommen und sagen: Der Nöldner hat keine Ahnung!" Nach der politischen Wende ging Nöldner zum Sportmagazin „Kicker", wo er in Berlin die Nordost-Redaktion des Blattes leitete. Seine Kommentare wurden gern gelesen.

Fußball spielt Jürgen Nöldner in Prominenten-Mannschaften schon lange nicht mehr. Die Gelenke lassen das nicht zu. So bleibt nur der Platz vor dem Fernseher und die beliebten Diskussionen danach am Stammtisch in einer Kneipe nahe seiner Wohnung – natürlich in Lichtenberg.

Michael Jahn

Günter Nupnau

*6. Januar 1940

Engagiert für jung und alt

Als am 21. Oktober 1990 die Amateur-Auswahlmannschaften des Fußball-Verbandes Berlin (Ost) und des Berliner Fußball-Verbandes (West) im DFB-Länderpokal aufeinandertrafen und ein großes gemeinsames Mannschaftsfoto entstand, war Günter Nupnau mit auf dem Bild. Das gehörte sich auch so, denn zu diesem Zeitpunkt war er Spielausschuss-Vorsitzender des BFV und als solcher wesentlich damit befasst, die Mannschaften beider Verbände in einem gemeinsamen Spielbetrieb zusammenzuführen.

Günter „Nuppi" Nupnau ist seit über 60 Jahren ehrenamtlich beim TSV Helgoland 1897 tätig, davon 49 Jahre als Vorsitzender. Als Jugendleiter widmete er sich lange Zeit zwanzig Mannschaften und betreute die Jugendlichen auch in der Freizeit, indem er Ferienreisen durchführte und erstmals Schularbeitsgruppen bildete. In späteren Jahren verschrieb er sich dem Oldie-Fußball und organisierte einen Spielbetrieb der Sportfreunde über 50 und über 60 Jahre sowie bis 2017 das Spiel einer Berliner Ü50-Auswahl gegen eine Auswahlmannschaft aus dem Bundesgebiet, deren krönender Abschluss stets der „Oldie-Ball" war.

Auch weil Günter Nupnau, der beruflich einen Sanitär- und Heizungsgroßhandel betrieb, sich dafür aussprach, wurde 2016 nach „vertrauensvollen und konzentrierten Gesprächen" die Fusion mit dem Mariendorfer SV 06 zum TSV Mariendorf 1897 vollzogen, Nupnau zum Ehrenpräsidenten gewählt. Der Verein ist im Mariendorfer Volkspark-Stadion beheimatet, das immerhin ein Fassungsvermögen von rund 10.000 Zuschauern hat und damit das siebtgrößte Stadion Berlins ist.

Seine Karriere als Funktionär im Berliner Fußball begann Günter Nupnau 1976 als Ansetzer der Kreisliga C. Später war er 17 Jahre lang im Verband Berliner Ballspielvereine bzw. dem Berliner Fußball-Verband als Vorsitzender des Spielausschusses tätig und hatte nach der Wende großen Anteil an der Vereinigung der beiden Berliner Fußball-Verbände. Bei der Gründung des Nordostdeutschen Fußballverbandes (NOFV) im Jahre 1990 wurde er zum stellvertretenden Spielausschuss-Vorsitzenden gewählt, auch im Deutschen Fußball-Bund vertrat er die Interessen Berlins.

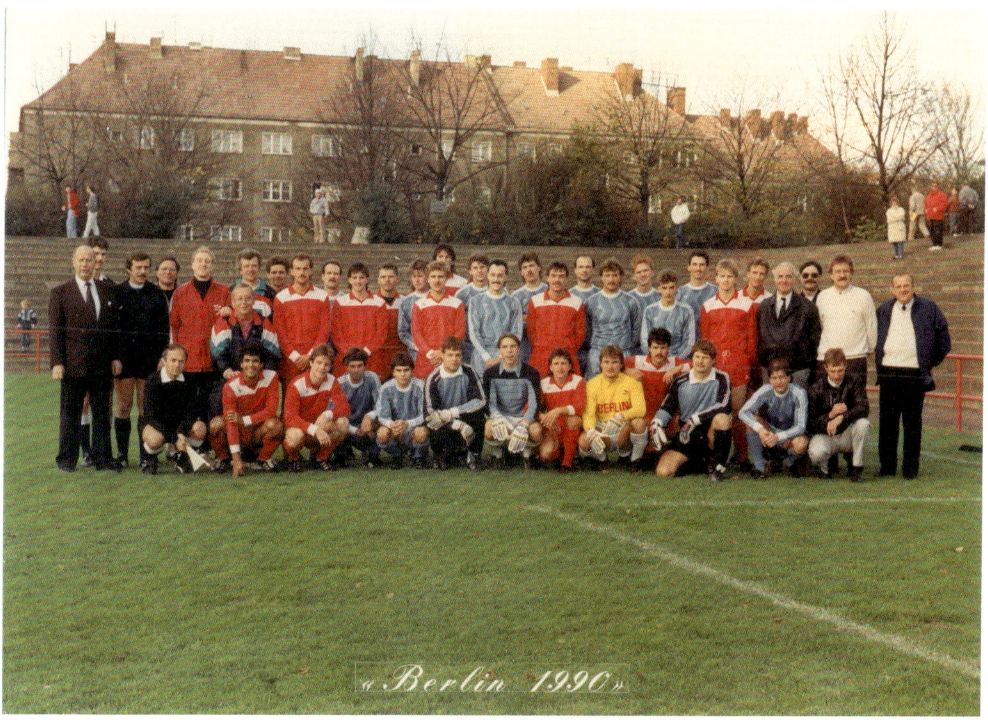

Günter Nupnau (ganz links) mit den Auswahlmannschaften des FVB und des BFV

Seit vielen Jahren setzt sich Günter Nupnau für die älteren Sportler in der Vereinigung Alter Rasensportler (VAR) ein. Im Berliner Fußball-Verband ist er Ehrenmitglied, 2012 wurde Nupnau in Anerkennung und Würdigung seines langjährigen ehrenamtlichen Wirkens um das Gemeinwohl im sportlichen Bereich der Stadt Berlin das Verdienstkreuz am Bande des Verdienstordens der Bundesrepublik Deutschland verliehen.

Gerhard Orbanke

*3. März 1941 †24. November 2021

Die Ü70-Liga als Ziel

Bei der BSV Eintracht Mahlsdorf nehmen alte Herren keine besondere Rolle ein. Sie spielen zum Teil mit über achtzig Lebensjahren immer noch Fußball und sind wie die G-Junioren des Vereins mit großem Eifer bei der Sache. Diese Altersspanne bei den Aktiven ist nur bei sehr wenigen Sportvereinen Berlins zu finden.

Mit Saisonbeginn 2004/05 schickte Eintracht Mahlsdorf bei den „Alten Herren“ eine Ü60 in den Punktspielbetrieb des BFV. Gerhard Orbanke hatte sich der Bildung eines Teams von Fußballern jenseits des 60. Geburtstages verschrieben und entscheidenden Anteil daran, dass es gelang, aus einem Stamm ehemaliger Mahlsdorfer Spieler und einer Reihe neuer Fußballer eine Mannschaft zu formen, die sich im Spielbetrieb bewährte und erfolgreich kickte.

Die Ü60 führte Orbanke über viele Jahre weiter. Es gelang dem Team kein Aufstieg in eine höhere Spielklasse, wohl aber die Fortsetzung des Fußball-Sports als Ü70. In dieser außergewöhnlichen Mannschaft, der etwa zwanzig Fußballer angehören, sind sogar über 80-Jährige aktiv. Orbanke, aus dessen Trainingsgruppe allein zwei komplette Mannschaften entstehen könnten, plädierte stets für eine eigene Ü70-Liga in Berlin, die durchaus als Zukunftsprojekt moderner Verbandsarbeit verstanden werden kann.

Gerhard Orbanke konnte Menschen für den Fußball begeistern und im Sport zusammenführen. So gewann er auch Frank Schöbel für sein Seniorenteam. Der DDR-Schlagerstar war 1974 bei der Eröffnungsfeier der Fußball-Weltmeisterschaft im Frankfurter Waldstadion als Vertreter seines Landes aufgetreten und hatte die Ballade „Freunde gibt es überall“ vorgetragen.

Der BSV Eintracht Mahlsdorf entstand 1999 als Ausgründung aus Eintracht Mahlsdorf, einem Verein, der sich als Breiten- und Mehrspartenverein ausrichtete. Die Fußballer gingen eigene Wege, um ihre Ambitionen besser verwirklichen zu können. Nachdem der BSV über Jahre vordere Plätze in der Berlin-Liga erringen konnte, gelang 2021 die ersehnte Berliner Meisterschaft und der Aufstieg in die NOFV-Oberliga Nord.

Die Mahlsdorfer verstehen sich aber keineswegs als Fußballklub leistungsorientierter Amateure, sondern als Verein, der die ganze Breite des Fußballsports abdeckt, wie ihre aktiven Senioren-Mannschaften belegen. Nach Gerhard Orbankes Tod muss die Idee der Ü70-Liga von seinen Sportkameraden vorangebracht werden.

Luise „Lu" Pfannenschmidt

*12. März 1923

Den Verein nicht im Stich lassen

Dass sie es ihm am Sterbebett versprochen haben soll, ist eine Legende. Wahr ist, dass Luise Pfannenschmidt ihrem Gatten Carl-Heinz, als dieser lebensgefährlich erkrankt war, die Zusage gegeben hat, den Verein nicht im Stich zu lassen. Und so stand „Lu", wie sie von allen genannt wird, im Alter von 73 Jahren plötzlich dem BFC Viktoria 1889 als Präsidentin vor, nachdem sie zuvor bereits Schriftführerin, Geschäftsführerin und Vizepräsidentin gewesen und dem Verein schon über Jahrzehnte verbunden war.

Carl-Heinz Pfannenschmidt war kurz nach dem Zweiten Weltkrieg einer der wichtigsten Männer im Berliner Fußball, als die Vereine nach alliiertem Recht verboten waren und zunächst als kommunale Sportgruppen neu entstanden. In Tempelhof baute er auf diese Weise den BFC Viktoria 1889 wieder auf, den zweimaligen deutschen und vielfachen Berliner Meister früherer Jahre. Seine junge Ehefrau Luise wollte nicht gerne allein zuhause herumsitzen, während er in Sachen Fußball unterwegs war, und begleitete ihn zu den abendlichen Vereinssitzungen.

Da die gelernte Sekretärin mit der Protokollführung beauftragt wurde, wuchs Lu Pfannenschmidt allmählich in die Rolle der Schriftführerin hinein und übernahm nach und nach weitere Aufgaben. Sie wusch und bügelte die Trikots der Spieler, kochte Kaffee und verkaufte am Wochenende Eintrittskarten. Nach ein paar Jahren zog sich die Familie aus den Vereinsgremien zurück. Als jedoch zu Beginn der 1970er-Jahre Unstimmigkeiten bei Viktoria auftraten, übernahm Carl-Heinz wieder Verantwortung und wurde erneut Präsident. Lu fungierte zunächst als Geschäftsführerin und wurde kurzerhand ins Amt der Vizepräsidentin gewählt.

Luise Pfannenschmidt nahm ihre Aufgabe ernst, wachte über die Geschäftsbücher und führte den Verein mit Strenge und Charme. So machte sie sich bald unentbehrlich und wirkte zugleich als gute Seele des Traditionsklubs, der zu dieser Zeit noch im Friedrich-Ebert-Stadion in Tempelhof zuhause war. Dann erkrankte Carl-Heinz und rang seiner Frau aus Sorge um den Verein das bekannte Versprechen ab. Lu wurde Präsidentin des BFC Viktoria 1889 und als solche stadtweit bekannt.

Es dauerte einige Jahre, bis sie 2003 in dem Rechtsanwalt Sven Leistikow einen geeigneten Nachfolger fand, nach dem sie bereits lange vergeblich Ausschau gehalten hatte. Inzwischen 80 Jahre alt geworden, war sie froh, endlich wieder mehr Zeit für sich zu haben und ihren Hobbys wie der Gartenarbeit oder dem Briefmarken-Sammeln nachgehen zu können. Ganz von Viktoria lassen kann sie jedoch nicht: Noch bis ins hohe Alter verfolgt und begleitet sie die Geschicke des Vereins.

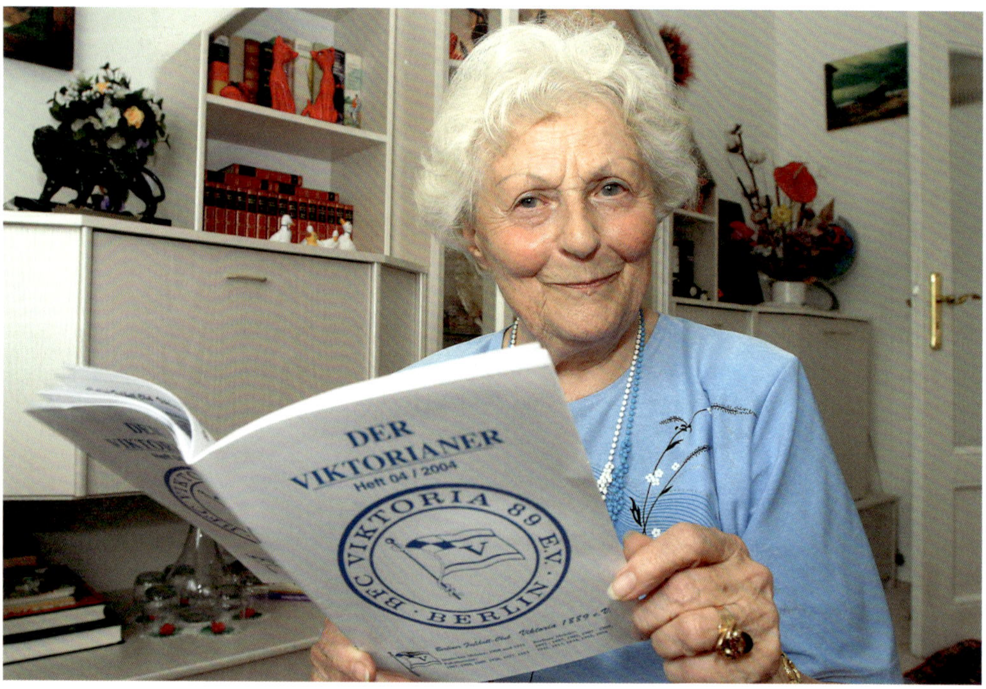

Luise Pfannenschmidt beim Lesen des Vereinsmagazins

Uwe Piontek

*1. März 1942 † 20. Oktober 1998

Die Berliner Fußball-Einheit in Person

Kaum jemand verkörpert die Fußball-Einheit in Berlin so wie er: Uwe Piontek war von 1988 bis 1990 Vorsitzender des Bezirksfachausschusses Fußball in Ost-Berlin, führte als Präsident den Fußball-Verband Berlin, der im Jahr 1990 nur wenige Monate existierte und mit dem West-Berliner Fußball-Verband fusionierte, und gehörte dem Vorstand des BFV von 1990 bis zu seinem Tod 1998 an.

Zuvor hatte Uwe Piontek über Jahrzehnte im Berliner Fußball verschiedene Funktionen inne. Drei Jahre lang, vom 21. Dezember 1984 bis zum 3. November 1987 war er Klubvorsitzender des 1. FC Union, der unter seiner Regie in die DDR-Oberliga aufstieg. 1988 wurde Piontek Vorsitzender des Berliner Bezirksfachausschusses Fußball, der sich im Zuge der Wende 1989/90 umorganisieren musste, sodass am 22. Juni 1990 der Fußball-Verband Berlin (FVB) gegründet wurde. Dieser hatte nur kurze Zeit Bestand und im Grunde die alleinige Bestimmung, bei der geplanten Zusammenschließung als Gegenüber des West-Berliner Fußball-Verbandes zu fungieren.

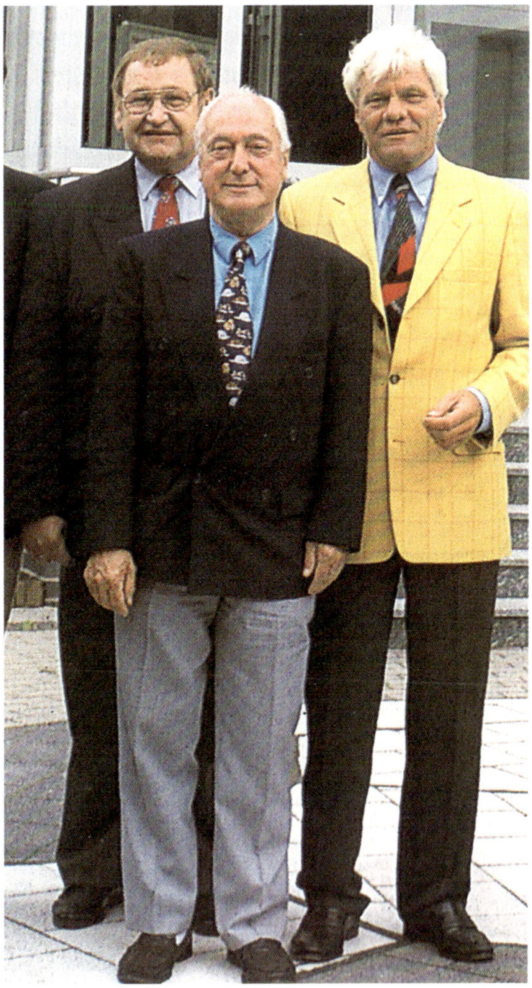

Uwe Piontek (links) mit Otto Höhne (Mitte) und Reiner Gentz

Gemeinsam mit dem langjährigen Geschäftsführer des Bezirksfachausschusses Fußball in Berlin, Herbert Wolff, bewältigte er die vielfältigen, oft verwaltungstechnischen Aufgaben. Der West-Berliner Fußball-Verband half mit Rat und Tat, wo er konnte, und wenn es sein musste auch mit Möbeln oder Büroausstattung. Am 17. November 1990 – also noch vor der Vereinigung der Fußball-Verbände auf Bundesebene, die am 20. November 1990 in Leipzig stattfand – war es so weit: Der FVB beschloss seine Auflösung und die Ost-Berliner Vereine traten auf der außerordentlichen Mitgliederversammlung im Hotel Intercontinental geschlossen dem Berliner Fußball-Verband bei.

Kurioserweise wurde der letzte Wettbewerb im ostdeutschen Fußball noch ausgespielt, als es die DDR schon lange nicht mehr gab: Am 2. Juni 1991 wetteiferten im Friedrich-Ludwig-Jahn-Sportpark der FC Hansa Rostock und der Eisenhüttenstädter FC Stahl um den Nachfolger des FDGB-Pokals, den Pokal des Nordostdeutschen Fußball-Verbandes. Hansa siegte vor gerade mal 4.800 Zuschauern.

In Berlin regelte ein Überleitungsvertrag die Einzelheiten bis zum ordentlichen Verbandstag im Herbst 1991. Piontek wurde Vizepräsident des nun Gesamt-Berliner Fußball-Verbandes und übte dieses Amt bis zu seinem Tode aus. Er starb am 20. Oktober 1998 im Alter von 56 Jahren. Ihm zu Ehren stiftete der BFV für sein winterliches Hallenturnier der Verbandsliga-Mannschaften den Uwe-Piontek-Pokal.

Ailien Poese

*4. August 1984

Die Professionalisierung des Frauenfußballs

Es gibt wohl kaum jemanden, der sich im Berliner Mädchenfußball besser auskennt als Ailien Poese. Dabei hat die gelernte Lehrerin nicht nur als Spielerin selbst sämtliche Stationen im Nachwuchsbereich durchlaufen, sondern auch als Trainerin die unterschiedlichsten Perspektiven kennengelernt. Poese absolvierte eine Ausbildung an der Hennes-Weisweiler-Akademie in Hennef und erwarb 2017 ihre Fußball-Lehrer-Lizenz.

Die 1984 geborene Poese begann mit dem Vereinsfußball bei der SG Schulzendorf am südlichen Stadtrand von Berlin. Dort kickte sie zunächst drei Jahre mit den Jungs, ehe sie in eine Mädchenmannschaft wechseln musste. Von 1998 bis 2010 war Ailien Poese beim 1. FC Union aktiv. Bereits als Spielerin durchlief Poese die Berliner Auswahlteams von der U15 bis zur U21 und vertrat die weibliche Talentförderung des BFV auch auf Bundesebene durch Teilnahmen an Lehrgängen der Jugend-Nationalmannschaften. Seit 2006 engagierte sie sich beim 1. FC Union zudem als Trainerin für verschiedene Mädchenmannschaften und leitete von 2008 bis 2013 die Frauen- und Mädchenabteilung.

Nach dem verletzungsbedingten Ende ihrer aktiven Laufbahn startete sie in die Trainer-Ausbildung und erwarb die B-Lizenz sowie die DFB-Elite-Jugend-Lizenz. Ab 2008 arbeitete Poese für den Berliner Fußball-Verband zunächst auf Honorarbasis als Co-Trainerin von Ingo Weniger mit der Berliner U17-Auswahlmannschaft. Nach dem Erlangen der A-Lizenz wurde sie 2011 – zunächst mit einer halben Stelle – hauptamtliche Verbandssportlehrerin des BFV. In den Folgejahren trieb Poese den Aufbau der weiblichen Talentförderung voran, für die sie 2013 schließlich die Verantwortung übernahm.

Zusätzlich war Poese seit 2018 als Co-Trainerin der U16 und U17 des DFB tätig. Mit der U17-Frauen-Nationalmannschaft gewann sie an der Seite von Ulrike Ballweg 2019 in Bulgarien den Europameistertitel. Im Sommer 2021 wechselte Ailien Poese hauptamtlich in das Trainerinnen-Team des DFB. Doch bereits 2022 kehrte Poese wieder nach Berlin zurück und übernahm die Position der Cheftrainerin der 1. Frauenmannschaft beim 1. FC Union sowie erneut die Leitung der Frauen- und Mädchenabteilung. Strategisches Ziel des Vereins ist, die Professionalisierung des Frauenfußballs voranzutreiben und perspektivisch den Aufstieg in die Bundesliga in Angriff zu nehmen. Kaum jemand scheint dafür besser geeignet zu sein als Ailien Poese.

Michael Preetz

*17. August 1967

Höhen und Tiefen

Michael Preetz prägte als Spieler die erfolgreichste Phase von Hertha BSC in der jüngeren Geschichte mit. Als Torjäger hatte er maßgeblichen Anteil am Bundesliga-Aufstieg 1997, an der Qualifikation zur Teilnahme an der UEFA-Champions-League 1999 sowie am zweimaligen Gewinn des Liga-Pokals in den Jahren 2001 und 2002. Nach seiner aktiven Karriere wechselte er ins Management, wo er bis 2021 für den Verein tätig war.

Der gebürtige Düsseldorfer begann seine Laufbahn als Fußball-Profi bei der dortigen Fortuna. Nach Stationen beim 1. FC Saarbrücken, beim MSV Duisburg und bei der SG Wattenscheid 09 lotste ihn Hertha-Trainer Jürgen Röber 1996 nach Berlin, wo er Mitglied der Aufstiegself 1997 wurde. In der Saison 1998/99, als die Mannschaft überraschend den dritten Tabellenplatz belegte und sich für die UEFA-Champions-League qualifizierte, wurde er mit 22 Treffern Bundesliga-Torschützenkönig. In dieser Zeit brachte Preetz es unter Bundestrainer Erich Ribbeck auch auf sieben Berufungen in die DFB-Auswahl, für die er drei Tore erzielte. Bei Hertha blieb Michael Preetz über Jahre hinweg der beste Torschütze und wurde mit insgesamt 93 Treffern in 227 Spielen Rekordtorjäger der „Alten Dame“.

Parallel zu seiner sportlichen Laufbahn absolvierte Michael Preetz einen 18-monatigen Fernlehrgang im Bereich Sportmanagement und strebte eine Funktionärskarriere an. 2003 wechselte er als Assistent von Dieter Hoeneß ins Management von Hertha BSC und wurde 2006 Leiter der Lizenzspieler-Abteilung des Klubs. Er galt bereits als designierter Nachfolger von Hoeneß, der 2010 sein Engagement als Manager und Geschäftsführer aufgeben wollte. Als im Jahr 2009 die Auseinandersetzungen zwischen dem Präsidium und Hoeneß an Schärfe zunahmen und dieser im Juni 2009 den Verein auf eigenen Wunsch ein Jahr vor Ende seines Vertrags verließ, übernahm Preetz vorzeitig dessen Aufgaben.

In seinen ersten Jahren als Manager musste der Klub zweimal in die 2. Bundesliga absteigen, wobei jedes Mal der direkte Wiederaufstieg gelang. Am 24. Januar 2021 trennte sich Hertha BSC von Preetz wegen anhaltender Erfolglosigkeit, im Mai gab der Verein die endgültige Auflösung des Vertrags bekannt. Damit endete nach 26 Jahren die Tätigkeit von Michael Preetz beim Hauptstadtklub, in denen er die Mannschaft zu einigen Höhen geführt hatte, aber auch einige Tiefen durchleben musste.

Ole Rasmussen

*19. März 1952

Der dänische Defensivspezialist

Am 25. September 1975 debütierte Ole Rasmussen gegen Schweden in der dänischen Nationalmannschaft, wenig später qualifizierte er sich mit Naestved IF für den UEFA-Pokal. Aufgrund dieser Erfolge wurde Hertha-Trainer „Sir“ Georg Kessler auf den 1,82 m großen Defensivspezialisten aufmerksam und überzeugte den fast 24-Jährigen von einem Wechsel an die Spree.

Am 17. Januar 1976 trug Ole Rasmussen im Bundesliga-Duell beim 1. FC Köln im Müngersdorfer Stadion erstmals das blau-weiße Trikot. Die Höhepunkte seiner Zeit in Berlin erlebte er in der Spielzeit 1978/1979 mit den beiden Begegnungen gegen Roter Stern Belgrad im Halbfinale um den UEFA-Pokal, wobei er das unglückliche Ausscheiden im Rückspiel im Olympiastadion lediglich von der Seitenlinie mitansah, sowie dem Endspiel im DFB-Pokal gegen Fortuna Düsseldorf, wo er sich mit seiner Mannschaft erst nach 120 Minuten im Niedersachsenstadion von Hannover geschlagen geben musste.

Nach einer erfolgsarmen Hinrunde der Spielzeit 1979/80, die bereits nach dem zehnten Spieltag in die Trennung von Trainer Kuno Klötzer mündete, übernahm Trainer-Legende Helmut „Fiffi“ Kronsbein zur Rückrunde erneut die Mannschaft des Tabellenletzten zur Rückrunde, doch letztendlich musste Hertha BSC mit umgerechnet 40 Punkten aufgrund der schlechteren Tordifferenz erstmalig aus sportlichen Gründen aus der höchsten deutschen Spielklasse absteigen.

Nach der Saison wechselte Ole Rasmussen zum dänischen Erstdivisionär Odense BK. Im Herbst 1981 kontaktierte Hertha-Präsident Wolfgang Holst jedoch den ehemaligen Spieler, um ihn nach einem ähnlichen Spielertyp aus Dänemark zu fragen. Eine Woche später war der mittlerweile 29-jährige Rasmussen selbst wieder in Berlin und debütierte am 15. November 1981 ein zweites Mal für die Spree-Athener. Nach dem Trainerwechsel von Uwe Klimaschefski zu Georg Gawliczek startete die Mannschaft durch und schaffte die ersehnte Rückkehr ins deutsche Fußball-Oberhaus.

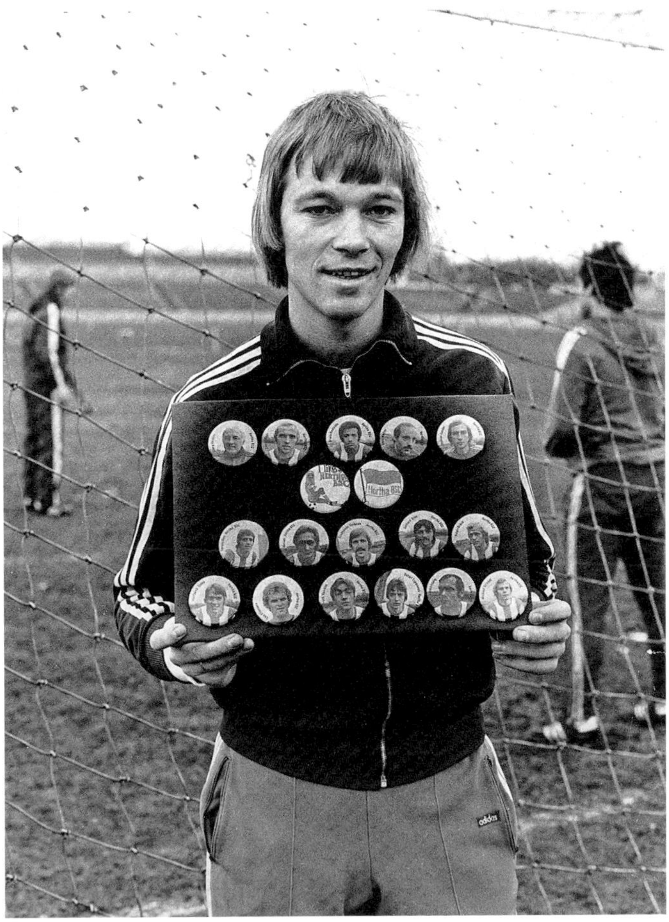

Ole Rasmussen mit Sammelbildern von Hertha BSC

In der 1. Liga-Spielzeit 1982/83 gehörte Ole Rasmussen mit 33 Einsätzen zu den zuverlässigsten Akteuren bei den Blau-Weißen, die aber am Ende der Saison mit lediglich zwei Punkten Rückstand den Relegationsplatz verpassten und erneut den Gang in die Zweitklassigkeit antreten mussten. Dort konnte das Bundesliga-Gründungsmitglied die sofortige Rückkehr in die Bel-Etage des deutschen Fußballs nicht bewerkstelligen. Am 5. Mai 1984 lief Ole Rasmussen nach zuvor 27 Einsätzen am 35. Spieltag gegen Hannover 96 im Niedersachsenstadion ein letztes Mal für Hertha BSC auf.

Drei Wochen später verabschiedete sich Ole Rasmussen nach insgesamt 182 Pflichtspielen mit sieben Torerfolgen von Hertha BSC und kehrte in seine dänische Heimat zurück, wo der 41-fache Nationalspieler und EM-Teilnehmer von 1984 nach zwei weiteren Spielzeiten bei Naestved IF seine aktive Karriere im Jahre 1986 beendete. Dort übernahm der passionierte Angler und Billard-Spieler den väterlichen Bauernhof, den er bis heute bewirtschaftet.

Frank Schurmann

Otto Rehhagel

*9. August 1938

Untrennbar mit Berlin verbunden

Auf dem Lebensweg der Trainerlegende Otto Rehhagel ist Berlin ein besonderer Ort. An die Stadt binden ihn denkwürdige Ereignisse, die sich auch in die Berliner Fußballgeschichte eingeschrieben haben.

Rehhagel, der in Essen aufwuchs und in seiner Kindheit und Jugend durch die Entbehrungen der Kriegs- und Nachkriegszeit sowie den frühen Tod seines Vaters geprägt wurde, begann bei TuS Helene Altenessen mit dem Fußballsport. 1960 wechselte er als Oberliga-Vertragsspieler zum Deutschen Meister von 1955, Rot-Weiss Essen. Acht Jahre später unterschrieb Rehhagel einen Lizenzspieler-Vertrag bei Hertha BSC und begab sich in die Abenteuer Berlin und Bundesliga.

Für Berlin hatte sich Rehhagel bewusst entschlossen. Obwohl seit 1961 von der DDR vollständig eingemauert, pulsierte die Stadt und erschien dem jungen Mann aus kleinen Verhältnissen im Ruhrpott als weite Welt. Seine Ankunft in Berlin war für ihn der Startschuss zu einer neuen Dimension, wie er selbst sagte „mit großen Augen, gutgläubig, restlos begeistert und scheunentoroffen“. In diesem Lebensmoment war sich Rehhagel sicher, „es zu was zu bringen“.

Am 24. August 1963 lief Rehhagel im ersten Spiel der Premierensaison der Bundesliga für Hertha BSC vor 60.000 Zuschauern im Olympiastadion gegen den 1. FC Nürnberg auf und gab alles. In der Saison gehörte er zu den besseren Spielern einer Mannschaft, die im Verlauf der Meisterschaft abbaute und knapp dem Abstieg entging. Auch die Spielzeit 1964/65 lief für die „Alte Dame“ unbefriedigend, wiederum erreichte das Team am Ende nur den 14. Tabellenplatz.

Trotz Klassenerhalt kam es 1965 für Hertha zur Katastrophe! An einige Spieler, darunter Nationaltorhüter Wolfgang Fahrian, Jürgen Sundermann und Willibert Kremer waren unerlaubt hohe Handgelder gezahlt worden, um sie nach Berlin zu locken. Der Verein wurde vom DFB zum Zwangsabstieg verurteilt. Die Mannschaft fand sich in der Stadtliga wieder. Die Berliner Meisterschaft holten Rehhagel und seine Teamgefährten völlig unangefochten, scheiterten aber in der Aufstiegsrunde zur Bundesliga. Nach nur drei Jahren verließ der Essener die Stadt und wechselte zum Bundesligisten 1. FC Kaiserslautern.

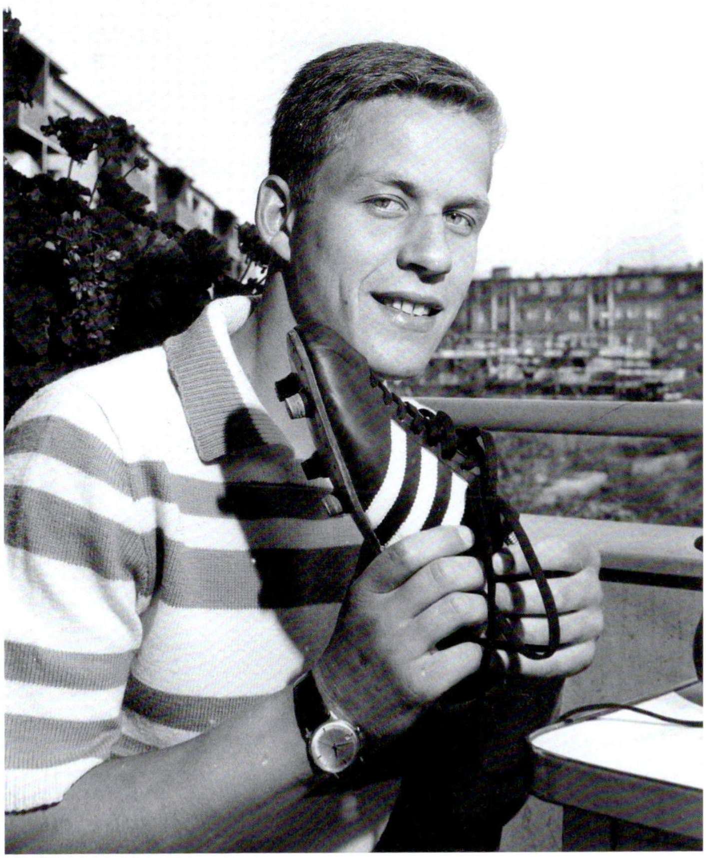

Otto Rehhagel auf dem Balkon seiner Wohnung

Rehhagel beendete 1972 seine aktive Laufbahn und schloss unmittelbar eine über Jahrzehnte erfolgreiche Trainerkarriere an. Er erreichte neben anderen Titeln drei Deutsche Meisterschaften, gewann drei Mal den DFB-Pokal und wurde mit Griechenlands Auswahl 2004 sensationell Europameister.

Am 18. Februar 2012 überraschten Hertha BSC und Otto Rehhagel die Öffentlichkeit, als sie bekanntgaben, bis zum Ende der Saison zusammenzuarbeiten. Der erfahrene Trainer sollte den Verein vor dem Abstieg retten. Hertha erreichte mit Rehhagel am Ende die Relegation gegen Fortuna Düsseldorf.

Hertha BSC ging ohne Erfahrung mit vergleichbaren Situationen in die Relegation. Nach einer unglücklichen Niederlage für die Berliner im Olympiastadion wurde das Rückspiel in Düsseldorf zu einem unwürdigen Stück Fußball- und Bundesliga-Geschichte. Wenige Minuten vor dem Abpfiff stürmten beim Stand von 2:2 die Fortuna-Fans das Spielfeld, zündeten Raketen und rissen Rasenstücke heraus. Die Situation geriet völlig außer Kontrolle. Das Spiel wurde nach Unterbrechung dennoch zu Ende geführt. Hertha hatte die Relegation verloren und konnte sich auch vor dem Sportgericht des DFB nicht durchsetzen. Dem zu diesem Zeitpunkt 73 Jahre alten Otto Rehhagel war es trotz seiner großen Erfahrung nicht gelungen, den Verein zu retten.

Der Hertha-Abstieg 2012 war ein bitteres Ereignis in der Berliner Fußballgeschichte und ein unschönes Kapitel in der Chronik der Charlottenburger. Für Otto Rehhagel war mit diesem Spiel das Ende seiner langen Laufbahn im Profi-Fußball mit Berlin verbunden – jener Stadt, in die er 1963 aufgebrochen war, um sein Glück in der Bundesliga zu suchen.

Wolfgang Riedel

*19. Dezember 1929 † 12. November 2007

Schiedsrichter und Funktionär

Wolfgang Riedel begann in seinem Geburtsort, dem westlich von Berlin gelegenen Finkenkrug, als Schüler im Verein Germania mit dem Sport. Von 1952 bis 1978 machte er Karriere als Unparteiischer und erreichte im nationalen und internationalen Fußball die höchsten Ebenen.

In der DDR-Oberliga leitete Riedel 242 Spiele und im FDGB-Pokal 52 Begegnungen. Die ewige Liste der DDR-Schiedsrichter verzeichnet ihn auf Platz vier. Die Pokal-Endspiele waren Höhepunkte seiner Laufbahn. So pfiff er am 8. Mai 1965 das Finale im Landespokal zwischen Aufbau Magdeburg und Motor Jena im Berliner Friedrich-Ludwig-Jahn-Sportpark sowie am 1. Mai 1973 zwischen dem 1. FC Magdeburg und dem 1. FC Lokomotive Leipzig in Dessau.

Der Jurist Wolfgang Riedel, der in der Finanzabteilung der Berliner Humboldt-Universität arbeitete, amtierte auch als FIFA-Schiedsrichter. Die DDR, ab 1952 ordentliches Mitglied des Weltverbandes, hatte im internationalen Fußball einen guten Ruf, wenn es um die Schiedsrichter ging. Aus dieser Gilde wurde Rudi Glöckner aus Markranstädt 1970 als bisher einziger Deutscher mit einem WM-Endspiel betraut.

In der Zeit von Riedels Laufbahn als Schiedsrichter kam es zu einigen wichtigen Änderungen des Reglements. So wurden die Auswechslungen im heutigen Sinne, die gelben und roten Karten sowie das Elfmeterschießen nach Verlängerung eingeführt. Durch die Zunahme der medialen Aufmerksamkeit, insbesondere der TV-Übertragungen mit sich ständig verbessernden technischen Möglichkeiten, veränderte sich darüber hinaus die Wahrnehmung und Bewertung der Unparteiischen, da nun jede Tatsachenentscheidung durch Replay zum Gegenstand von Debatten werden konnte.

Zwischen 1968 und 1978 pfiff Riedel als Referee auf der europäischen und auf der Weltbühne des Fußballs, amtierte unter anderem in 11 A-Länderspielen. 1973 kam er in der WM-Qualifikation zu Einsatz, als sich vor 87.000 Zuschauern in Moskau die UdSSR und England gegenüberstanden.

Riedel blieb über seine aktive Zeit hinaus dem Fußball erhalten. Für den Deutschen Fußball-Verband der DDR und den NOFV war er als Schatzmeister und Schiedsrichterbeobachter tätig. In Sportkreisen schätzte man seine zuverlässige, ruhige und gewissenhafte Arbeitsweise.

Im Nordostdeutschen Fußball-Verband verantwortete Riedel die finanziellen Belange von 1990 bis 2004 und arbeitete auch in verschiedenen Kommissionen des DFB und der UEFA mit. Für seine Leistungen erhielt er die DFB-Ehrennadel in Gold und die Ehrenplakette des NOFV, zu dessen Ehrenmitglied er 2004 gewählt wurde.

Jürgen Röber

* 25. Dezember 1953

Beste Jahre bei Hertha

„Es war für mich als Coach mit Abstand die schönste Zeit meiner Karriere. Kein Verein hat mir emotional mehr gegeben. Hertha ist noch immer mein Lieblingsverein und ich trage Blau-Weiß im Herzen." Mit diesem eindeutigen Bekenntnis beschreibt der in der Nähe von Recklinghausen aufgewachsene Jürgen Röber heute seine Zeit in Berlin.

Als der erfahrene Bundesliga-Profi und -Trainer Röber, der seine Laufbahn als Fußballlehrer bei Rot-Weiss Essen begann und beim VfB Stuttgart fortsetzte, im Januar 1996 das Traineramt in Charlottenburg antrat, hatte Hertha schwierige Jahre hinter sich und

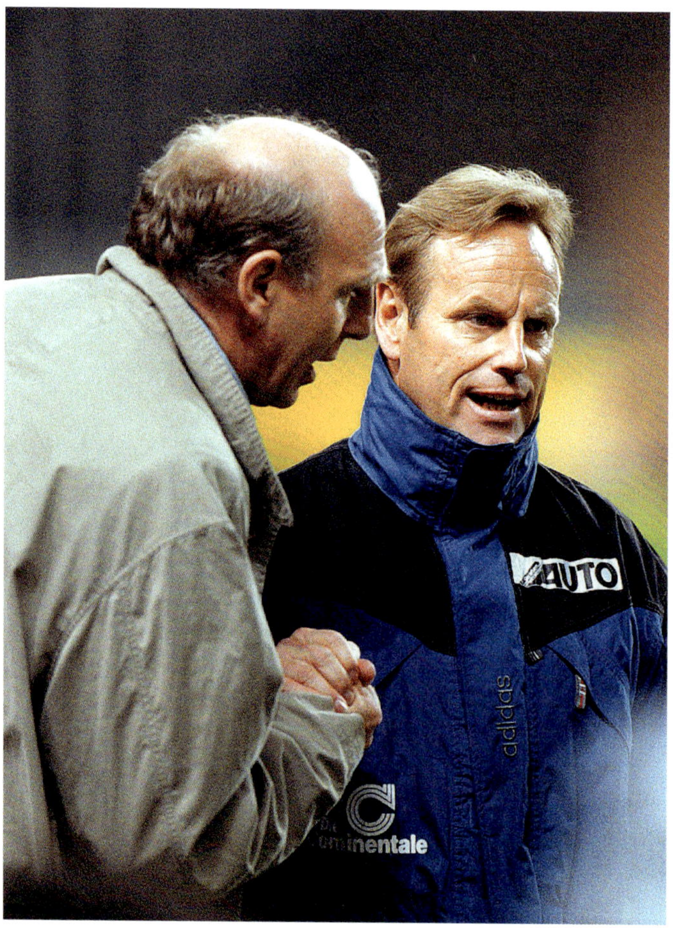

Jürgen Röber (rechts) zusammen mit Dieter Hoeneß

spielte seit mittlerweile fünf Jahren in der 2. Bundesliga. Bereits 1997 gelang der „Alten Dame“ der Aufstieg, was die Bemühungen des Vereins um eine seriöse Führung und die Arbeit von Coach Röber bestätigte. Fußball-Ikone Franz Beckenbauer prägte in jener Zeit das geflügelte Wort „vom schlafenden Riesen Hertha BSC“.

Die Widrigkeiten des Trainerberufs musste auch Jürgen Röber erleben. Am 18. April 1998 erklärte Hertha Aufsichtsratschef Robert Schwan vor laufenden TV-Kameras auf der Tribüne des Münchener Olympiastadions Röbers Entlassung, als dieser im gleichen Moment die Mannschaft auf die zweite Halbzeit einschwor. Manager Dieter Hoeneß – den der Hertha-Trainer schon aus Stuttgart gut kannte – war nicht einbezogen. Schwan musste sich schon kurze Zeit später revidieren!

Röber legte auf die klassischen Tugenden des Leistungssports großen Wert und führte das Team 1999 sogar bis in die Champions League. Doch obwohl sich Hertha in den kommenden Jahren unter Röber im oberen Drittel der Bundesliga etablieren konnte, entließ ihn der Verein im Februar 2002.

Jürgen Röber, der gewissermaßen eine blau-weiße Ära prägte, genießt noch immer hohes Ansehen bei den Hertha-Fans und Sympathie bei nicht wenigen Berlinern. Die Boulevard-Zeitungen der Stadt berichten wohl auch deshalb gelegentlich über ihn und holen seine Meinung zur Lage bei der „Alten Dame“ ein.

Mit den Verantwortlichen von Hertha BSC steht er nicht mehr in Kontakt. Überhaupt hat sich der inzwischen fast 70-Jährige vollständig aus dem Fußballgeschäft zurückgezogen. Über sein Leben als Sportler und Trainer resümiert Jürgen Röber, dass es „überall Spaß gemacht (hat)“.

Frank Rohde

*2. März 1960

Zum Schlüsselspieler gereift

Der Name Rohde hat im Berliner Fußball einen besonderen Klang. Die Fußballer-Familie wurde von Vater Egon Rohde begründet, der sich als Trainer im Nachwuchsbereich in Rostock und ab 1969 in Berlin auszeichnete. Seine vier Söhne Peter, Rainer, Jürgen und Frank kickten alle. Peter brachte es auf 150 Spiele in der DDR-Oberliga und Rainer auf 143 Begegnungen in der höchsten Spielklasse des Landes. Der jüngste der vier Rohde-Brüder, Frank, wurde 200 Mal in der DDR-Oberliga und 151 Mal in der 1. und 2. Bundesliga aufgeboten. In dritter Generation steht Ronny, nicht in gleichem Maße erfolgreich, jedoch mit beachtlichen 52 Begegnungen als Regionalligaspieler.

Frank Rohde besitzt in vieler Hinsicht die sportlich interessanteste Biographie der Rohde-Familie. Der wegen seines schwer zu bändigenden Haarschopfes „Wuschi" genannte Frank kam im Alter von neun Jahren zum BFC Dynamo und durchlief dessen Nachwuchsabteilung – einschließlich der Kinder- und Jugendsportschule „Werner Seelenbinder". Sein Debüt in der Oberliga gab er in der Spielzeit 1979/80 und er reifte fortan zu einem Schlüsselspieler des Vereins. Der Libero wurde mit dem BFC Dynamo neun Mal in Folge DDR-Meister und gewann 1988 und 1989 den FDGB-Pokal.

1990 – als der Ausverkauf des DDR-Serienmeisters nach dem Thom-Transfer im Dezember 1989 in vollem Gange war – wechselte Frank Rohde, mit einem Drei-Jahres-Vertrag ausgestattet, gemeinsam mit Thomas Doll zum Hamburger SV. Die Ablöse betrug 2,5 Millionen DM. Rohde bestritt für den HSV 103 Meisterschaftsbegegnungen und trug eine Saison lang die Kapitänsbinde.

Seine Karriere beendete Rohde 1995 in seiner Heimatstadt bei Hertha BSC, der er sich 1993 angeschlossen hatte, in der 2. Bundesliga. Trotz seines hohen Fußballer-Alters gab er der Mannschaft mit seiner Erfahrung Rückhalt.

Übergangslos stieg Frank Rohde ins Trainergeschäft ein. Bei den Reinickendorfer Füchsen (bis 1997) und dem FC Sachsen Leipzig (bis 1999) arbeitete er in der damals drittklassigen Regionalliga. 2010 übernahm Rohde die SV Falkensee-Finkenkrug, mit der er 2012 den Brandenburgischen Landespokal gewann und in der folgenden Saison im DFB-Pokal dem VfB Stuttgart mit 0:5 unterlag.

Hans Rosenthal

*2. April 1925 † 10. Februar 1987

Wir sind der Meinung, das war spitze!

Hans Rosenthal, geboren am 2. April 1925 als erster von zwei Söhnen des Ehepaares Kurt und Else Rosenthal, überlebte die Shoah nur mit viel Glück. Fußball spielte für jüdische Jungens wie Hans, seinen Bruder Gert oder seinen Freund Walter Frankenstein eine besonders wichtige Rolle bei der Bewältigung des antisemitischen Alltags.

Nach dem Tod seiner Mutter lebte Hans gemeinsam mit seinem neunjährigen Bruder Gert in einem jüdischen Waisenhaus, wurde jedoch 1942 nach Disziplinverstößen in ein Jüdisches Jugendheim verlegt, was ihm das Leben rettete – denn im Oktober 1942 wurde das Jüdische Waisenhaus aufgelöst und die Bewohner, darunter sein Bruder Gert, nach Riga deportiert. Die folgenden Jahre überlebte Hans Rosenthal versteckt in der Laubenkolonie Dreieinigkeit in Lichtenberg.

Nach dem Krieg machte Hans Rosenthal eine bemerkenswerte Karriere als Journalist sowie Radio- und Fernsehmoderator und wurde schließlich einer der beliebtesten deutschen Quizmaster von Unterhaltungssendungen im Rundfunk. Tief ins kollektive Gedächtnis der Deutschen gegraben hat sich der schmächtige Mann, der so enorm hoch springen konnte, mit seiner Show „Dalli Dalli", die von 1971 bis 1986 im ZDF lief.

In seiner Freizeit wurde der Fußball zu einem Hobby, das bald enorme Ressourcen fraß. Rosenthal spielte in der Prominenten-Elf von Tennis Borussia (die ihm zu Ehren nach seinem Tod in Hans-Rosenthal-Elf umbenannt wurde) und bekleidete von September 1964 an acht Jahre das Amt als Vorsitzender der Lila-Weißen. Sportlich war es eine sehr erfolgreiche Zeit für die Veilchen. Zwei Mal Berliner Meister, bis 1970 stets auf einem der ersten drei Tabellenplätze, Pokalsieger und drei Qualifikationen für die Aufstiegsrunde in die Bundesliga.

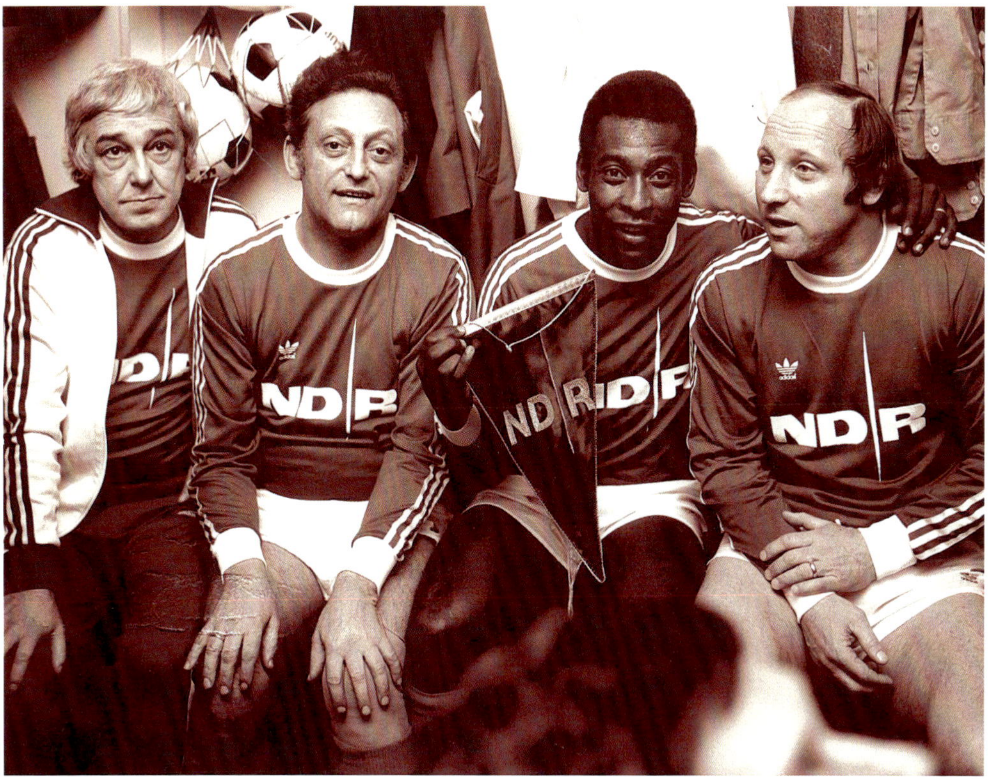

Hans Rosenthal (zweiter von links) zusammen mit Wolfgang Gruner, Pelé und Uwe Seeler

Einen Verein wie Tennis Borussia zu führen, schrieb Hans Rosenthal 1965, sei „vergleichbar mit der Leitung eines mittelgroßen Betriebes“ – und das ehrenamtlich. Von seinen Vorgängern hatte der neue Vorstand von 1964 einen nicht unerheblichen Schuldenberg geerbt. Als Perfektionist mit der „zarten Seele“ wurde Rosenthal einmal von seinem Freund Paul Spiegel beschrieben, und genauso akribisch machte sich der populäre Quizmaster an die Aufgabe, den Verein zukunftsfähig zu gestalten. Nicht alle seine Ideen stießen auf Gegenliebe. So waren die bereits fortgeschrittenen Verhandlungen zur Fusionierung von Hertha BSC mit Tennis Borussia zum 1. FC Berlin gleichermaßen bei den Tennis Borussen wie unter Berliner Fußballfans höchst unpopulär.

Auch die Ausgliederung der Fußballabteilung als „Borussia Berlin“, um den erhofften Aufstieg in die Bundesliga vorzubereiten, stieß auf taube Ohren. Die so neu aufgestellte Fußballabteilung könne wegen des enormen Berliner Zuschauerpotenzials und zahlreicher wohlhabender TeBe-Mitglieder „in kürzester Zeit der reichste von allen sein“. Dazu bedürfe es entsprechender sportlicher Leistungen, weswegen der Verein plane, zahlreiche leistungsstarke Spieler nach Berlin zu holen. Der Plan wurde jedoch stillschweigend zu den Akten gelegt, im Spiegel der Vereinsquellen scheinen diese Jahre insgesamt im Klub sehr konfliktträchtig gewesen zu sein.

Als drei im Verein namhafte Tennis Borussen Bürgschaften über je 25.000 DM zurückzogen, ohne ihn darüber zu informieren, verpfändete Hans Rosenthal sein Haus als Sicherheit, „nicht ohne mir einen baldigen Abschied von Tennis-Borussia zu schwören.“ Zur nächsten Mitgliederversammlung kandidierte er nicht mehr für den Vorstand, „[m]eine Präsidentschaft endete auf eigenen Wunsch.“ Trotzdem blieb er dem Verein eng verbunden.

Bis heute würdigt der Club die Verdienste Hans Rosenthals um den Verein. Die Hans-Rosenthal-Elf etwa wurde erst jüngst wiederbelebt. Nach über zehn Jahren betrat die nach dem Showmaster benannte Auswahl prominenter Mitglieder und Freunde von Tennis Borussia erstmals wieder am 1. Mai 2022 den Rasen – und gewann gegen die Großbeeren Allstars 6:5. Und wenn im Mommsenstadion Tore für die Lila-Weißen fallen, zeigt die Anzeigetafel seit Jahren den begeistert in die Luft springenden Dalli-Dalli-Gastgeber: „Wir sind der Meinung, das war spitze!“

Jan Buschbom

Lutz Rosenzweig

*28. August 1921 † 14. Februar 2005

Zwei Brüder, ein Beruf: Fußball

Vielen war und ist der Name von Lutz Rosenzweig als Sportjournalist geläufig. Doch kaum jemand weiß, dass der 1921 geborene Berliner als Spieler bei Hertha BSC aktiv war und noch zusammen mit Willi Kirsei und anderen aus Herthas Meistermannschaft von 1930 und 1931 auf dem Platz gestanden hat. Als Wilhelm Wernicke bereits im Mai 1945 mit der Instandsetzung der Plumpe begann, war er dabei und half, die Granateneinschläge zuzubuddeln, was ihm im Nachkriegs-Berlin auch die eine oder andere Lebensmittelkarte einbrachte.

Nach dem Zweiten Weltkrieg machte Lutz Rosenzweig wie auch sein jüngerer Bruder Rudi als Sportjournalist Karriere. Zunächst bei der „Täglichen Rundschau" im Prenzlauer Berg für den Lokalteil zuständig, bezog er dort den Fußball mit ein und sammelte Erfahrungen als Redakteur. Später arbeitete er für die Morgenpost und den Abend, von 1981 bis zu seinem Ruhestand 1986 war er schließlich für die B.Z. tätig. Daneben schrieb er regelmäßig für die „Fußball-Woche".

Sportlich blieb Hertha seine Heimat, wobei die Vereine 1945 von der alliierten Verwaltung verboten waren und die Spieler sich unter dem Namen SG Gesundbrunnen zusammenfanden. Als die Mannschaft einmal bei Oberspree antrat, wurde Lutz Rosenzweig von Karl-Heinz Schulz zu Union Oberschöneweide geholt, die noch im gleichen Jahr Berliner Meister und Pokalsieger wurden. Über Zwischenstationen bei Grün-Weiß Baumschulenweg und Wacker 04, wo er inzwischen bei den „Alten Herren" spielte, kehrte er schließlich zu Hertha BSC zurück. Nach 65-jähriger Mitgliedschaft wurde er dort 2001 zum Ehrenmitglied ernannt.

Auch der 1928 geborene Rudi Rosenzweig hatte in jungen Jahren zunächst bei Hertha BSC, dann bei Grün-Weiß Baumschulenweg, TSV Havelse und Wacker 04 gespielt sowie darüber hinaus Spiele für die Fußball-Auswahlteams von Berlin und Niedersachsen bestritten. Beruflich war er ab 1953 fast 40 Jahre lang bei der „Fußball-Woche" angestellt. Nachdem Rudi Rosenzweig sich zur rechten Hand des damaligen Chefredakteurs Albin „Sprotte" Neuendorf gemausert hatte, wurde er von 1975 an 18 Jahre lang selbst zum Chefredakteur.

Gemeinsam schrieben Lutz und Rudi Rosenzweig Chroniken zum 75-jährigen und zum 90-jährigen Bestehen von Hertha BSC. Lutz verfasste 1987 außerdem „Fußball in Berlin. Eine Zwischenbilanz des Berliner Fußball-Verbandes an der Schwelle zum letzten

Jahrzehnt des ersten Jahrhunderts“, das anlässlich des 90-jährigen Bestehens des BFV erschien. Als Bestandsaufnahme des Berliner Fußballs und seiner Entwicklung in den 42 Jahren nach dem Zweiten Weltkrieg ist das Buch auch heute noch lesenswert.

Paul Rusch

*3. Dezember 1899 †26. Juli 1970

Vorsitzender in der Zeit des Kalten Krieges

Paul Rusch wuchs in Gelsenkirchen auf und erlernte den Beruf eines Drehers. Im ersten Jahr der Weimarer Republik 1919 kam er als Gewerkschaftssekretär nach Berlin. Trotz der engagierten politischen Tätigkeit fand er Zeit für den Fußball und schloss sich dem im Aufbau befindlichen SC Helios 1919 an. Der damals junge Verein im Norden Berlins ging später im BSC Rehberge auf.

Rusch wurde Vorsitzender von Helios 1919 und übte diese Funktion bis zum Ende des Zweiten Weltkrieges 1945 aus. Die Funktion im Verein brachte vielfältige Kontakte mit dem Verband Berliner Ballspielvereine mit sich, bei dem die Verantwortlichen auf ihn aufmerksam wurden. Von 1924 bis 1929 übernahm Rusch Aufgaben im Vorstand des Nord-Kreises des Verbandes. Nach der Machtergreifung der Nationalsozialisten 1933 und der Errichtung der NS-Diktatur zog er sich aus der Arbeit im Fußball-Verband zurück. Aufgrund seiner Tätigkeit als Gewerkschaftsfunktionär war Rusch im System des NS-Sports an den Rand gedrängt. Eine Mitgliedschaft in der NSDAP aus opportunistischen Motiven heraus lehnte er ab.

Nach dem Krieg trat er im Verbandsleben des Berliner Fußballs wieder in Erscheinung. Da Rusch politisch unbelastet war und das Vertrauen der Alliierten-Verwaltungen Berlins besaß, nahm er zunehmend Einfluss auf die Sportpolitik. Mit der Wiedergründung des VBB am 2. Dezember 1949 übernahm er das Amt des 1. Vorsitzenden des Verbandes und erfüllte diese Aufgabe bis zu seinem Tode 1970.

Der Vorsitz Ruschs im Fußball-Verband fällt in die Zeit des Kalten Krieges und der politisch aufgeladenen Situation in und um Berlin. Die geteilte Stadt – bis zum Mauerbau 1961 mit durchlässigen Grenzen – stand damals im Fokus des Ost-West-Konflikts. Rusch und seine Sportkameraden im Verband mussten Sportpolitik und das Ringen um Demokratie in einer historisch einmaligen Situation miteinander verbinden.

Bereits 1950 kam es zu einer ersten, weichenstellenden politischen Auseinandersetzung im Berliner Sport, insbesondere im Fußball. Als der VBB den Vertragsspielerstatus in der Gesamtberliner Stadtliga einführte, sperrte sich der Deutsche Sportausschuss in der DDR gegen das „kapitalistische Profitum" und zog seine Mannschaften zurück. Unter Bruch des Viermächte-Status von Berlin wurden deshalb die drei Ost-Berliner Mannschaften (Union Oberschöneweide, VfB Pankow, SC Lichtenberg 47) aus der Gesamtberliner Stadtliga zurückgezogen und in die DDR-Oberliga eingegliedert. Die Spaltung der Sportsysteme als Ausdruck gegensätzlicher Gesellschaftssysteme vertiefte sich.

Paul Rusch, dem beste Kontakte in die Verwaltung nachgesagt wurden, vertrat den Fußball auch im Sportbund des Landes Berlin. Hier setzte er sich als Stellvertretender Vorsitzender bis 1969 energisch auch für die Belange anderer Sportarten ein. Im Vorstand des Deutschen Fußball-Bundes brachte er die besonderen Interessen des Berliner Fußballs einige Jahre ein, wobei er einen Sitz ohne Stimmrecht innehatte.

Im Verband und bei den Vereinen hatte Rusch einen außergewöhnlichen Stand, da er die konkreten Belange des Fußballs stets berücksichtigte und sich in den vielen Begegnungen den Sportlerinnen und Sportlern menschlich zuwandte. Er galt als Mann der „kleinen Vereine".

Nach seinem Tode benannte der Berliner Fußball-Verband den Landespokal nach Paul Rusch und würdigte damit seine Verdienste. Diesen trug der Pokalwettbewerb bis zur Umbenennung 2004 in Oddset-Cup. Sicherlich ist es an der Zeit, die Persönlichkeit von Paul Rusch auch in der Gegenwart wieder stärker in Erinnerung zu rufen.

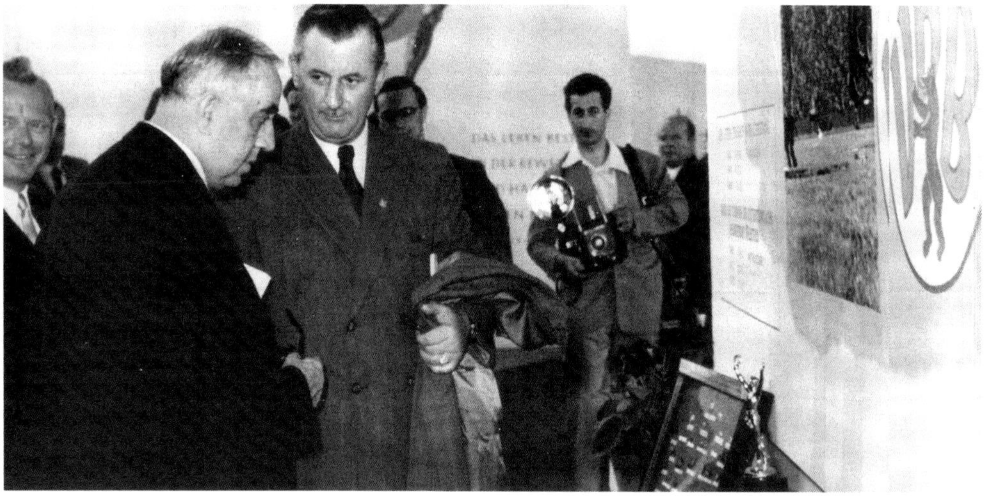

Paul Rusch (rechts) zusammen mit dem Regierenden Bürgermeister Ernst Reuter

Josef Schebera

*1848 †1941

Der geschäftstüchtige Gastwirt

Viel ist nicht bekannt über Josef Schebera. Schwergewichtig soll er gewesen sein und vor allem geschäftstüchtig – aber das würde man bei einem Gastwirt vielleicht auch nicht anders erwarten. Auf jeden Fall wäre, wenn es ihn nicht gegeben hätte, die Geschichte des Berliner Fußballs womöglich ganz anders verlaufen.

Anfang 1900 pachtete Joseph Schebera im Stadtteil Gesundbrunnen mehrere unbebaute Grundstücke beiderseits der Behmstraße. Auf der Nordseite, an der Ecke zur Jülicher Straße, ließ er einen umzäunten Sportplatz für knapp 200 Zuschauer sowie östlich davon einen Nebenplatz erbauen mit dem Ziel, Sportvereine als Nutzer zu gewinnen und Besucher sowie Sportler nach dem Abpfiff in seiner Gaststätte zu bewirten. 1902 kam ein „Gebäude für Sportvereine“ dazu, das Umkleide- und Sitzungsräume besaß und den Sportlern als Sportheim zur Verfügung gestellt wurde. Südlich der Behmstraße legte Schebera eine Eisbahn an.

Erster Pächter war der BFuCC Rapide 1893, der jedoch 1904 auf seinen neuen eigenen Sportplatz in Niederschönhausen wechselte. Als Ersatz schloss Schebera einen Vertrag mit dem BFC Hertha 1892, der ursprünglich wie die meisten Fußballvereine im Norden Berlins auf dem „Exer“, dem Exerzierplatz der preußischen Armee an der Schönhauser Allee, und in den umliegenden Gaststätten beheimatet war.

Auch andere Klubs trugen ihre Heimspiele zeitweise an der Behmstraße aus, darunter der SC Minerva 1893, der BFC Favorit 1896 sowie Tennis Borussia. Auf diese Weise löste der Schebera-Platz den „Exer“ allmählich als das Fußball-Zentrum des Berliner Nordens ab. Neben Fußballspielen wurden zu jener Zeit auch Leichtathletik-Wettkämpfe auf dem Platz ausgetragen, die Anlage mit Stehtraversen und einer Holztribüne mit sieben Sitzreihen ausgebaut.

Nach dem Ersten Weltkrieg trug auch der SV Norden-Nordwest seine Heimspiele auf dem Schebera-Platz aus und erwarb 1923 die Anlage, die fortan NNW-Platz hieß und bis heute besteht. Hertha wurde quasi heimatlos, fusionierte jedoch mit dem wohlhabenden Berliner SC 1895 und konnte dadurch das Gelände der ehemaligen Schebera-Eisbahn auf der anderen Seite der Behmstraße erwerben und das Stadion am Gesundbrunnen erbauen. Die legendäre „Plumpe“ war geboren.

Bernd Schiphorst

*29. Januar 1943

Um die Geschichte kümmern

Bernd Schiphorst war in den zurückliegenden drei Jahrzehnten eine prägende Persönlichkeit bei Hertha BSC. Von 2000 bis 2008 war er Präsident und anschließend zwölf Jahre Vorsitzender des Aufsichtsrats des Vereins, zuletzt einfaches Mitglied des Gremiums. Bei der Fußball-WM 2006 in Deutschland leitete Schiphorst das lokale FIFA-Organisationskomitee für Berlin.

Der am 29. Januar 1943 im niedersächsischen Oldenburg geborene Schiphorst kam erstmals während seines Studiums an der Freien Universität Berlin mit Hertha BSC in Berührung. Seine Berliner Kommilitonen nahmen ihn mit zu Herthas Aufstiegsspielen in die Bundesliga. Als es gegen Rot-Weiss Essen, Fortuna Düsseldorf oder Kickers Offenbach ging, war er unter den Zuschauern.

Schiphorst war über 25 Jahre in leitenden Positionen für die Bertelsmann AG tätig. 1989 erwarb er die TV-Übertragungsrechte der Bundesliga für den zu Bertelsmann gehö-

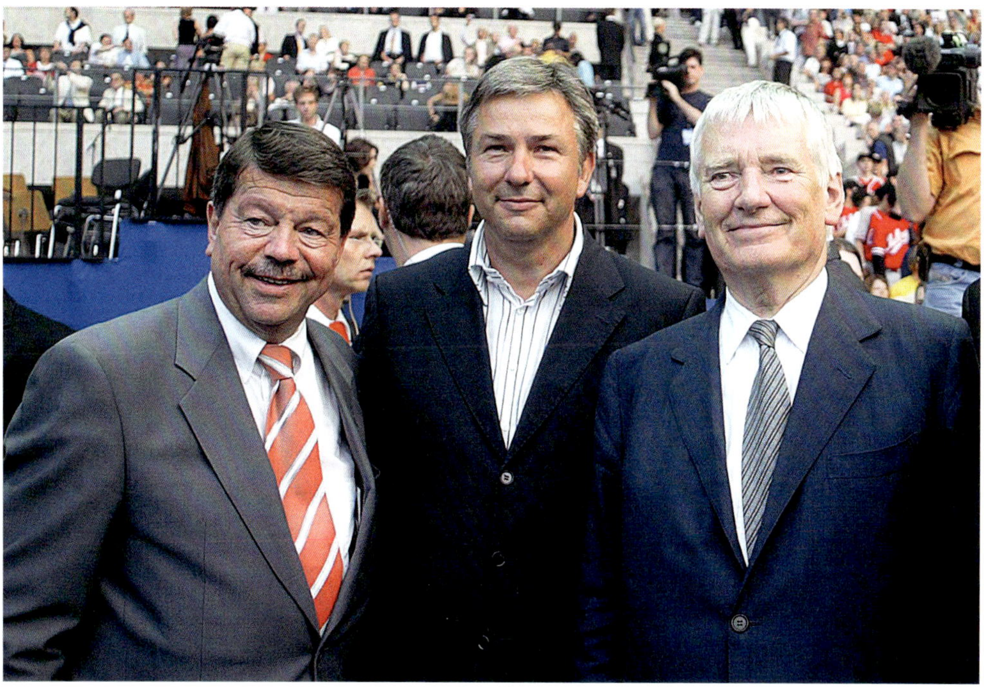

Bernd Schiphorst (links) zusammen mit Berlins Bürgermeister Klaus Wowereit und Bundesinnenminister Otto Schily

renden Fernsehsender RTL. Hertha BSC war zu dieser Zeit in großen wirtschaftlichen Nöten. Die von Schiphorst geführte Ufa Film und Fernseh GmbH half aus und erwarb im Gegenzug die Trikot- und Banden-Werberechte der Bundesliga-Mannschaft.

2000 wurde Bernd Schiphorst vom Berliner Senat zum Medienbeauftragten ernannt. Im gleichen Jahr wurde er zum Präsidenten von Hertha BSC gewählt. 2002 gründete er die Hertha BSC-Stiftung, die seither in vielfältiger Form tätig ist und seit 2021 jährlich den Wilhelm-Wernicke-Preis – benannt nach dem früheren, langjährigen Vereinspräsidenten – verleiht. Schiphorst veranlasste außerdem, dass die Geschichte des Vereins im Dritten Reich schonungslos aufgearbeitet wurde. Beauftragt wurde der Berliner Historiker Daniel Koerfer, der die 2009 veröffentlichte Studie „Hertha unter dem Hakenkreuz“ erstellte.

Unverändert kümmert sich Bernd Schiphorst um die Geschichte von Hertha BSC. Da große Teile des Vereinsarchivs am Ende des Zweiten Weltkriegs verbrannt sind, ist das ein mühsames Unterfangen. Das, was geblieben ist oder sich später auffinden ließ, wird jetzt digitalisiert, was Schiphorst sehr befördert hat. Zum 125. Vereinsjubiläum 2017 stellte das Stadtmuseum Berlin dem Verein seine Räumlichkeiten zur Verfügung um, um Einblicke in die lange Historie zu geben. Auch an übergreifenden Themen wie der FUSSBALL ROUTE BERLIN, die auf Initiative des Berliner Fußball-Verbandes entstand, hat sich Schiphorst beteiligt.

Max Schirner

*6. November 1891 † 15. August 1952

Ein Pionier am Ball und am Auslöser

Die Geschichte der Sportfotografie in Deutschland ist fast so alt wie der Sport selbst. Bereits in den 1890er-Jahren begannen Pioniere, die Bewegung auf dem grünen Rasen und anderswo im Lichtbild festzuhalten. Der schottisch-stämmige Andrew Pitcairn-Knowles, der später auch als Betreiber des Athletik-Sportplatzes am Kurfürstendamm hervortrat, war der erste, der sich als Fotograf betätigte und die eigenen Aufnahmen in einem eigenen Magazin, der von ihm 1895 gegründeten Fachzeitschrift „Sport im Bild“ veröffentlichte.

Die größte Bedeutung als Pionier der Sportfotografie in Deutschland erlangte jedoch Max Schirner. Der gebürtige Charlottenburger war selbst als Leichtathlet und Fußballer aktiv und Gründungsmitglied des SC Charlottenburg. Ursprünglich wurde dort zunächst das Barlaufspiel betrieben, wobei sich allmählich Leichtathletik als hauptsächlich betriebene Sportart durchsetzte, für die der Verein noch heute bekannt ist. Die Fußball-Abteilung nahm 1908 den Spielbetrieb auf.

Schirner arbeitete zunächst als Redakteur und Schriftleiter für mehrere Zeitungen, darunter die „Tägliche Rundschau", die „Frankfurter Zeitung", das „Berliner Tageblatt" und die „Allgemeine Deutsche Sport-Zeitung", sowie als Angestellter beim Charlottenburger Magistrat. Obwohl er keine Ausbildung mit der Kamera abgeschlossen hatte und Autodidakt war, machte sich Schirner nach dem Ersten Weltkrieg als Fotograf selbständig. 1924 gründete er die Agentur „Schirner Pressebild Berlin", die 1930 in „Sportbild Schirner" umbenannt wurde.

Schirners sportlicher Sachverstand, seine Schnelligkeit und die guten Verbindungen zu den Aktiven und ihren Verbänden ließen die Bildagentur zu einer der wichtigsten ihrer Branche werden. Sie gehörte beispielsweise zu den wenigen, offiziell akkreditierten Berichterstattern der Olympischen Spiele 1936, obwohl ihr Inhaber nicht Mitglied der NSDAP war. Als Max Schirner 1952 starb, wurde die Agentur von seiner Tochter weitergeführt. Heute befindet sich ein Teil der Fotos der Agentur Sportbild Schirner im Bildarchiv des Deutschen Historischen Museums (DHM) in Berlin.

Die Bilder von Max Schirner und seiner Agentur haben das Bild des Sports in Deutschland und darüber hinaus nachhaltig geprägt. Allein seine Fotos von den Olympischen Spielen 1936 in Berlin gehören zum kulturellen Gedächtnis. Bei Sportbild Schirner waren darüber hinaus Fotografen wie Wolfgang Albrecht und Heinrich von der Becke angestellt, die ihrerseits wesentliche Akzente setzten und erinnerungswürdige Fotos schufen, die noch heute zum Grundbestand der Überlieferung von Sportgeschichte im 20. Jahrhundert zählen. Sie und viele andere führten und führen das Erbe der Pioniere der Sportfotografie in Deutschland fort.

Birger Schmidt

* 31. Oktober 1964

Das Stadion als Lernort

Birger Schmidt wuchs auf der Insel Fehmarn auf, erlernte den Beruf eines Hotelkaufmanns und studierte nach seinem Zivildienst ab 1987 an der Technischen Universität Berlin Sozialpädagogik und Erziehungswissenschaft. Es gelang ihm, verschiedene Projekte zu entwickeln, die Fußball, Kultur und soziale Arbeit miteinander verbinden. Seine

Vorhaben reagierten am Beginn der 1990er-Jahre auf eine sich verändernde Gesellschaft ebenso wie auf die Entwicklung des Sports. Birger Schmidt und seine Mitstreiter stehen für eine aktive Rolle des Fußballs und seines Umfeldes in der Zivilgesellschaft und seine beständige kritische Begleitung und Reflexion.

Von 1994 bis 2002 war Birger Schmidt im Fanprojekt Berlin aktiv, das auch gegenwärtig noch eine pädagogische Arbeit mit Fußballfans insbesondere aus dem Umfeld von Hertha BSC und BFC Dynamo betreibt. Die Initiative unterstützt junge Menschen in ihrer Persönlichkeitsentwicklung. Wichtige Arbeitsschwerpunkte sind die aufsuchende Jugendarbeit an den Spieltagen, die Begleitung und Betreuung bei Auswärtsspielen sowie die Kommunikation an den Treffpunkten der Fans.

Birger Schmidt initiierte 2004 das Internationale Fußballfilmfestival 11mm, das sich aktuellen und klassischen Spiel- und Dokumentarfilmen rund um die Faszination Fußball widmet. Die vom Berliner Fußballkulturverein Brot und Spiele e. V. getragene und von der Kulturstiftung des Deutschen Fußball-Bundes unterstützte Veranstaltung wurde im Laufe der Jahre um das Kinder- und Jugendfußballfilmfestival „11minimeter" erweitert. Das von Schmidt gemeinsam mit Andreas Leimbach und Christoph Gabler kuratierte Festival entwickelte sich zu einem wichtigen Termin im Berliner Kulturkalender.

Seit 2015 leitet Birger Schmidt das 2009 entstandene Projekt „Lernort Stadion". Dieses Vorhaben vermittelt niedrigschwellig politische Bildungsangebote für Jugendliche in Fußballstadien. Umgesetzt wird das Angebot in Lernzentren in ganz Deutschland, im Umfeld der sozialpädagogischen Fanprojekte, Profi-Klubs und Stadien. Als Themenschwerpunkte sind Aufklärung und Mündigkeit, Teilhabe und Partizipation, Vielfalt und Nachhaltigkeit, Extremismus- und Gewaltprävention sowie Begegnung und sportliche Bildung gesetzt.

Der auch als Lehrbeauftragter an der Alice-Salomon-Hochschule und der Evangelischen Hochschule Berlin tätige Birger Schmidt wurde 2019 für sein gesellschaftliches Engagement mit dem Verdienstkreuz am Bande des Verdienstordens der Bundesrepublik Deutschland ausgezeichnet.

Helmut Schön

*15. September 1915 †23. Februar 1996

Als Spielertrainer bei Hertha BSC

Kaum jemand würde Helmut Schön mit Berlin in Verbindung bringen. Und dennoch verbrachte der spätere Bundestrainer, der das DFB-Team von 1964 bis 1978 leitete und zum EM-Titel 1972 sowie zum WM-Titel 1974 führte, eine kurze, aber wichtige Zwischenetappe seines Lebens in der Stadt. Und zwar war er, wenn auch nur für ein knappes Jahr, bei Hertha BSC in der Stadtliga Berlin als Spielertrainer aktiv.

Nach dem Ende des Zweiten Weltkriegs konnte der gebürtige Dresdner trotz der widrigen Umstände auf eine erfolgreiche Karriere als Spieler zurückblicken, in der er mit seiner Mannschaft, dem Dresdner SC, in den Jahren 1940 und 1941 zweimal den Tschammer-Pokal sowie in den Saison 1942/43 und 1943/44 zweimal die deutsche Fußballmeisterschaft gewann. Zudem berief ihn Reichstrainer Sepp Herberger zwischen 1937 und 1941 zu 16 Länderspielen, in denen Schön 17 Tore erzielte, in die Nationalmannschaft.

Als Spielertrainer vollzog Helmut Schön nahtlos den Übergang in das Traineramt. Dabei war er nicht nur ab 1946 für den Nachfolgeverein des Dresdner SC, die SG Dresden-Friedrichstadt, sondern von 1948 bis 1950 auch für Sächsische Auswahl sowie zwischenzeitlich für die Auswahl der Sowjetischen Besatzungszone und der DDR verantwortlich.

Nachdem es beim Ausscheiden der SG Friedrichstadt im Viertelfinale der Ostzonenmeisterschaft gegen die ZSG Union Halle zu Unstimmigkeiten gekommen war, Proteste dagegen jedoch erfolglos blieben, übersiedelte im Februar 1950 ein Großteil der Spieler nach West-Berlin und schloss sich Hertha BSC an. Hierbei wurde Schön als Spielertrainer engagiert. Im ersten Jahr schloss Hertha mit elf Ex-Dresdnern die Saison auf dem 3. Tabellenplatz ab, wobei Schön in drei Spielen ein Tor gelang. Bereits nach Ablauf des Jahres verließ Helmut Schön Hertha BSC wieder und beendete damit auch endgültig seine Spielerlaufbahn.

Nach einer Zwischenstation beim SV Wiesbaden wurde Helmut Schön zunächst Trainer der saarländischen Nationalmannschaft, dann Assistent von Bundestrainer Sepp Herberger und schließlich 1964 dessen Nachfolger. Während seiner Amtszeit wurde die Nationalmannschaft 1966 Vizeweltmeister sowie Dritter bei der Weltmeisterschaft 1970, sie gewann die Europameisterschaft 1972 und die Weltmeisterschaft 1974 und wurde schließlich 1976 Vizeeuropameister – eine beispiellose Bilanz, die Schön bis heute zu einem der erfolgreichsten Nationaltrainer der Welt macht. Begonnen hatte er seine Karriere als Spielertrainer, unter anderem in Berlin.

Günter Schulz

*9. September 1923 †17. Januar 2021

Unioner in Ost und West

Vereinstreue ist ein Wort, das untrennbar mit Günter Schulz‘ sportlicher Laufbahn verbunden ist. Der Oberschöneweider Außenläufer war 1937 als Vierzehnjähriger seinem heimatlichen SC Union beigetreten und beendete 1962 die tatsächlich aktive Zeit als Meister mit den Alten Herren bei Union 06 in Moabit.

Die politischen und sportpolitischen Umstände, die in der Zwischenzeit den Fußball beeinflussten, sind ausschlaggebend dafür, dass diese Treue eine ideelle war. Denn 1945 war der SC Union Oberschöneweide aufgelöst worden, bevor aus ihm die Sportgruppe Oberschöneweide hervorging.

Fünf Jahre später, nun als SG Union Oberschöneweide, verließ der Stamm der Mannschaft den Ost-Sektor Berlins; im Juni 1950 entstand im Westteil der SC Union 06 Berlin – zweifellos in der Traditionslinie. Die Einführung des Vertragsspielertums im VBB-Gebiet und damit die Chance auf beträchtliche Prämienzahlungen in West-Währung gab den wesentlichen Ausschlag für den auch privaten Umzug aus der Köpenicker Wilhelminenhofstraße nach Tegel. Günter Schulz und seine Frau schafften ihren Hausrat nach und nach über die Sektorengrenze, manchmal mit Wickeln weiterer Wäschestücke unter den Mänteln.

Zuvor hatte Schulz, von Beruf Werkzeugmacher und im Oberschöneweider Transformatorenwerk tätig, die große Zeit der „Schlosserjungen“ genannten Truppe mitgeprägt. Entscheidend war sein 4:3-Siegtor im Berliner Pokal-Endspiel 1947 nach einem 0:3-Pausenrückstand gegen den Berliner Meister, die klassenhöher antretende SG Wilmersdorf. Nicht minder wichtig war sein Anteil am Aufstieg in die höchste Klasse der Stadt im selben Jahr. Ebenso am 1948er-Meistertitel-Gewinn bei gleichzeitiger Pokalverteidigung. Nicht bedeutungslos waren die Vizemeisterschaften 1950 bis 1952, bevor im folgenden Jahr erneut der Titel die Bilanz bereicherte. In der 1. Mannschaft war Günter Schulz zwischen 1941 und 1960 trotz Unterbrechung wegen der Einberufung zur Wehrmacht zwischen 1942 und 1945 mehr als 600 Mal aufgelaufen.

Als Unioner vertrat er Berlin zwischen 1943 und 1956 schließlich in 21 Stadtauswahl-Begegnungen mit sechs Torerfolgen in Deutschland und in Europa.

Der ehemalige Mannschaftskapitän und Ehrenspielführer starb am 17. Januar 2021 im Alter von 97 Jahren.

Gerald Karpa

Karl-Heinz Schulz

*18. September 1911 †25. Mai 1951

Erfolgreich als Trainer – im Rudersport und im Fußball

Ein Amateur wurde zu einem der erfolgreichsten Trainer Berlins in den 1930er- und 1940er-Jahren – im Rudersport und im Fußball. Karl-Heinz Schulz, Student der Wirtschaftswissenschaften, trat mit 19 Jahren der Rudergesellschaft Wiking bei. Zunächst selbst im Boot aktiv, trainierte er bald den Vereins-Achter, wurde 1936 Olympia-Dritter. Nie zuvor hatten die Deutschen in dieser Klasse einen Olympia-Endlauf erreicht.

„KHS", wie er kurz gerufen wurde, arbeitete hauptberuflich als Wirtschaftsjournalist und wandte sich 1938 den Fußballern von Union Oberschöneweide zu. Er formte eine junge spiel- und kampfstarke Mannschaft, die 1940 den Berliner Meistertitel gewann und in zwei Vorrunden-Endscheidungsspielen um die Deutsche Meisterschaft 1:2 und 1:3 am späteren Titelträger Rapid Wien scheiterte. Während des Zweiten Weltkrieges als Marine-Berichterstatter tätig, übernahm er 1946 erneut die Ausbildung der Oberschö-

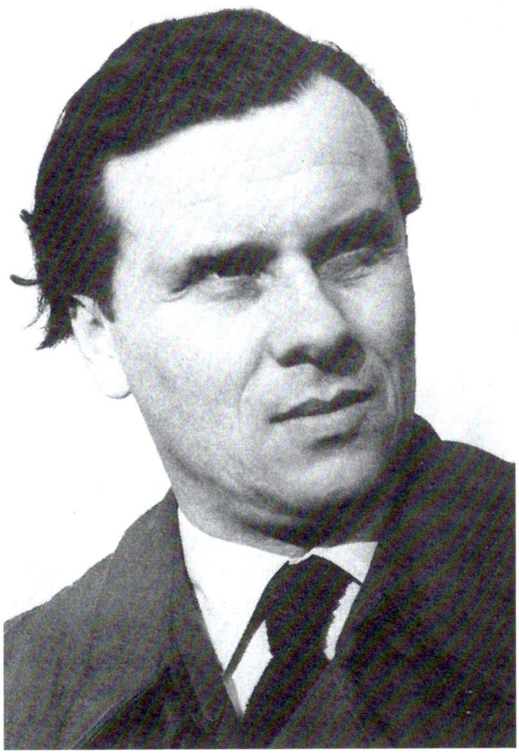

Porträt von Karl-Heinz Schulz

neweider Spieler: Sie gewannen 1947, unterklassig spielend, gegen den Berliner Meister SG Wilmersdorf nahezu sensationell mit 4:3 den Stadtpokal und stiegen als Abteilungsmeister im selben Jahr in Berlins höchste Spielklasse auf.

Unter Karl-Heinz-Schulz' sportlicher Anleitung schlossen die Unioner das Spieljahr 1947/48 erneut als Pokalsieger und daneben als Berliner Meister ab. Am Tag des Meisterschaftsgewinnes und vor der ersten der interzonal ausgetragenen gesamtdeutschen Meisterschaftsendrunden-Begegnungen beendete die Vereinsführung die Zusammenarbeit – er habe das Training vernachlässigt. „KHS" betreute nun Grün-Weiß Baumschulenweg und in der Folge Wacker 04, den Spandauer SV sowie als Teamchef die Berliner Stadtauswahl.

Inzwischen auch für den Hörfunk am Mikrofon wie auch als Zeitungskolumnist und Chefredakteur mit Blick auf zahlreiche Sportarten tätig, erlag er 39-jährig am 25. Mai 1951 den Folgen einer Operation. Unter großer Anteilnahme bestatteten ihn seine Sportfreunde vier Tage später auf dem Waldfriedhof am Berliner Olympiastadion. Ihm zu Ehren benannte der Berliner Fußball-Verband 1951 die laufende Landespokal-Konkurrenz in Karl-Heinz-Schulz-Pokal um.

Gerald Karpa

Werner Schwenzfeier

*10. April 1925 † 30. Dezember 1995

Wanderung durch den DDR-Fußball

Werner Schwenzfeier wuchs im Berliner Stadtbezirk Prenzlauer Berg auf, dem er zeit seines Lebens verbunden blieb. Im Alter von zehn Jahren trat er 1935 BFC Alemannia 90 bei und begann mit dem Fußballspielen. Der Krieg unterbrach seine sportliche Betätigung, erst 1947 schnürte er wieder die Fußballschuhe. Über Umwege schloss sich Schwenzfeier erneut den Alemannen an und spielte mit seinem Verein bis 1952 in der Berliner Stadtliga. Es folgten zwei Jahre beim 1. FC Neukölln.

1954 ging Schwenzfeier nach seiner Zeit in Vereinen im Westen der Stadt zur Ost-Berliner BSG Motor Oberschöneweide und beendete 1959 seine aktive Laufbahn.

Werner Schwenzfeier war am Beginn der 1950er-Jahre als Lehrer für Physik und Erdkunde tätig und durchlief parallel eine Ausbildung zum Fußballtrainer. Seine Laufbahn als Coach begann im Nachwuchsbereich bei Vorwärts Berlin, beim Deutschen Fußball-Verband der DDR und beim TSC Oberschöneweide.

1962 schaffte Schwenzfeier beim TSC Oberschöneweide – aus dem 1966 der 1. FC Union hervorging – den Sprung als Trainer in den Männerbereich. Neben dem Aufstieg in die DDR-Oberliga mit Union war der Gewinn des FDGB-Pokals 1968 seine größte Leistung als Trainer.

Spieler der Mannschaft des Pokalsiegers heben Schwenzfeiers großen Anteil am Erfolg hervor und beschreiben ihn als einen Trainer, dem es gelang, ein Team zu formen. Er wäre auf jeden einzelnen Spieler eingegangen und hätte gleichzeitig auf pädagogische Art die Mannschaft in das Zentrum gerückt.

Nachdem bei Union 1969 die Erfolge ausblieben und Schwenzfeier entlassen wurde, begann seine mehrjährige Wanderschaft durch den DDR-Fußball und die Betreuung zweit- bzw. drittklassiger Teams. Er war bei Stahl Finow, Lok Stendal und Motor Nordhausen aktiv.

Auch in Berlin übte Schwenzfeier das Traineramt aus. So stand er von 1978 bis 1981 bei Lichtenberg 47 und von 1981 bis 1987 bei Rotation Berlin als Coach an der Linie. Lichtenberg führte er 1981 und Rotation 1982 in die DDR-Liga.

Werner Schwenzfeier beendete 1989 seine Trainerlaufbahn, wobei die Gründe neben seinem Alter wohl auch im Umbruch des Fußballs in Ostberlin und Ostdeutschland lagen, der sich ab 1990 vollzog.

Olaf Seier

*25. November 1958

Ein besonderer Moment

Mit einem besonderen Moment der Berliner und der deutschen Fußballgeschichte ist Olaf Seier untrennbar verbunden. Am 27. Januar 1990 führte er als Kapitän seine Mannschaft auf den Rasen des Berliner Olympiastadions. Nach vielen Jahren der erzwungenen Teilung des Sports begegneten sich Hertha BSC und der 1. FC Union zu einem Freundschaftsspiel. 51.270 begeisterte Fans aus dem Osten und dem Westteil der Stadt waren nach Charlottenburg geströmt, um eines der emotionalsten Berliner Derbys der Geschichte zu erleben. Die Stimmung war einmalig und ein Plakat gab wieder, was die überwiegende Mehrheit der Berliner in jenen Wochen und Monaten kurz nach dem Mauerfall empfand: „Spielt, spielt. Hertha und Union. Deutschland feiert schon".

Der 1958 geborene Rostocker hat im Berliner Fußball als Spieler und Trainer aber weit mehr Spuren hinterlassen. Mit dem BFC Dynamo, der ihn bereits als Juniorenspieler 1972 in seine Kaderschmiede geholt hatte, wurde er vier Mal DDR-Meister. Da er beim Serienmeister aus Hohenschönhausen auf wenige Einsätze kam, ging er 1983 an die Alte Försterei zum 1. FC Union und entwickelte sich hier schnell zum Führungsspieler und Publikumsliebling. Doch im Sportsystem der DDR waren Wechsel zwischen den Vereinen mehr als nur sportliche Angelegenheiten. Erst hatte die Verwandtschaft von Seiers Frau in der Bundesrepublik seine Karriere bei Dynamo behindert. Die Bitte, sich einem anderen Verein anschließen zu können, erwiderten die Funktionäre mit der Androhung einer einjährigen Spielsperre für die erste und zweite Liga. Erst das Engagement von Union-Trainer Harry Nippert, der zuvor auch beim BFC angestellt war, konnte dies verhindern und den sofortigen Wechsel ermöglichen. Eigenständigkeit und Eigensinn waren bei DDR-Funktionären nicht erwünscht.

Nach der deutschen Wiedervereinigung und der gewonnenen (sport)politischen Freiheit führte der Weg vieler Spitzenfußballer der DDR in den Westen der Republik oder ins Ausland. Seier unterzeichnete 1991 einen Vertrag beim FC Caracas und ging bis 1994 nach

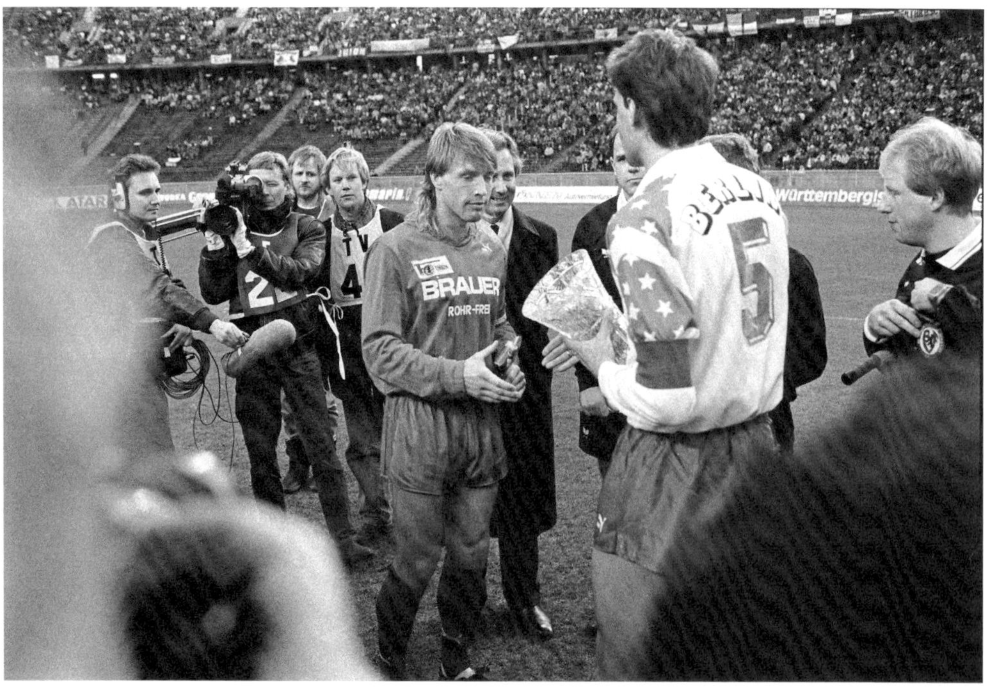

Olaf Seier zusammen mit Dirk Greiser am 27. Januar 1990

Venezuela, wo er mit seinem Verein zwei Mal die Landesmeisterschaft feiern konnte. Nachdem er nach Berlin zurückgekehrt war, ließ er seine aktive Laufbahn beim SV Preußen Berlin und dem Weißenseer FC ausklingen. Als Trainer in der Berlin-Liga betreute er später Vereine wie den Köpenicker SC oder den SV Empor Berlin. Auch an der Alten Försterei war Olaf „Leo“ Seier noch drei Jahre als Übungsleiter der U23 tätig. Die Fans wählten ihn 2007 zu einem der „wertvollsten Union-Spieler aller Zeiten“.

Johannes „Hanne“ Sobek

*18. März 1900 † 17. Februar 1989

Der erste Superstar des Berliner Fußballs

Hanne Sobek, 1900 im Mecklenburgischen Örtchen Mirow geboren, war in den 1920er- und 1930er-Jahren Herthas mit Abstand populärster Spieler, ein Mann mit einem besonderen Charisma, zudem Nationalspieler. Man kann ihn ohne Übertreibung als ersten großen „Star“ von Hertha BSC bezeichnen – und das in einer Zeit, als dieser Begriff gerade erst von Amerika nach Europa schwappte und vor allem populäre Filmschaffende beschrieb.

Sobek bestritt zwischen 1925 und 1944 über 700 Spiele für Hertha, in denen er rund 250 Tore schoss. Er war als Halbstürmer im Spiel der Berliner Regisseur, Antreiber und gefährlicher Torschütze zugleich – eine seltene Kombination oder auch eine besondere Gabe. Hanne Sobek gilt als der größte Hertha-Spieler aller Zeiten.

Bis zu seinem 10. Lebensjahr blieb der kleine Johannes, der eigentlich den Namen Paul Friedrich Max Johannes Wiechmann trug, im idyllischen Mirow an der Müritz. Dann zog er mit seiner Mutter 1910 nach Berlin, die einen Herrn Sobek kennen- und liebenlernte. Der adoptierte Johannes. Da ist man schnell beim Streit um die Schreibweise des Nachnamens: Sobek oder Sobeck? Bis 1965 schrieb sich Hanne Sobek wie der Vater mit „k“ am Ende. Nach dem Tod seiner Mutter stellte er fest, dass in den standesamtlichen Papieren der Name mit „ck“ eingetragen war. Hannes Sohn Bernd (Jahrgang 1943 und heute immer noch im Ältestenrat von Hertha BSC vertreten) schrieb sich fortan mit „ck“, Hanne aber blieb beim einfachen „k“.

Der Fußballer Sobek spielte zuerst bei Alemannia 90, ehe er sich im Sommer 1925 bei Hertha anmeldete. Kurios verlief dabei der Einstieg von Sobek im neuen Verein. Mitte Juni 1925 besaß er noch keine Spielgenehmigung für die Hertha. Der Verein wollte ihn aber sofort spielen lassen und Sobek selbst brannte auf seinen ersten Einsatz. Also lief er am 27. Juni 1925 in einem Freundschaftsspiel bei Preussen Eberswalde, das Hertha 8:0 gewann, unter einem falschen Namen auf – als Erich Poppe, einem anderen Hertha-Spieler. Sobek aber war so bekannt, dass der Schwindel aufflog. Hertha musste zur Strafe die Einnahmen aus diesem Spiel an den Berliner Fußball-Verband abführen.

Was in den Jahren danach passierte, ist für immer ein Alleinstellungsmerkmal von Hertha BSC. Sobek führte die Mannschaft sechsmal in Serie ins Endspiel um die Deutsche Meisterschaft. Als das Team in den ersten vier Finals jeweils unterlegen war, baute er seine Mitspieler immer wieder auf und behielt das große Ziel – den Meistertitel – stets vor Augen. Erst am 22. Juni 1930 war es endlich soweit und Hertha bezwang in einem dramatischen Endspiel in Düsseldorf Holstein Kiel mit 5:4. Zwei Treffer hatte Sobek zum Sieg beigetragen. Die Mannschaft wurde in Berlin begeistert empfangen und die Anhänger trugen Hanne Sobek auf den Schultern durch die Straßen. Ein Jahr danach folgte der zweite Triumph. In Köln siegte Hertha im Endspiel gegen 1860 München mit 3:2. Wieder hatte Sobek zwei Tore geschossen.

Über den oft genialen Spieler sagte Bundestrainer und Weltmeistercoach Sepp Herberger einmal: „Hanne Sobek war für mich der größte Fußballspieler, den Berlin je besessen hat!"

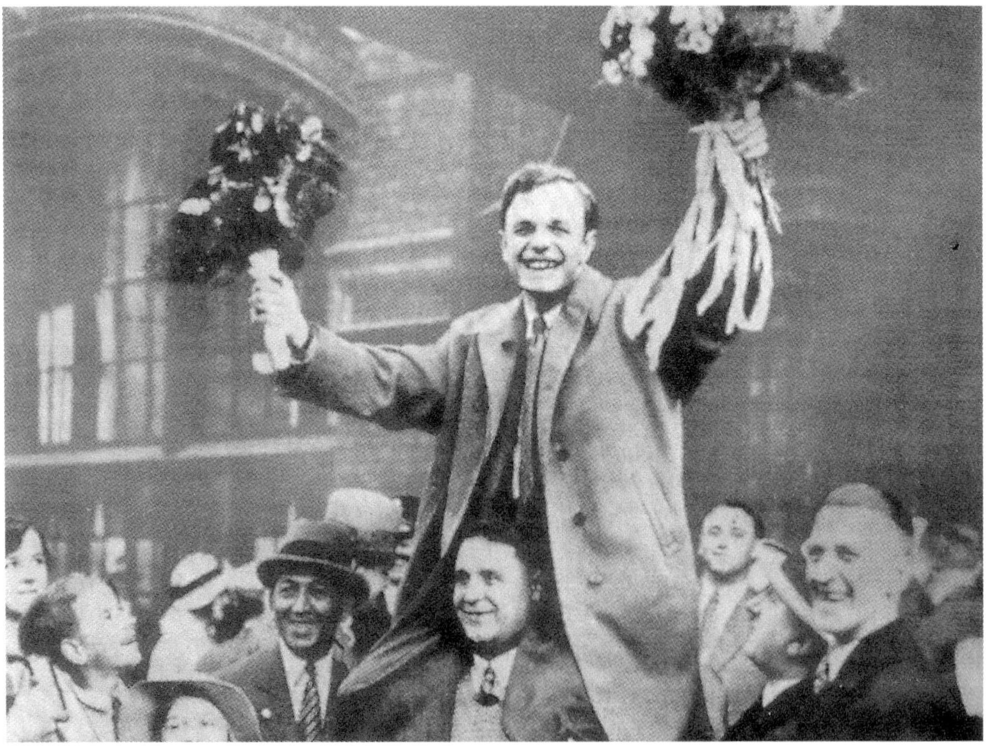

Hanne Sobek 1930 auf den Schultern der Hertha-Anhänger am Bahnhof Friedrichstraße

Sobek, der die Fans im legendären engen Stadion in Gesundbrunnen, der „Plumpe", begeisterte, gehörte schnell zur „Society" von Berlin, war lange mit Schauspieler Hans Albers befreundet, der ihn auch ins Filmgeschäft einführte. So stand er etwa für den Film „Elf Teufel" selbst vor der Kamera. Auf der Bühne des Varietés Wintergarten assistierte er dem weltbekannten Jongleur Enrico Rastelli und saß am Stammtisch zusammen mit dem Dichter Joachim Ringelnatz. Sein Sohn Bernd sagte: „Vater blieb trotz seiner Prominenz und seinem Umgang mit den bekannten Künstlern stets bescheiden und hielt sich meist im Hintergrund."

Nach seiner Karriere arbeitete er ab 1937 als Sportreporter beim Deutschlandsender und Reichssender Berlin. 1940 trat er auf Druck der Nazis in die NSDAP ein. Nach Kriegsende urteilte die Entnazifizierungskammer im August 1948 dann über Sobek: „Die Hauptverhandlung hat ergeben, dass der Appellant sich nicht aktiv für nationalsozialistische Ziele eingesetzt hat." Allgemein wurde in der Öffentlichkeit später von einem „Freispruch erster Klasse" gesprochen. Neuere zeithistorische Forschungen belegen diese Einschätzung.

Später arbeitete Sobek auch als Trainer, wo er längst nicht so erfolgreich war wie einst als Spieler. Er betreute unter anderem die Berliner Stadtauswahl, Union 06 und von 1960 bis 1963 auch seine Hertha. Es hieß, er sei als Trainer zu fein und zu rücksichtsvoll gewesen. Sohn Bernd, der bei Tennis Borussia und Wacker 04 erfolgreich Fußball spielte, sagte dazu: „Vater war als Fußballlehrer nie ein harter Hund. Aber er hat seinen Spielern klipp und klar seine Meinung gesagt, aber er war dabei nie ehrverletzend."

Schwer traf Sobek im Jahr 1965 der Zwangsabstieg von Hertha BSC aus der Bundesliga wegen Zahlung überhöhter Gehälter. Er sprang in der Krise als Notvorstand ein, um noch größeren Schaden abzuwenden. „Vater war immer für den Verein da und das mit aller Kraft", sagt sein Sohn. Aber seine Familie hat er deshalb nie vernachlässigt. Bernd Sobek: „Er war ein sehr liebevoller Vater. Besser geht es nicht!"

1999 bekam der Sportplatz an der Osloer Straße im Wedding, wo einst auch die Hertha-Amateure spielten, den Namen „Hanne-Sobek-Sportanlage". Und seit 2006 trägt auch der Bahnhofsvorplatz am S-und-U-Bahnhof Gesundbrunnen, einem lebhaften Drehkreuz, den Namen „Hanne-Sobek-Platz".

Michael Jahn

Ernst „Jorka“ Standtke

*21. Oktober 1891 †27. November 1976

1923 im Endspiel um die Deutsche Meisterschaft

In der frühen Zeit des Fußballs in Berlin versammelten sich Schüler, trugen Torlatten auf die Wiesen und bauten den Platz, spielten auf freien Flächen in der Wohnumgebung, tagten in Restaurationen, gaben sich erste Strukturen. Für Oberschöneweide im Jahr 1906 ist ein Vereinsgründungstreffen in einem Lokal überliefert, mit Ernst „Jorka“ Standtke und 17 weiteren jungen Fußballern. Jener Ernst Standtke, geboren 1891, sei als Mannschaftskapitän Vorstandsmitglied geworden.

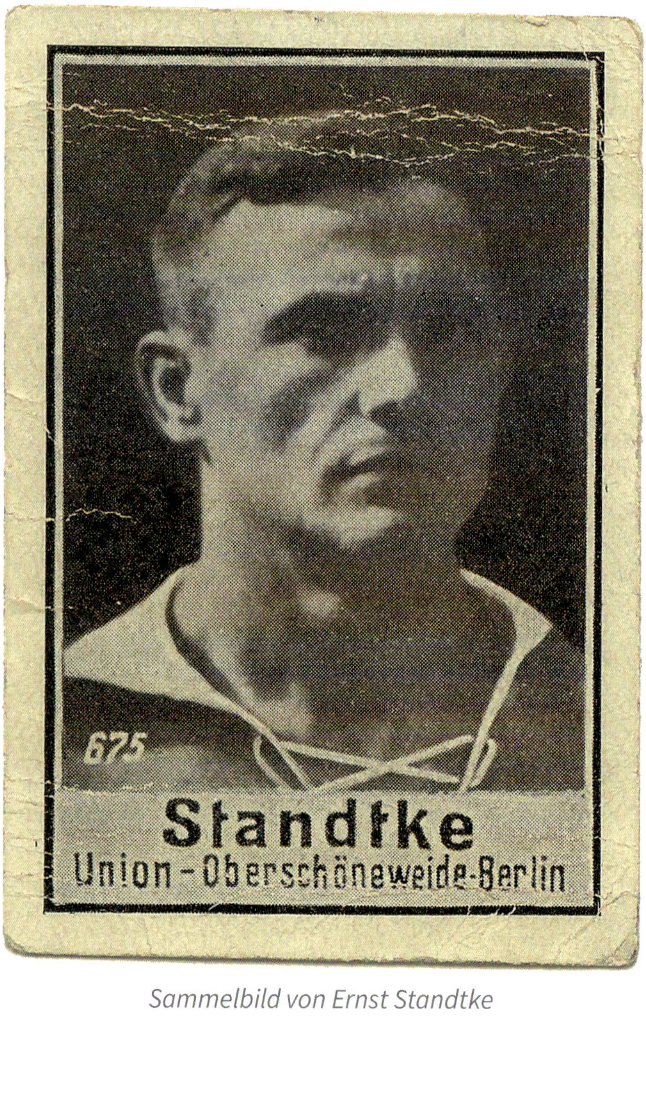

Sammelbild von Ernst Standtke

Viele Spuren hinterließen die jungen Burschen nicht – auch wenn sie bald Erfolge erreichten und aus ihrem Sportgrüppchen später Union Oberschöneweide und in dessen Linie der 1. FC Union hervorgingen. Ihre Aufzeichnungen und Erinnerungen sind verloren gegangen aufgrund von internen Auseinandersetzungen, zwei Kriegen und politischen Systemveränderungen, von der anfänglichen Bedeutungslosigkeit für das Große. Die Ortszeitung verrät nichts mehr, kein Heft ist erhalten. Die Sportblätter bezeugen mit ihren sparsam verfassten Meldungen wenig. Klub- und Verbandsarchive existieren nicht mehr.

Aus dem Kapitän, der sich auch als Leichtathlet betätigte, wurde einer der bedeutendsten Fußballer Berlins der 1920er-Jahre. Ab 1914 Weltkriegsteilnehmer, nutzte „Jorka" manchen Urlaub von der Front, um mit seiner Mannschaft zu spielen. Standtke erhielt 1915 das Eiserne Kreuz. Sein Beruf und alles Familiäre sind unbekannt. Der Scheinamateurismus erreichte auch Union Oberschöneweide – in der Folge illegaler Zahlungen verurteilte der Verband ihn 1920 zu zwei Monaten Sperre.

Mit Ernst Standtke wurden die Unioner 1920 und 1923 Berliner Meister. Nach dem Gewinn des zweiten Titels erreichte die Mannschaft sogar das Endspiel um die Deutsche Meisterschaft, in dem Union dem Hamburger SV mit 0:3 unterlag. Von 1918 bis 1925 lief er mit der Stadtauswahl auf, insgesamt 21 oder 23 Mal; die Angaben weichen voneinander ab. Zur Saison 1926/27 schloss sich der Verteidiger Viktoria 89 an. Die Erfolge aus der Oberschöneweider Zeit erreichte er nicht mehr. Als Sportlehrer erkannte ihn der DFB 1929 an. Verstorben ist Ernst Standtke am 27. November 1976 im Alter von 85 Jahren in Ost-Berlin.

Gerald Karpa

Udo Steinberg

*13. Juli 1877 †25. Dezember 1919

Der Held des „Clásico"

Kaum zu glauben, aber wahr: Die ersten Tore im legendären „Clásico", dem ewigen Duell zwischen Real Madrid und dem FC Barcelona, schoss ein Deutscher, nämlich gleich zwei für die Katalanen beim ersten Aufeinandertreffen beider Teams im Jahre 1902. Und nicht nur das: Im selben Jahr gründete er die Fußballschule des Vereins, einen Vorläufer der legendären La Masia, und leitete diese bis 1916, wodurch er als erster Trainer des FC Barcelona gelten kann. Die Rede ist von Udo Steinberg.

Der 1877 in Berlin geborene Steinberg absolvierte nach zwischenzeitlichem Aufenthalt der Familie in Chemnitz eine Mechaniker-Lehre in Berlin und schließlich von 1895 bis 1900 ein Studium der Elektrotechnik und des Maschinenbaus in Mittweida, bevor er in die Reichshauptstadt zurückkehrte. 1901 verlegte er seinen Wohnsitz nach Barcelona und wurde ab 1902 Repräsentant deutscher Unternehmen der Elektrotechnik und des Maschinenbaus in Spanien und Portugal.

Im Fußball war er seit 1888 aktiv, zunächst in Berlin bei verschiedenen Schülervereinigungen, dann in Chemnitz und Mittweida und schließlich, wieder in Berlin, bei Britannia 1892. Hier wurde Udo Steinberg erster Schriftführer des „Verbandes Deutscher Ballspielvereine" nach dessen Gründung am 11. September 1897. Als Delegierter von Britannia Chemnitz und des Mittweidaer Ballspielclubs nahm Udo Steinberg auch an der Gründungsversammlung des Deutschen Fußball-Bundes am 28. Januar 1900 in Leipzig teil.

In Spanien setzte Steinberg seine sportliche Betätigung, zu der neben dem Fußball auch Leichtathletik, Cricket, Tennis, Hockey sowie Radpolo gehörten, unentwegt fort. Beim FC Barcelona entwickelte er sich schnell zu einer der Stützen der Mannschaft und mit 60 Toren in zehn Jahren zu ihrem treffsichersten Stürmer. Im Jahr 1906 übernahm er die Präsidentschaft des Verbandes der Fußballvereine Barcelonas, des späteren katalanischen Fußballverbandes. Darüber hinaus schrieb er ab 1906 als Redakteur für die Sportzeitung „El Mundo Deportivo".

Zum Helden wurde Udo Steinberg jedoch durch seine beiden Treffer, mit denen er den FC Barcelona zum 3:1-Erfolg und damit zum Sieg im allerersten „Clásico" schoss. Die Katalanen waren am 13. Mai 1902 der Einladung zur Teilnahme an einem Turnier zu Ehren der Krönung König Alfonsos XIII. gefolgt, eines Vorgängerwettbewerbs der späteren Copa del Rey. Im Halbfinale kam es zu der denkwürdigen Begegnung mit dem ortsansässigen „Foot-Ball Club" Madrid, der sich 1920 in Real umbenannte.

Barbara „Charly" Streuffert

*11. November 1944

Durch nichts zu beirren

Vor 50 Jahren, zum 75-jährigen Bestehen des Berliner Fußball-Verbandes, schrieb Barbara „Charlie" Streuffert dem Verband ins Jubiläums- und den Männern ins Stammbuch: „Wir sind nicht mehr und nicht weniger Sklave des Fußball. Begeisterung und Ehrgeiz sind genauso groß. Und das Bier schmeckt uns mindestens ebenso gut. Gewiss meine

Herren, sie sind perfekter am Ball, alles sieht gekonnter aus, athletischer, durchdachter aus. Das geben wir gerne zu. Als Gegenleistung erwarten wir lediglich das Bemühen, den Damenfußball ebenso ernsthaft als Sportart für Frauen anzuerkennen, wie es in vielen anderen Disziplinen geschieht. Der Leistungsunterschied mag krass sein, überlegen wir aber, wie lange die Männer schon üben dürfen …"

Zu diesem Zeitpunkt spielte Barbara Streuffert – oder „Charly", wie sie genannt wurde – seit drei Jahren in der 1969 gegründeten Frauenfußballabteilung von Tennis Borussia, von der sie durch eine Zeitungsannonce erfahren hatte. Ihr erstes Spiel überhaupt

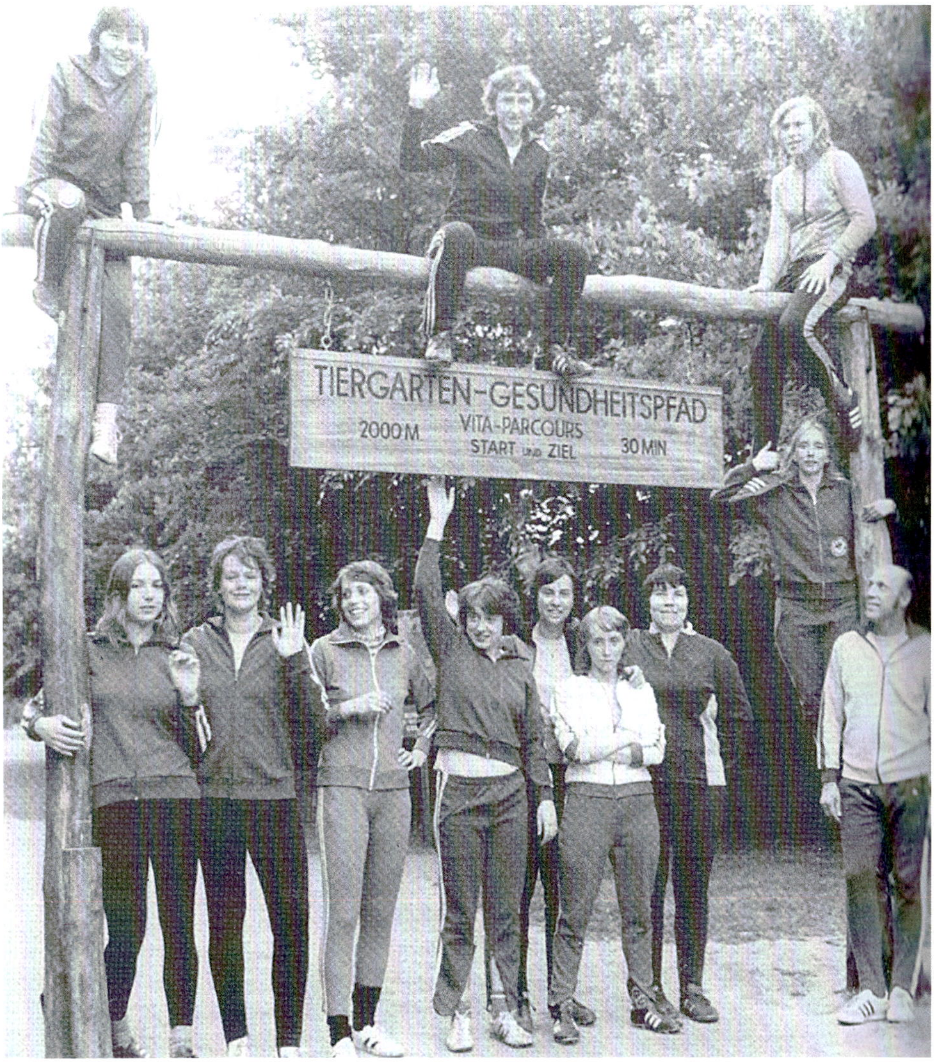

Barbara Streuffert (stehend, zweite von links) gemeinsam mit anderen Frauen von Tennis Borussia

absolvierten die von Horst Nußbaum alias Jack White trainierten TeBe-Frauen beim 2:0-Erfolg am 1. November 1969 im Mommsenstadion gegen Wacker 04, noch bevor der Frauenfußball 1970 wieder offiziell vom DFB zugelassen wurde. Streuffert aber ließ sich durch nichts beirren, Fußball wurde mehr und mehr ihr Leben. Als Spielerin gewann sie in der Verbandsliga vier Mal den Titel des Berliner Meisters. Die Mannschaft erreichte 1976 sogar das Finale um die Deutsche Meisterschaft, das jedoch am 20. Juni 1976 in Siegen vor 3700 Zuschauern mit 2:4 n.V. gegen den FC Bayern München verloren ging.

„Charly“ Streuffert, die Jahrzehnte lang als Sachbearbeiterin im Jugendamt Reinickendorf arbeitete, machte als erste Berlinerin ihre B- und A-Lizenz und übernahm zunehmend Verantwortung, bis ihr schließlich das Traineramt übertragen wurde. Auch als Coach von TeBe wurde sie zweimal Berliner Meister. 1981 und 1983 schaffte es die Mannschaft ins Endspiel um den Deutsche Meisterschaft, wo sie jeweils der SSG 09 Bergisch Gladbach mit 0:4 und 0:6 unterlag. 1990/91 führte Streuffert die TeBe-Frauen in die damals zweigleisige Frauen-Bundesliga.

Heute, 50 Jahre nach dem denkwürdigen Eintrag von Barbara Streuffert, ist der Frauenfußball in Deutschland längst anerkannt, mit ihren internationalen Erfolgen bei Welt- und Europameisterschaften haben die Fußball-Frauen großen Respekt für ihr Können und ihre sportlichen Leistungen erworben. Der Anteil der Mädchen und Frauen, die dem BFV angehören, ist mit 22.716 weiblichen von insgesamt 174.513 Mitgliedern zwar gewiss noch ausbaufähig. Aber wenn der Frauenfußball in Berlin in den letzten 50 Jahren einen enormen Aufschwung genommen hat, so ist das mit Sicherheit auch „Charly“ Streuffert zu verdanken.

Frank Terletzki

*5. August 1950

„Aber auf dem Platz kämpften wir für Dynamo und die anderen für Union“

Mit dem Fußballsport begann Frank Terletzki bei der SG Prenzlauer Berg und wechselte 1966 zum BFC Dynamo, für den er in der Saison 1969/70 erstmals in der höchsten Spielklasse auflief. Fortan reifte er zu einem der wichtigsten Spieler der Mannschaft und hatte erheblichen Anteil an den zahlreichen nationalen Erfolgen des BFC ab Mitte der 1970er-Jahre. Terletzki zeichnete sich durch ein engagiertes und laufintensives Spiel aus. Besonders gefürchtet waren seine Freistöße und Eckbälle, sodass er in der DDR als Meister des ruhenden Balles galt. Mit 373 Einsätzen in 16 Jahren ist er der Berliner mit den meisten Spielen in der DDR-Oberliga überhaupt.

Frank Terletzki spielte für einen Verein, bei dem für DDR-Verhältnisse die materiellen Voraussetzungen herausragend und die politische Einflussnahme extrem war. Spätestens seit der Clubgründung 1966 hatte der Geheimdienst der DDR das Sagen in allen wesentlichen Belangen und Stasi-Chef Erich Mielke war nicht zufällig Ehrenpräsident. Die Erfolge des Vereins wurden schon in DDR-Zeiten immer wieder der Bevorzugung durch die Schiedsrichter zugeschrieben. Terletzki sieht es als betroffener Spieler mit

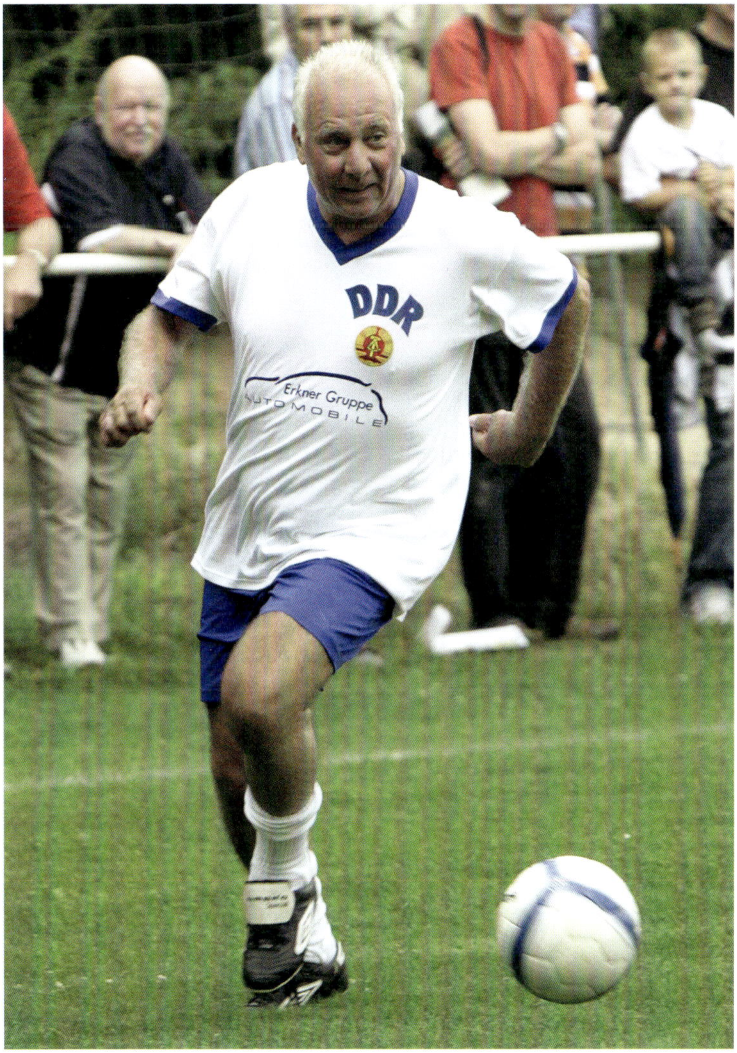

Frank Terletzki bei einem Spiel der DDR-Traditionsmannschaft

acht Meistertiteln im Dress des BFC anders. Für ihn war der „Abstand zu den Nächstplatzierten bis auf wenige Male immer sehr groß. Fehlentscheidungen hat es sicher gegeben und wird es auch immer wieder geben. …. Ich habe damals nie daran gedacht, dass ich mit Schiebung Meister geworden sein könnte, dagegen wehre ich mich mit aller Kraft."

Von besonderer Brisanz waren über Jahrzehnte die Berlin-Derbys zwischen dem BFC Dynamo und dem 1. FC Union. Vor dem Mauerfall waren die Spiele besonders aufgeladen und in gewissem Sinne Abbild der Konflikte innerhalb der DDR. Vor allem Jugendliche sahen in ihnen nicht nur die Begegnung von Groß und Klein, sondern das Aufeinandertreffen von gesellschaftlich Etablierten und Benachteiligten. Wenn er sich erinnert, hebt Terletzki das Verhältnis der Spieler beider Mannschaften hervor. Es sei immer gut gewesen sei. „Aber auf dem Platz kämpften wir für Dynamo und die anderen für Union, da gab es Reibereien, gerade bei Ortsderbys natürlich. Und auch wünschenswert: Wenn das Spiel zu Ende ist, muss man sich die Hand geben und alles, was gewesen ist, vergessen."

Frank Terletzki, der heute Ehrenspielführer des BFC Dynamo ist, konnte sich auch international auszeichnen. Er brachte es auf 46 Einsätze in europäischen Pokalwettbewerben und auf 4 Spiele für die DDR-Nationalmannschaft. Mit der Olympia-Auswahl der DDR, für die er insgesamt 21 Begegnungen bestritt, gewann Terletzki 1980 die Silbermedaille.

Der gelernte Maschinenbauer Terletzki arbeitete nach seiner aktiven Laufbahn als Trainer in Brandenburg. Aktiv ist er immer wieder in Traditionsmannschaften, gelegentlich sogar bei der AllStar-Mannschaft von Hertha BSC.

Karl Tewes

*10. August 1886 † 7. September 1968

Ein sportlich und beruflich erfülltes Leben

Der am 10. August 1886 in Berlin geborene Karl Tewes war bereits 38 Jahre alt, als er 1924 Hertha BSC beitrat. In den folgenden knapp drei Jahren Jahren avancierte der sechsmalige Nationalspieler zu einem wichtigen Bestandteil der Mannschaft, die die erfolgreichste Zeit in der Vereinsgeschichte der Blau-Weißen begründete.

Bereits in seiner ersten Saison gewann die Elf die Meisterschaft des Verbandes Brandenburgischer Ballspielvereine und zog erstmalig in die Endrunde um die Deutsche Meisterschaft ein. Die Anziehungskraft der Persönlichkeit von Karl Tewes, der aufgrund seiner hervorragenden Führungsqualitäten im Team den Titel „Kaiser Karl" erhalten hatte, war auch ausschlaggebend dafür, dass Johannes „Hanne“ Sobek und Hans „Hanne“ Ruch zur Spielzeit 1925/1926 zur Mannschaft vom Gesundbrunnen wechselten.

Mit diesen beiden Neuzugängen und Karl Tewes gelang Hertha BSC dann auch zum ersten Mal in der Vereinsgeschichte der Einzug in ein Endspiel um die Deutsche Meisterschaft, wo die Elf am 13. Juni 1926 im Waldstadion in Frankfurt am Main mit 1:4 gegen die Spielvereinigung Fürth unterlag. In der Saison 1926/27 nahm „Kaiser Karl“ im Alter von fast 41 Jahren erneut an einer Meisterschaftsendrunde teil und stand auch am 13. Juni 1927 vor 50.000 Zuschauern im Berliner Poststadion auf dem Platz, verpasste nach einem 0:2 gegen den 1. FC Nürnberg aber zum zweiten Mal den großen Triumph. Nach dem Ende seiner aktiven Laufbahn fungierte der in der Weddinger Müllerstraße beheimatete „Kaiser“ fortan als Spielausschussobmann für die erste Mannschaft und repräsentierte den Berliner Traditionsverein auch in den folgenden Jahrzehnten.

Nach fußballerischen Anfängen bei Askania Berlin hatte Karl Tewes sich mit 18 Jahren zunächst vollends auf den Beruf fokussiert und es zum Innungsmeister des Schmiedehandwerks gebracht, aber neun Jahre später nach einer Rückkehr zum Fußball führte ihn der Weg über die SV Norden-Nordwest 1898 und Viktoria 89 im September 1920 im Alter von 34 Jahren als zu diesem Zeitpunkt ältester Debütant auch in die deutsche Fußball-Nationalmannschaft. Die sportlichen und menschlichen Verdienste seiner immer aufrecht auftretenden Persönlichkeit wurden allseits anerkannt und gewürdigt. Im September 1968 fand das sportlich und beruflich erfüllte Leben von Karl Tewes nach 82 Jahren ein Ende.

Frank Schurmann

Andreas Thom

*7. September 1965

Eine Figur der Zeitgeschichte

Andreas Thom begann seine Laufbahn als Fußballspieler bei der TSG Herzfelde. Mit neun Jahren wechselte er zum BFC Dynamo und trainierte zweimal wöchentlich. Auf den Fahrten nach Berlin-Hohenschönhausen begleitete ihn, so oft es ging, sein Vater, denn der Weg war beschwerlich. Drei Jahre später fand er Aufnahme an der Kinder- und Jugendsportschule, einer Kaderschmiede des DDR-Sports. Nach der zehnten Klasse wollten ihn die Trainer einige Zeit aussortieren, da sie ihm keine Perspektive im Spitzensport prophezeiten. Dennoch führte sein Weg beim BFC über die Jugendmannschaften direkt in das Oberliga-Team der Dynamos. Mit 18 Jahren gab Thom sein Debüt im Oberhaus des DDR-Fußballs und galt fortan als eines der großen Talente des Landes. Die Sportjournalisten wählten den Stürmer 1988 zum Fußballer des Jahres und ehrten ihn mit dem „Silbernen Fußballschuh" der „Neuen Fußballwoche". In der DDR-Auswahl in 51 Partien eingesetzt, absolvierte er bis einschließlich 1989 für seinen Klub 20 Spiele in internationalen Wettbewerben.

Thom fand nicht nur in seinem Heimatland Aufmerksamkeit. Als im Herbst 1989 die Bürger der DDR das Machtmonopol der SED in Frage stellten und ihr Land reformieren wollten, fiel am 9. November die Berliner Mauer. Wenige Tage nach dem epochalen Moment wurde Andreas Thom zur Figur der Zeitgeschichte.

Am 15. November 1989 spielte die DDR-Auswahl in der WM-Qualifikation gegen Österreich in Wien. Die Tribüne des Praterstadions war mit ca. 100 Scouts aus der Bundesliga besetzt, die um die Qualität der Fußballer aus dem Osten wussten und Chancen witterten. Die Männer aus dem Westen wollten Kontakte knüpfen und die Besten der DDR in die Klubs der Bundesrepublik locken. Rainer Calmund, Manager von Bayer 04 Leverkusen, ergatterte tatsächlich Adresse und Telefonnummer des 24 Jahre alten Thom, den er wenige Tage später in seiner Ost-Berliner Wohnung besuchte. Calmund machte dann schnell alles klar. Der Fußball-Verband der DDR und Thoms BFC Dynamo, bei dem die

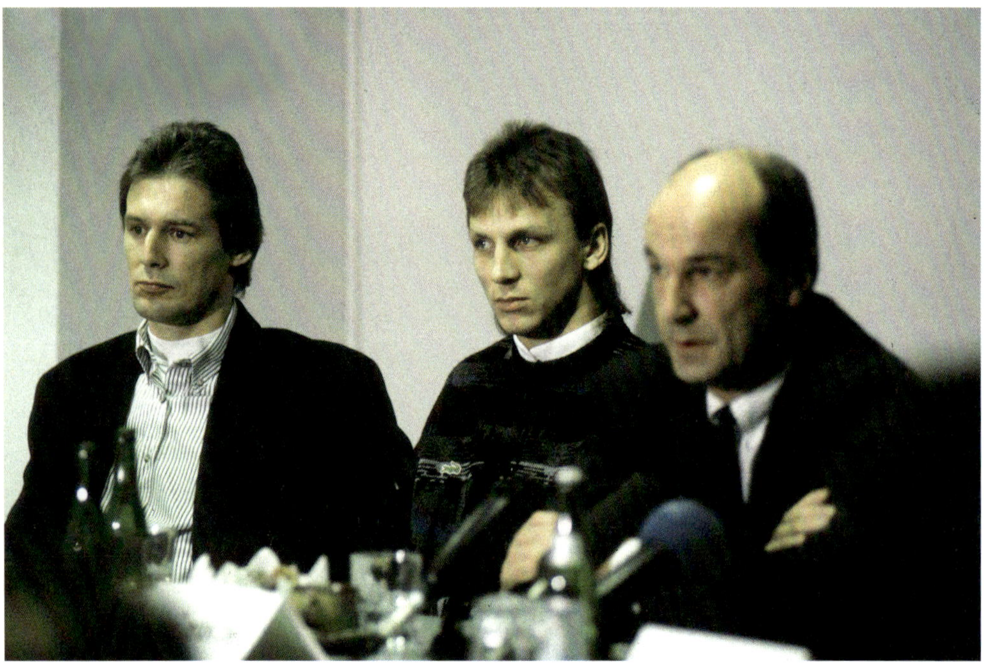

Andreas Thom bei der Pressekonferenz am 12. Dezember 1989

Stasi zuvor über Jahrzehnte hinweg alle Entscheidungen getroffen hatte, stimmten dem Transfer in den Westen zu. Vergoldet wurde das Geschäft mit einem Millionenbetrag.

Am 12. Dezember 1989 gaben die Verantwortlichen auf einer denkwürdigen Pressekonferenz den Wechsel bekannt. Dieser erste Transfer eines Sportlers aus der DDR in die Bundesrepublik brach ein Tabu und warf die Grundsätze des DDR-Sportsystems über den Haufen. Die politische Tragweite ging in den Tagen, als auf den großen Demonstrationen im Land der Ruf „Deutschland einig Vaterland" lautete und die Forderung nach einer schnellen deutschen Einheit dominierend wurde, weit über das sportliche Ereignis hinaus. Die späteren Wechsel von Sportlern, insbesondere von Fußballspielern in die Bundesliga, hatten nicht annähernd die gleiche Signalwirkung auf die Gesellschaft.

Den Weg in den Westen gingen in den kommenden Monaten und Jahren unzählige Leistungsträger und Talente, was die Qualität der Ost-Vereine merklich schwächte. Solche Verluste mussten die Mannschaften in den neuen Bundesländern und dem Ostteil Berlins auf allen Ebenen und in allen Altersklassen verkraften.

Andreas Thom spielte bis zu seinem Karriereende als Profi 2001 bei Bayer 04 Leverkusen, Celtic Glasgow, Hertha BSC sowie dort bei den Amateuren. Für die Auswahl des DFB – die nach der Einheit wieder eine gesamtdeutsche Nationalmannschaft war – bestritt er bis 1994 zehn Länderspiele und erzielte dabei zwei Tore. Seit 2001 gehört Thom dem Trainerstab von Hertha BSC an.

Tanja Walther-Ahrens

*9. Oktober 1970

Die erste Frau im Präsidium des BFV

Der Mädchen- und Frauenfußball in Berlin hat sich in den zurückliegenden zwei Jahrzehnten kontinuierlich weiterentwickelt, ist heute eine beachtliche Größe im Sportgeschehen der Stadt und genießt weithin gesellschaftliche Anerkennung. Wesentlichen Anstoß für diese Entwicklung gaben die Erfolge der DFB-Auswahl, die mehrfach Welt- und Europameister wurde. Allein die Zahl der in Berlin kickenden Mädchen und Frauen spricht für sich.

Der Aufschwung des Frauenfußballs und seine gewachsene Bedeutung waren keinesfalls ein Selbstläufer und sind mit Namen wie Tanja Walther-Ahrens verbunden. Sie spielte von 1992 bis 1994 bei Tennis Borussia in der 2. Bundesliga und nach einem

Aufenthalt in den USA von 1995 bis 1999 bei Turbine Potsdam in der Bundesliga. Die studierte Sportwissenschaftlerin und Pädagogin blieb auch nach ihrer Karriere als Leistungssportlerin im Fußball aktiv und schloss sich dem 1988 gegründeten SV Seitenwechsel an.

Für Tanja Walther-Ahrens ist der Fußball aber mehr als nur Sport im engeren Sinne, sondern ein gesellschaftliches Phänomen. Sport kann nach ihrem Verständnis das Zusammenleben bereichern, kulturelle und soziale Grenzen überwinden und Diskriminierungen abbauen. Sie engagiert sich seit 2006 in der European Gay and Lesbian Sport Federation (EGLSF), veröffentlichte im gleichen Jahr das Buch „Kick it Out – Homophobie im Fußball“, leitete von 2011 bis 2013 die Arbeitsgruppe „Bildung“ innerhalb der Kommission Nachhaltigkeit des Deutschen Fußball-Bundes und ist Mitglied der Deutschen Akademie für Fußballkultur.

Auf dem Verbandstag des Berliner Fußball-Verbandes wurde Walther-Ahrens 2013 als erste Frau ins Präsidium gewählt. Zwei Jahre lang arbeitete sie vor allem daran, den Mädchen- und Frauenfußball weiterzuentwickeln. Ihr Ziel war, die Potenziale intensi-

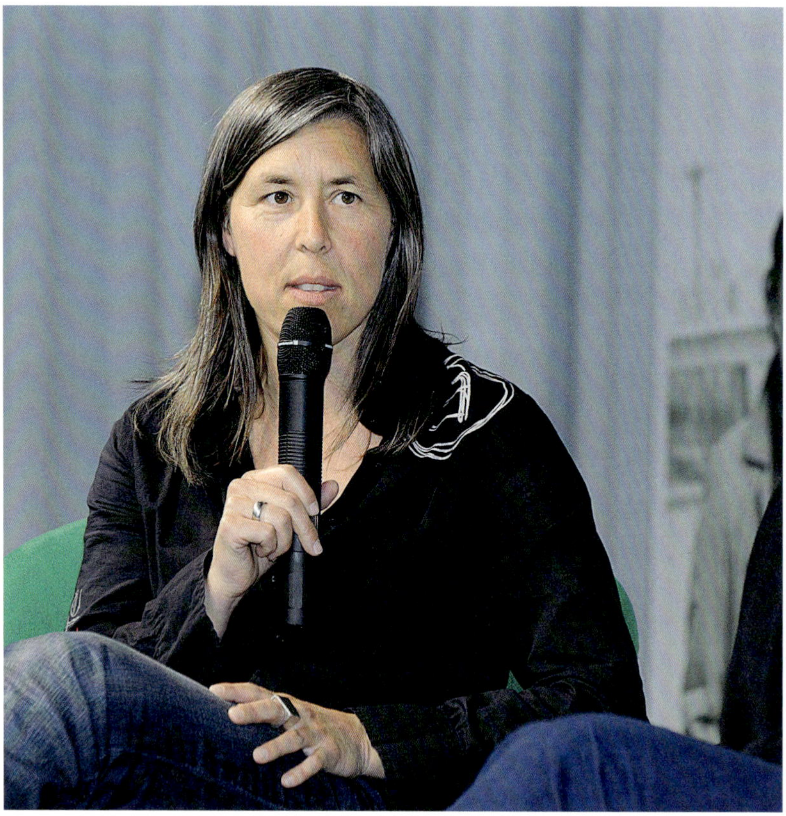

Tanja Walther-Ahrens bei einer Diskussionsveranstaltung

ver auszuloten und beispielsweise über eine Fachtagung zum Thema zu bündeln, wobei die unterschiedlichsten Interessen berücksichtigt werden sollten. Ihr Ansatz in der verbandlichen Arbeit war ein verbesserter Dialog zwischen Vereinen und Verband in allen wesentlichen Fragen, insbesondere beim Frauenfußball. Da sie selbst gesteckte Ziele nicht erreichen konnte und die Verbandsarbeit als zu träge empfand, legte Walther-Ahrens den Posten im Präsidium 2015 nieder.

Aber auch ohne Funktionärsamt ist Tanja Walther-Ahrens immer noch dabei, den Frauenfußball zu fördern und sich zum Beispiel in Vorträgen und Interviews gegen jede Form der Diskriminierung und insbesondere gegen Homophobie zu wenden.

Heinz Warneke

*16. März 1931 †22. November 2020

Ein Mann der Taten

Im Frühjahr 1972 fuhr der Hertha-Dampfer in unruhigen Gewässern. Der Verein befand sich in der laufenden Saison 1971/72 zwar nie in Abstiegsgefahr, doch die Auswirkungen des Bundesliga-Skandals, an dem fünfzehn Spieler von Hertha BSC am letzten Spieltag der vorherigen Saison beteiligt waren, ließ dunkle Wolken für den Berliner Traditionsklub aufziehen. Hertha BSC fand zwar Unterstützung durch den Senat, doch diese Hilfe war mit der Forderung nach einem Wechsel in der Vereinsführung verbunden, sodass sich der amtierende und sportlich erfolgreiche Präsident Gerhard Bautz, ehemaliger Direktor der Schultheiss-Brauerei, nicht mehr zur Wahl stellte.

Somit war der Weg für den 41-jährigen Heinz Warneke frei, der am 15. Mai 1972 zum neuen Präsidenten von Hertha BSC gewählt wurde und mit seinen Vorstandskollegen die Bewältigung der vielfältigen Probleme anging. Um einen Konkurs abzuwenden und die sportliche Wettbewerbsfähigkeit zu erhalten, trat Heinz Warneke zur Gewährung von Krediten und der Stundung von Steuerrückständen in Verhandlungen mit dem Berliner Senat, der Berliner Bank und der Oberfinanzdirektion. Er verpflichtete neue Spieler für den Neuaufbau der Mannschaft von Hertha BSC, verhandelte mit dem DFB über Verkäufe von gesperrten Spielern an ausländische Vereine und generierte hiermit zumindest einen Teil des notwendigen Kapitals für Neuverpflichtungen.

Der Verein hatte 1974 mittlerweile eine Schuldenlast von über 6 Millionen DM zu tragen, die nur durch den Verkauf der an der Millionenbrücke gelegenen „Plumpe“, der Heimat von Hertha BSC, zu tilgen war. Heinz Warneke und seine Vorstandskollegen beschritten notgedrungen einen schon seit längerer Zeit angedachten Weg, der die finanzielle Rettung des Vereins bedeutete. Am 24. Mai 1974 wurde das vereinseigene Grundstück nach der notwendigen Umwidmung in Bauland für 6,2 Millionen DM an die Deutsche Immobilien Investierungs-AG veräußert. Hertha BSC war durch diesen Verkauf als Folge des Bundesliga-Skandals schuldenfrei.

Am 23. September 1974 endete die 28-monatige Amtszeit von Heinz Warneke als Präsident von Hertha BSC, von 1996 bis 2010 gehörte er zudem dem Aufsichtsrat des Vereins an. Warneke sicherte während seiner Amtszeit mit viel Mut und finanziellem Risiko für den Neuaufbau der Mannschaft die Bundesliga-Zugehörigkeit von Hertha BSC und bewahrte das Olympiastadion durch die weitere Nutzung auf höchster bundesdeutscher Fußballebene vor dem Schicksal eines leerstehenden Steindenkmals.

Doch noch in einer anderen Hinsicht machte Heinz Warneke sich in den 1970er-Jahren um den Berliner Fußball verdient. Als seit 1970 amtierender Direktor der Berliner Deutschlandhalle initiierte er die lange Zeit in der Stadt sehr beliebten Hallenfußball-Turniere an jenem Ort. Vom 13. bis 17. Januar 1971 fand das erste Profi-Turnier auf deutschem Boden statt, das Gastgeber Hertha BSC gewann. In der Folgezeit hatte der „Budenzauber“ stets großen Zulauf, eine veränderte Saisonplanung des DFB und das Verletzungsrisiko auf Kunstrasen sorgten jedoch dafür, dass viele Vereine zunehmend ohne ihre Stars antraten, sodass Hallenfußball ab Ende der 1990er-Jahre allmählich an Popularität verlor.

Frank Schurmann

Hans „Hanne“ Weiner

*29. November 1950

Von Berlin in die weite Welt und wieder zurück

Den gebürtigen Neuenkirchener Hans „Hanne“ Weiner zog es früh nach Berlin. Er begann seine Karriere 1969 in der Regionalliga als Innenverteidiger bei Tennis Borussia. 1972 wechselte er zu Hertha BSC und entwickelte sich schnell zu einem Stammspieler. Zusammen mit seinen Kollegen Michael Sziedat, Holger Brück und Uwe Kliemann bildete er zu dieser Zeit eine der besten Abwehrreihen der Bundesliga, in der die Mannschaft die Saison 1974/75 am Ende als Vize-Meister abschloss. In sieben Jahren lief Weiner 218 Mal für die Blau-Weißen auf, dabei gelangen ihm zwölf Treffer.

1979 wechselte Hanne Weiner zur Verstärkung der Abwehr zum FC Bayern München, wo er ebenfalls auf Anhieb Stammspieler wurde und seine größten Erfolge feierte. Er gewann 1980 und 1981 mit den Bayern die Deutsche Meisterschaft sowie 1982 den DFB-Pokal. Im gleichen Jahr stand er im Finale um den Europapokal der Landesmeister, verlor jedoch mit 0:1 gegen den englischen Meister Aston Villa. Nach dieser erfolgreichen Zeit ging Weiner nach Amerika und spielte in der North American Soccer League bei Chicago Sting. In zwei Jahren kam er auf 33 Einsätze und erzielte fünf Tore.

Zur Saison 1983/84 kehrte Weiner zu Hertha BSC in die 2. Bundesliga zurück, wo er als Routinier noch einmal 65 Spiele für die „Alte Dame" absolvierte. Nach Herthas Abstieg in die Amateur-Oberliga beendete Hans Weiner 1986 seine Karriere als aktiver Profi.

Hanne Weiner leitete 18 Jahre lang gemeinsam mit seiner Ehefrau das von ihm eröffnete Hotel „Tegeler Hof" in Alt-Tegel. 2002 übernahm er von seinem Freund und ehemaligen Hertha-Präsidenten Wolfgang Holst die Gaststätte „Holst am Zoo" in unmittelbarer Nähe des Bahnhofs Zoologischer Garten, die er in „Hanne am Zoo" umbenannte, renovierte und bis 2010 betrieb. In der wohl bekanntesten Fußball-Kneipe Deutschlands waren acht Jahre lang die berühmtesten Persönlichkeiten des Sports wie Franz Beckenbauer, Karl-Heinz Rummenigge oder Erich „Ete" Beer zu Gast, bis das Lokal aufgrund von Unstimmigkeiten mit dem Hauseigentümer dichtmachen musste und das Gebäude schließlich abgerissen wurde.

2008 erkrankte Weiner im Alter von 57 Jahren an Parkinson. Er bekam zwei Mal einen Hirnschrittmacher eingesetzt, woran die Öffentlichkeit und die Fußball-Familie in Berlin regen Anteil nahmen. Den Einsatz und seinen Kampfgeist, den er früher auf dem Platz stets gezeigt hatte, braucht er seitdem für andere Dinge.

Günter Weise

*31. Dezember 1925 †24. März 2016

Eine Institution im Berliner Sportjournalismus

Günter Weise war eine Institution im Berliner Sportjournalismus. 1946 begann er für die Abendzeitung „Der Kurier" zu schreiben, von 1967 bis Ende der 1970er-Jahre war er Chef des Sport-Ressorts bei der „Berliner Morgenpost". Von 1978 bis 1987 saß er dem Verband Deutscher Sportjournalisten vor, der ihn anschließend zu seinem Ehrenpräsidenten ernannte. Bis zuletzt, über 60 Jahre lang, schrieb der gebürtige Berliner für die „Fußball-Woche".

Der 1925 geborene Weise war sein Leben lang dem Fußball eng verbunden. In jungen Jahren spielte er selbst, zuerst bei Union Oberschöneweide, dann in Baumschulenweg und zuletzt bei Grün-Weiß Neukölln. Letztlich gab er den aktiven Fußball aber zugunsten seiner noch größeren Leidenschaft – dem Schreiben – auf und spielte fortan Tennis, beim von ihm mitgegründeten TC Westend 59 und bei der SG Siemensstadt.

Für seine verdienstvolle Arbeit für den Fußball wurde Günter Weise 1995 mit dem Goldenen Fußball, der höchsten Ehrung des Berliner Fußball-Verbands, ausgezeichnet. Und noch eine andere Leistung verbindet ihn mit dem BFV: Im Jahr 1997 verfasste er gemeinsam mit Wolfgang Hartwig anlässlich des 100-jährigen Bestehens des Berliner Fußball-Verbandes die Chronik „100 Jahre Fußball in Berlin“. Das seinerzeit im Sportverlag Berlin erschienene Werk bietet Fußball-Fans noch heute eine wichtige Grundlage für die Beschäftigung mit der Geschichte des Berliner Fußballs.

Höhepunkte in Weises Berufsleben waren zwei besondere Ereignisse, die ihn nachhaltig prägten: 1954 war er als Berichterstatter beim sensationellen WM-Triumph der deutschen Fußball-Nationalmannschaft gegen Ungarn in Bern dabei. Und 1972 erlebte er das Attentat auf die israelischen Sportler bei den Olympischen Spielen in München mit.

Noch im hohen Alter ging er ins Stadion und ließ sich deshalb von seinen Freunden zu den Spielen von Hertha BSC abholen, die er immer noch gern besuchte und kritisch begleitete. „Micky“, wie Günter Weise von seinen Kollegen genannt wurde, verstarb 2016 nur wenige Wochen nach seinem 90. Geburtstag.

Ingo Weniger

*6. August 1957

Verbandssportlehrer begründen Zukunft

Ingo Weniger begann 1967 beim 1. FC Magdeburg Fußball zu spielen. Dort wurde sein Talent gefördert und er entwickelte sich so weit, dass er in der Saison 1976/77 erstmals in der Oberliga zum Einsatz kam und zu sechzehn Einsätzen in der Junioren-Nationalmannschaft der DDR berufen wurde. 1978 wechselte Weniger zum 1. FC Union und absolvierte für den Verein bis 1988 in der Oberliga, in der Aufstiegsrunde zur Oberliga, in der DDR-Liga und im FDGB-Pokal 173 Pflichtspiele. Der Abwehrspieler beendete in der Saison 1988/89 bei der BSG Stahl Hennigsdorf seine aktive Laufbahn.

Bereits während seiner Zeit beim 1. FC Union hatte Ingo Weniger das Sportlehrer-Diplom erworben, sodass er unmittelbar nach seiner aktiven Zeit bei Stahl Hennigsdorf als

Assistenz-Trainer dort eine neue Laufbahn beginnen konnte. Es folgten Stationen als verantwortlicher Trainer bei Marathon 02 und als Nachwuchscoach beim 1. FC Union. Zu Beginn des Jahres 1998 übernahm er bei den Posten des Cheftrainers bei den Köpenickern, wurde aber bereits nach neun Monaten abgesetzt.

2001 wurde Weniger im Berliner Fußball-Verband als Verbandstrainer angestellt und trainierte diverse Nachwuchs-Auswahlmannschaften. Darüber hinaus wirkte er als Stützpunkttrainer des DFB. Der BFV übertrug ihm die Verantwortung als Verbandssportlehrer Qualifizierung.

Ingo Weniger nimmt in vieler Hinsicht eine Schlüsselposition innerhalb des Berliner Fußball-Verbandes ein. Zum einen stellt die Qualifizierung der Nachwuchssportler eine Investition in die Zukunft des Berliner Fußballs insgesamt dar, zum anderen ist die zeitgemäße Aus- und Weiterbildung eine entscheidende Voraussetzung für die Entwicklung des Verbandes. Vor allem in den letzten zwei Jahrzehnten wurde die Qualifizierung innerhalb des DFB und des BFV deutlich vorangetrieben und verbessert. So wurden die Inhalte auf ein höheres Niveau gehoben und die Zahl der Angebote gesteigert.

Die Qualifizierungslehrgänge des Verbandes sind für viele junge Sportler und Übungsleiter oftmals der erste direkte Kontakt mit ihrem Verband. Hier erleben sie den BFV nicht als ferne Institution, sondern in Person von Ingo Weniger und seinen Mitarbeitern als handelnde Menschen, die ihr Wissen um den Fußball engagiert weitergeben und mit Leidenschaft bei der Sache sind. Die Vorbildrolle von Ausbildern – so wie Ingo Weniger einer ist – und ihr Einfluss nicht nur auf die sportlichen Leistungen, sondern auch auf die gemeinsame Grundhaltung des Berliner Verbandes sind hoch einzuschätzen.

Wilhelm Wernicke

*14. April 1882 † 13. Januar 1967

Über Jahrzehnte den Verein geprägt

Wilhelm Wernicke amtierte mit kurzen, zum Teil erzwungenen Unterbrechungen 37 Jahre lang als Präsident von Hertha BSC. So lange hat keine andere Persönlichkeit den Verein geleitet und geprägt. Erfolgreicher als in den Jahren seines Wirkens war Hertha BSC mit den zwei errungenen Deutschen Meisterschaften 1930 und 1931 nie.

Der kaufmännische Angestellte, Gewerkschaftsfunktionär und Sozialdemokrat Wilhelm Wernicke gehörte ab 1908 dem Vorstand von Hertha BSC (damals noch BFC Hertha 92) an.

Besondere Verdienste erwarb er sich 1923, als es ihm gelang, nach wiederkehrenden wirtschaftlichen Problemen des sportlich erfolgreichen Vereins die Fusion mit dem finanzkräftigen Berliner Sport-Club zu realisieren. Seitdem trägt der Verein den Namen Hertha BSC. Auf diese Weise wurde es möglich, gegenüber dem traditionellen Schebera-Platz eine eigene Fläche zu erwerben und ein Stadion zu errichten. Das Stadion im Stadtviertel Gesundbrunnen – im Volksmund „Plumpe" genannt – bot wesentliche Voraussetzungen für die Entwicklung des Vereins und wuchs zu einem Zentrum des Berliner Fußballs.

Die Bedeutung von Wilhelm Wernicke als Präsident ging allerdings weit über die sportorganisatorische Arbeit hinaus. Er bemühte sich, Hertha BSC als Mitgliederverein zu formen, in dem Gemeinsamkeit gelebt wird und eine Grundhaltung des solidarischen Miteinanders verankert ist. So kümmerte sich Wernicke persönlich um Angehörige im Ersten Weltkrieg gefallener Hertha-Mitglieder und nach Kriegsende um jene im Verein, die unter den Folgen der Hyperinflation von 1923 und der Massenarbeitslosigkeit im Zuge der Weltwirtschaftskrise von 1929/30 litten.

In seinem Neujahrsgrußwort für 1922 schrieb er: „Wir stehen uns alle einander nahe, kennen oft die Sorgen des andern und wissen auch seine Wünsche und wollen, wenn die Wendestunde schlägt, hoffen, dass nun unser Sehnen erfüllt werde."

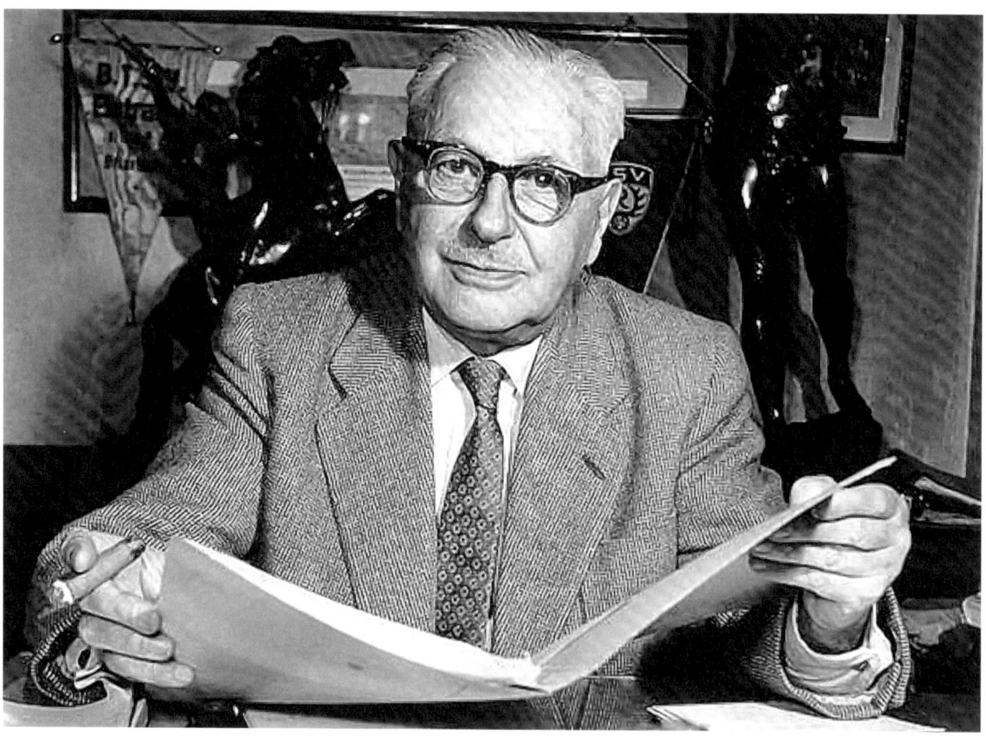

Wilhelm Wernicke an seinem Schreibtisch

Nach der Errichtung der NS-Diktatur 1933 zog sich Wilhelm Wernicke als Präsident zurück, blieb jedoch Hertha treu. Er arbeitete weiter für den Verein, jetzt allerdings als „graue Eminenz" im Hintergrund. Wernicke, der mit der örtlichen Arbeiterbewegung und dem Widerstand gegen die NS-Diktatur vernetzt war, unterstützte die politische Opposition gegen das NS-Regime, ohne jedoch selbst aktiv zu werden und sich zu exponieren.

Die offizielle Leitung des Vereins übertrugen die damals rund 500 Mitglieder bereits im Juni 1933 einem „Vereinsführer", der NSDAP-Mitglied war, um einer Gleichschaltung durch die NS-Organisationen oder der Übernahme durch einen anderen Sportverein zu entgehen.

Wilhelm Wernicke versandte während des Zweiten Weltkriegs regelmäßig an mehrere hundert Soldaten die aktuelle Ausgabe der „Fußball-Woche". Als Mitglied der „Deutschen Arbeitsfront" oder als Mitwirkender an Sammlungen des Kriegs-Winterhilfswerks zeigte er eine gewisse Anpassungsbereitschaft an das NS-Regime. 1943 wurde ihm für seine Verdienste um die Vereinsarbeit das Ehrenzeichen der „Deutschen Volkspflege" verliehen. Aber er bewahrte stets seine Integrität, Antisemitismus und Rassenwahn blieben ihm fremd. Zum Kriegsende wurde Wilhelm Wernicke hauptamtlicher Geschäftsführer von Hertha BSC.

Wilhelm Wernicke machte sich um den Erhalt von Hertha BSC am Ende des Zweiten Weltkriegs und das Fortbestehen in den ersten Jahren der Nachkriegszeit verdient. Im Mai 1945 gelang es ihm, bei der sowjetischen Militäradministration die Genehmigung für den Wiederaufbau der zerstörten Sportanlagen von Hertha BSC zu erhalten.

Da alle Sportverbände und -vereine in Deutschland aufgrund ihrer Verstrickung mit der NS-Diktatur im Mai 1945 durch Beschluss des Alliierten Kontrollrats verboten wurden, mussten sich die Mitglieder von Hertha BSC von 1946 bis 1950 als Sportgemeinschaft Gesundbrunnen organisieren. Wilhelm Wernicke bereitete maßgeblich die Wiederzulassung des Vereins in West-Berlin im September 1949 vor.

Heute ehrt Hertha BSC Wilhelm Wernicke und wendet sich in den letzten Jahren verstärkt seiner Biographie und seinem Anteil an der Entwicklung des Vereins zu. Von der Hertha BSC-Stiftung wurde der Wilhelm-Wernicke-Preis ins Leben gerufen und 2021 erstmals verliehen. Er fördert Initiativen und Projekte der Jugendhilfe und versteht sich als wichtiger Beitrag zum sozialen und karitativen Profil des Vereins.

Jack White

*2. September 1940

„Der war kompetent"

Es war Hennes Weisweiler, der den Jungen entdeckte, der unter reichlich prekären Umständen in Köln aufwuchs. Viktoria Köln, FK Pirmasens und PSV Eindhoven gehörten zu den Stationen des Vertragsfußballers Horst Nußbaum. Nach Ende seiner aktiven Karriere zog er 1966 nach Berlin, um eine Ausbildung als Außenhandelskaufmann zu absolvieren. Nußbaum entdeckte seine Liebe zur Musik, 1967 erschien unter dem Künstlernamen Jack White seine erste Platte mit dem Titel „Ein paar Tränen". Nicht als Künstler, sondern als Musikproduzent machte Jack White eine der bemerkenswertesten Karrieren der deutschen Nachkriegsgeschichte.

In Berlin fand White seine sportliche Heimat bei Tennis Borussia. Der ehemalige Profi spielte bei den Amateuren in der Verbandsliga, bei den Alten Herren und in der Prominenten-Mannschaft, der späteren Hans-Rosenthal-Elf. 1992 nahm White sogar als Vorsitzender bei den Veilchen die Zügel in die Hand, doch fünf Jahre später trennten sich die Wege. Vor Gericht stritten sich die Tennis Borussen mit dem Musiker um rund 5,8 Millionen DM zuzüglich Zinsen.

Seine besondere Bedeutung für den deutschen Fußball erlangte Jack White allerdings als Wegbereiter des Frauenfußballs. In Deutschland boomte dieser nach der gewonnenen WM 1954, jedoch ließ der DFB bereits 1955 ein Verbot ergehen – verbunden mit empfindlichen Strafen, sollten die Vereine sich auch nur darauf einlassen, Frauenmannschaften Plätze zur Verfügung zu stellen. „Im Kampf um den Ball verschwindet die weibliche Anmut, Körper und Seele erleiden unweigerlich Schaden, und das Zurschaustellen des Körpers verletzt Schicklichkeit und Anstand", glaubte der Verband. Das Verbot fällt in die Amtszeit von Peco Bauwens, DFB-Präsident von 1950 bis 1962, der pikanterweise 1907 während seines Studiums in Berlin bei Tennis Borussia Fußball gespielt hatte.

Trotz der feindseligen Atmosphäre fanden bei den Tennis Borussen immer wieder Frauen den Weg auf den Platz. Für die Mannschaft der Kabarettisten von den „Stachelschweinen", seit August 1968 im Verein, schoss Hannelore Koegler das erste Tor der Mannschaftsgeschichte. Ein erstes „Damenspiel" trug die noch informelle Frauenabteilung im November 1969 im Mommsenstadion aus. Die Mannschaft setze sich aus Frauen der Regionalliga-Spieler, Frauen von den Stachelschweinen und Handballerinnen zusammen. „Am Anfang stand ein bisschen Knödelei, Spaß und Geselligkeit."

Noch vor der Aufhebung des Verbots durch den DFB am 31. Oktober 1970 wurde die bislang nur „wilde" Frauenabteilung in geordnete Bahnen überführt. Um Druck auf den

Verband auszuüben, rief der Club am 28. Juli 1970 die Damenfußball-Mannschaft unter der Leitung von Charlotte „Lotty" Schmitz offiziell ins Leben. Im Raum stand bundesweit die Ankündigung, für den Frauenfußball einen eigenen Verband zu gründen, sollte der DFB sich nicht bewegen.

Der Druck, unter dem die Frauen bei TeBe Fußball spielten, war enorm. Der sie zusammenhielt und motivierte, war Jack White. „Jack sagte: ‚Wenn ihr euch zu einer Gruppe zusammenfindet, bin ich bereit, euch zu trainieren'", erinnerte sich Barbara „Charly" Streuffert. Ihre Mitspielerin Rita Cygon assistierte: „Jack war ein guter Trainer, der war kompetent und wusste, was er wollte." White nutzte seine Popularität, um für die Akzeptanz des Frauenfußballs zu werben, wie Cygon und Streuffert berichteten: „Da standen oft Lena Valaitis, Tony Marschall und solche Leute am Spielfeldrand rum, die hatten danach einen Termin mit Jack White ... Die Promis, die am Trainingsplatz auftauchten, die hat der Jack White hergelotst, damit die uns sehen."

Die Frauen bei TeBe waren unter ihrem Trainer Jack White ausgesprochen erfolgreich. 1972 erreichten sie die Berliner Vizemeisterschaft, 1973 wurden sie mit einem 3:2-Sieg gegen Meteor 06 Berliner Meister und qualifizierten sich damit für die deutsche Meisterschaft. Noch bevor die „Deutsche" ausgespielt werden konnte, trennten sich die lila-wei-

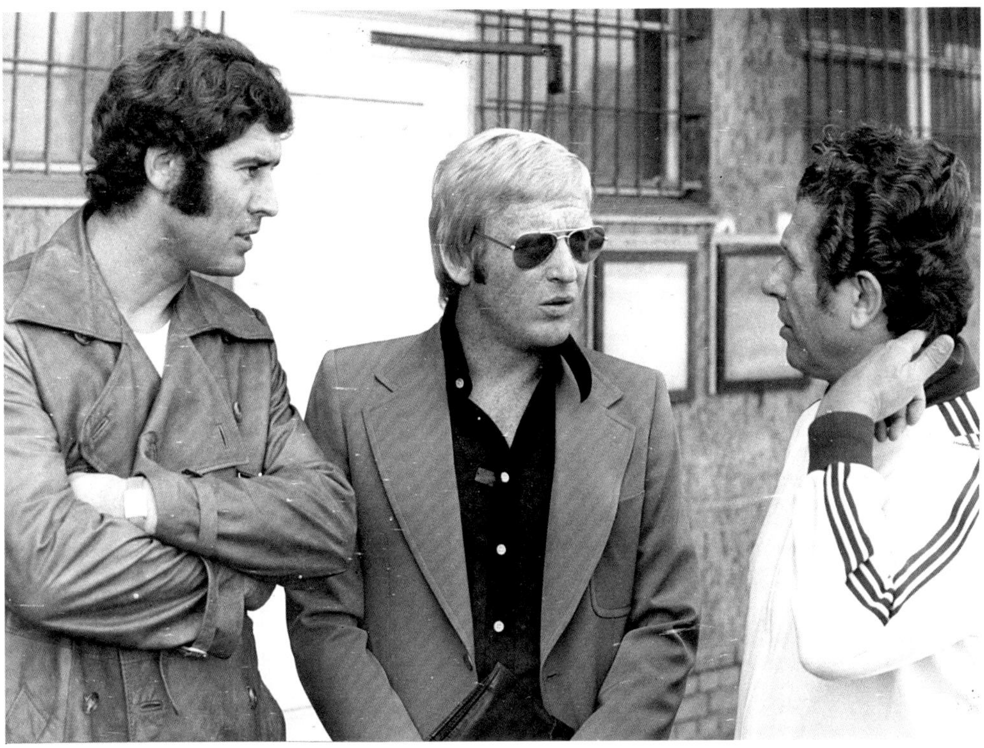

Jack White (links) mit Karl-Heinz Schnellinger (Mitte) und Georg Gawliczek

ßen Frauen und Jack White voneinander, „allerdings ohne jene spektakulären Begleitumstände, wie sie meist üblich sind, wenn ein Trainer geht und ein neuer kommt. Jack White war beruflich zu überlastet, um die Mannschaft so intensiv vorzubereiten, wie es die bevorstehenden Aufgaben erforderten“, hieß es in der Festschrift zum 75-jährigen Bestehen von Tennis Borussia.

Jan Buschbom

Herbert Wolff

*4. November 1925 †16. Juni 2016

Die Geschicke des Ost-Berliner Fußballs

Herbert Wolff widmete einen großen Teil seines Lebens dem Fußball. 1947 wurde er Mitglied beim SV Sparta Lichtenberg und blieb sein Leben lang diesem Verein treu. Nach seiner aktiven Zeit als Spieler und Schiedsrichter war er von 1970 bis 1985 als Technischer Leiter der Abteilung Fußball tätig, von 1991 bis 1994 Kassenwart. Noch bis ins hohe Alter widmete Herbert Wolff seinem Verein viel Zeit und Engagement, dafür wurde er bereits 1984 zum Ehrenmitglied ernannt. Insgesamt war er 69 Jahre lang Vereinsmitglied bei Sparta.

Als Hauptgeschäftsführer des Berliner Bezirksfachausschusses Fußball leitete Herbert Wolff über zwei Jahrzehnte bis zu seiner Pensionierung am 1. November 1990 die Geschicke des Ost-Berliner Fußballs und war an der Seite von Uwe Piontek maßgeblich an der Vereinigung des Fußball-Verbands Berlin (FVB), der eigens zu diesem Zweck gegründet worden war, mit dem Berliner Fußball-Verband beteiligt, die am 17. November 1990 vollzogen wurde.

Bis dahin waren vielerlei Aufgaben zu bewältigen. Nach der Gründung des FVB am 22. Juni 1990 befand sich die Geschäftsstelle zunächst noch am Hausvogteiplatz, zog dann aber in der zweiten Juli-Hälfte in das Gebäude der Werner-Seelenbinder-Halle um. Der West-Berliner Fußball-Verband half mit Möbeln und Büroausstattung aus und stand auch sonst mit Rat und Tat zur Seite. Das Ziel war schließlich, die Strukturen des Ost-Berliner Fußballs anzupassen und die Vereine fit zu machen für die Eingliederung in den bestehenden Spielbetrieb des BFV.

Die Bilanz im Sommer 1990 fiel allerdings ernüchternd aus: Hatten sich zur Saison 1987/88 noch 907 Mannschaften für den Spielbetrieb in Ost-Berlin gemeldet, so waren es für die Spielzeit 1988/89 nur noch 854. Für 1990/91 waren zum Zeitpunkt der Gründung des FVB gerade mal 647 Meldungen eingegangen, was natürlich auch an der Abwanderung von Fußballern in den Westen lag. Die Geschäftsstelle wurde noch bis Mitte 1991 betrieben.

Auch nach der Wende blieb Herbert Wolff im Amateurfußball aktiv und arbeitete über seine Vereinstätigkeit beim SV Sparta Lichtenberg hinaus unter anderem auch in den Klassentagungen der Landesliga mit. 1992 erhielt er die DFB-Verdienstnadel, 1995 wurde er mit dem BFV-Ehrenschild ausgezeichnet. 1998 folgten die Ehrenplakette des Senats und die goldene Ehrennadel des BFV. 2010 wurde Wolff zum BFV-Ehrenmitglied ernannt, denn in seiner Funktion als Geschäftsführer hat Herbert Wolff den Berliner Fußball entscheidend mitgeprägt. Er wurde 90 Jahre alt und starb am 16. Juni 2016.

Willi Worpitzky

*25. August 1886 † 10. Oktober 1953

Ein wuchtiger Mittelstürmer

Willi Worpitzy war der bedeutendste Torjäger im Berliner Fußball vor dem Ersten Weltkrieg und hatte maßgeblichen Anteil an den Erfolgen seines Vereins, des BFC Viktoria 1889, in jenen Jahren. Die „Mariendorfer Löwen", wie die Elf aus dem südlichen Vorort der Stadt genannt wurden, dominierten die Berliner Meisterschaft mit fünf Titeln zwischen 1907 und 1913 sowie den Berliner Pokalwettbewerb, den sie von 1907 bis 1909 dreimal in Folge gewann. Viermal, nämlich 1907, 1908, 1909 und 1911 erreichte die Mannschaft das Endspiel um die deutsche Meisterschaft, zweimal, 1908 und 1911 war sie dabei siegreich.

Worpitzky schoss in insgesamt zwölf Endrundenspielen sagenhafte 22 Treffer. Er bestritt in dieser Zeit 41 Auswahlspiele für Berlin und wurde neun Mal in die deutsche Nationalmannschaft berufen. Bei dieser herausragenden Bilanz mag es verwundern, dass der wuchtige Mittelstürmer seine Fußball-Karriere ursprünglich als Torhüter bei Minerva 93 in Moabit begonnen hatte, wo er auch aufgewachsen war. Über den Berliner Ballspiel-Club kam er 1907 zu Viktoria 89, und erst dort wechselte er auf die Position des Mittelstürmers.

Beim größten Höhepunkt seiner Karriere, der Teilnahme am Fußballturnier im Rahmen der Olympischen Sommerspiele 1912 in Stockholm, blieb ihm allerdings ein Erfolg verwehrt. Am 29. Juni 1912 stand er in der Vorrundenpartie gegen Österreich als Mittelstürmer auf dem Platz, als der etatmäßige Torhüter Alfred Weber verletzungsbedingt ausscheiden musste. Da damals Auswechslungen während des Spiels noch nicht gestattet waren, rückte Worpitzky ins Tor, konnte jedoch die 1:5-Niederlage nicht verhindern, mit der auch bereits das Ausscheiden der DFB-Elf aus dem Turnier besiegelt war. Es blieb nur die Trostrunde, in der Deutschland dann zu einem 16:0-Erfolg gegen Russland kam. Worpitzky wurde jedoch nicht mehr eingesetzt.

Am 6. Oktober 1912 absolvierte Willi Worpitzy bei der 1:3-Niederlage gegen Dänemark in Kopenhagen seinen letzten Einsatz in der Nationalmannschaft. Nachdem er zwischenzeitlich nach Halle gegangen war und mit dem Halleschen FC 1896 das Finale um die mitteldeutsche Fußballmeisterschaft 1917/18 erreicht hatte, beendete er 1921 beim VfB Pankow seine Fußballkarriere. In späteren Jahren arbeitete Worpitzky, der von Beruf Techniker war, noch als Trainer beim Brandenburger SC 05, in Oranienburg und beim Charlottenburger SC.

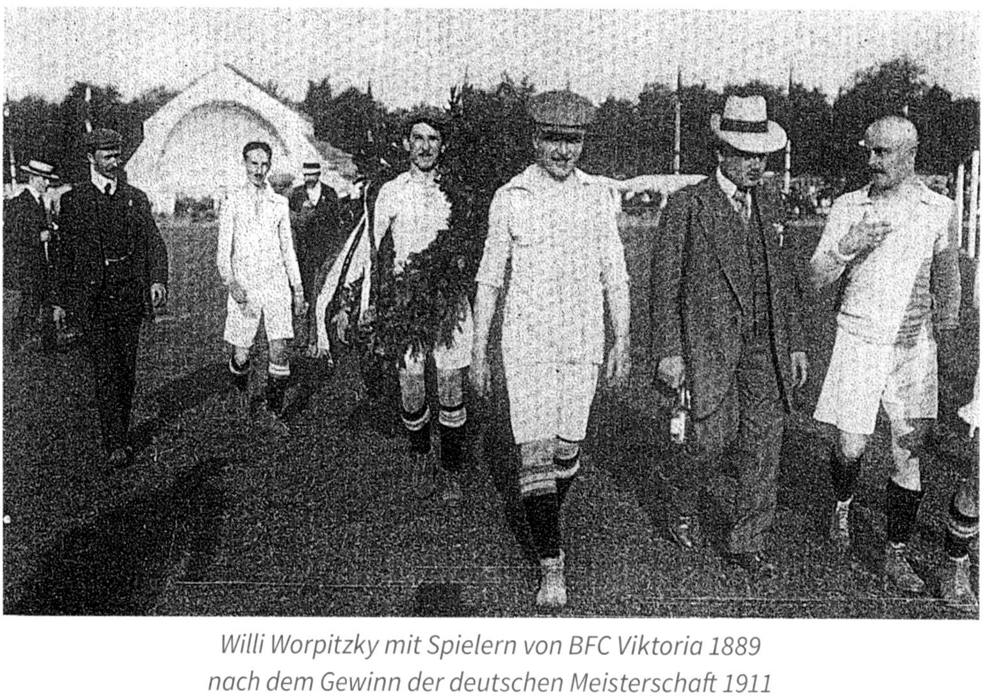

Willi Worpitzky mit Spielern von BFC Viktoria 1889 nach dem Gewinn der deutschen Meisterschaft 1911

Marion Wusterhausen

*12. November 1946

Es begann mit einer Wette

Marion Wusterhausen organisierte eines der ersten reinen Frauenfußball-Spiele in Berlin. Dabei begann alles mit einer Wette: Die Männer des 1. FC Lübars wollten nicht glauben, dass die fußballbegeisterten Frauen im Verein es schaffen würden, eine komplette Mannschaft zusammenzubekommen und ein Fußballspiel zu bestreiten, und boten 50 D-Mark für den Fall, dass sie es doch zustande brächten. 1969 war das, als der Frauenfußball in Mitgliedsvereinen des DFB noch offiziell verboten war. Die Frauen waren zu elft, das Spiel fand statt – die Männer verloren die Wette, mussten zahlen und den Frauen Respekt zollen.

Ein Jahr später, am 31. Oktober 1970, fiel das Verbot. In Berlin existierten zu diesem Zeitpunkt vier Frauen-Teams, die sich bereits vor dem Fall des DFB-Verbots gegründet hatten. Neben dem 1. FC Lübars waren das Tennis Borussia, Schwarzweiß Spandau und Wacker 04. Als ein Jahr später die erste, noch inoffizielle Meisterschaft ausgespielt wurde, waren es bereits 28 Mannschaften und die Zahl stieg weiterhin rasant an. Die erste offizielle Berliner Meisterschaft, die noch im alten Rundenmodus mit abschließender Endrunde ausgetragen wurde, gewann 1973 das Team von Tennis Borussia im Finale gegen Meteor 06. Erste Berliner Torschützenkönigin wurde jedoch – unter ihrem Spitznamen „Wustel“ – Marion Wusterhausen mit 15 Treffern.

In den folgenden Jahren entstand beim 1. FC Lübars eine der erfolgreichsten Frauenfußball-Abteilungen Berlins. Das lag unter anderem an Marion Wusterhausen, die sich auch außerhalb des Platzes zu einem Aktivposten entwickelte. Sie baute mit Hartnäckigkeit und Sachverstand Mannschaft um Mannschaft auf, überwand Widerstände im Verein und weit darüber hinaus. Wusterhausen gehörte lange Zeit als Abteilungsleiterin für Frauen- und Mädchenfußball dem Vorstand des 1. FC Lübars an. Die Frauenfußball-Mannschaft des Vereins spielte in all den Jahren nie unterhalb der höchsten Berliner Liga.

1993 wurde das Team sogar Meister der Oberliga Nordost, scheiterte jedoch in den Qualifikationsspielen zum Aufstieg in die Bundesliga. In der 2004 eingeführten 2. Frauen-Bundesliga Nord belegte der 1. FC Lübars 2015 den ersten Platz, verzichtete aber aus finanziellen Gründen auf den Aufstieg. Eine zwischenzeitlich eingegangene Kooperation mit Hertha BSC wurde danach wieder beendet, und auch eine Partnerschaft mit dem Berliner AK 07 währte nicht lange. Infolge finanzieller Schwierigkeiten zog der Verein die Frauenfußball-Mannschaft gänzlich vom Spielbetrieb zurück. Die Zeiten des Aufbruchs, der Euphorie und der Erfolge sind offenkundig vorbei, aber die Leistungen des 1. FC Lübars und von Marion Wusterhausen verdienen auch 50 Jahre später noch Respekt und Anerkennung.

Harri Wuttke

*19. April 1927 † 10. Oktober 2009

Vielfach engagiert und viel geehrt

Vom Jugendspieler über das Amt des Sportwarts bis hin zum Vorsitzenden der Fußballabteilung und schließlich zum Ehrenmitglied des Gesamtvereins, es gibt kaum eine Funktion, die Harri Wuttke während der 68-jährigen Mitgliedschaft in seinem Verein, dem Berliner SV 1892, nicht innehatte. Umtriebig wie er war, war er allseits bekannt und beliebt sowie im Verein und im Bezirk das, was man wohl ein „Faktotum" und ein Wilmersdorfer Original nennt.

Geehrt wurde er für sein Engagement vielfach: vom Verein, vom Berliner Fußball-Verband, dem Deutschen Fußball-Bund und der Deutschen Olympischen Gesellschaft, vom Berliner Senat, dem Bezirksamt Charlottenburg-Wilmersdorf, der Deutschen Lebensrettungsgesellschaft und anderen Organisationen. Die höchste Auszeichnung, die Wuttke erhielt, war die Verleihung des Bundesverdienstkreuzes am Bande der Bundesrepublik Deutschland.

Dabei war der 1927 geborene Wuttke neben seiner sportlichen Laufbahn auch politisch sowie in zahlreichen anderen Ehrenämtern, beispielsweise als Vorsitzender des Kleingärtnerverbandes Wilmersdorf aktiv. Von 1957 bis 1971 war er Leiter des Sportamtes Wedding. Von 1959 bis 1971 sowie von 1985 bis 1989 gehörte der Sozialdemokrat der Bezirksverordnetenversammlung in Wilmersdorf an, von 1971 bis 1985 war er dort Bezirksstadtrat für Soziales und von 1981 bis 1985 außerdem stellvertretender Bürgermeister.

Doch seine große Leidenschaft gehörte dem Fußball. Im März 1941 wurde Harri Wuttke Mitglied des Berliner SV 1892, dem er bis zu seinem Tod im Jahr 2009 angehörte. Der Verein ehrte ihn, indem er anlässlich seiner 65-jährigen Mitgliedschaft eigens die Ehrenordnung des BSV umschrieb, um ihn mit einer weiteren Nadel würdigen zu können. Zu seinem 80. Geburtstag wurde das Sportcasino des BSV auf dem Gelände des Stadions Wilmersdorf nach Harri Wuttke benannt und später links vom Eingang eine Metalltafel befestigt. Auch im Berliner Fußball-Verband wirkte er viele Jahre als Vorsitzender der Vereinigung alter Rasensportler (VAR).

Aylin Yaren

*30. August 1989

Den Weltfußballer getroffen

Fußball ist Athletik und Ballfertigkeit, gelegentlich sogar Artistik. Die auf dem Platz oder anderswo gezeigten Leistungen dienen der Unterhaltung und rufen bei besonderer Raffinesse nicht selten die Begeisterung und Bewunderung durch das Publikum hervor. Kaum jemand verkörpert das besser als die deutsch-türkische Fußballspielerin Aylin Yaren, die sowohl im Liga-Spielbetrieb und als Nationalspielerin aktiv, als auch für ihre Fertigkeiten im Freestyle-Soccer bekannt ist.

Ihre fußballerische Laufbahn liest sich vielleicht nicht sonderlich spektakulär, sondern sogar eher etwas unstet und sprunghaft. Im Juniorinnen-Bereich für verschiedene Mannschaften aktiv, kam Aylin Yaren 2005 im Alter von 16 Jahren zunächst zu Tennis Borussia, wohin sie nach einem zweijährigen Engagement beim schwedischen LdB FC Malmö auch wieder zurückkehrte. Nach dem Bundesliga-Abstieg 2010 spielte sie zwei Jahre für den Zweitligisten 1. FC Lübars.

Es folgten Zwischenstationen beim Hamburger SV, in Bad Neuenahr und in Cloppenburg, bevor sie 2014 wiederum zum 1. FC Lübars ging. Im Winter 2016 wechselte Yaren in die Türkei zu Trabzon İdmanocağı, kehrte jedoch bereits 2017 nach Deutschland zurück und unterschrieb einen Vertrag bei Arminia Bielefeld. Sie spielte dann eine Saison beim

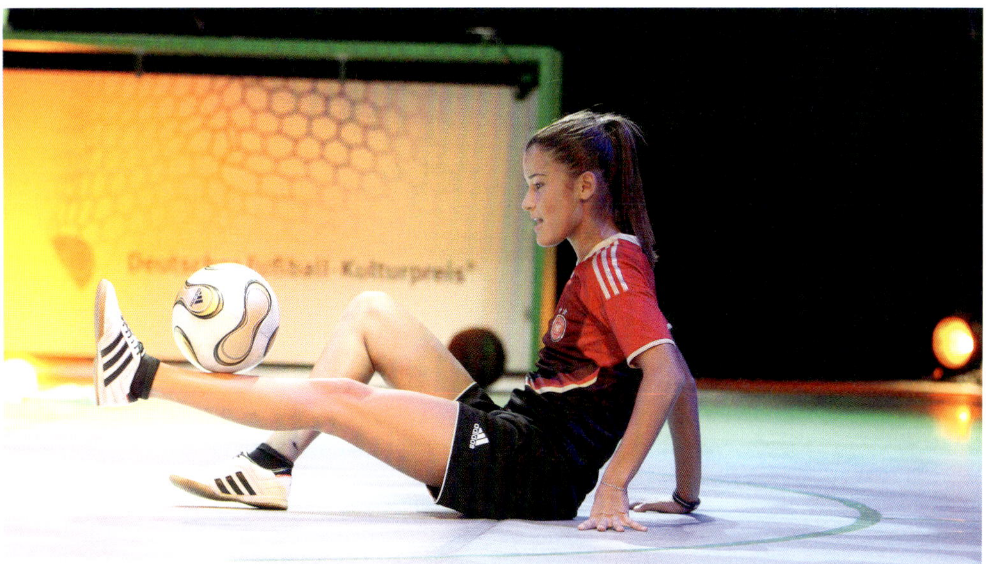

Aylin Yaren bei der Verleihung des Fußball-Kulturpreises 2011

SV Schott Jena in der Verbandsliga und ist seit 2018 wieder in Berlin beim Viertligisten Türkiyemspor aktiv.

Aylin Yaren absolvierte 2005 als Jugendliche eine Partie für die U17-Nationalmannschaft des DFB. Für die Türkei spielte sie sowohl in der U17- als auch in der U19-Auswahlmannschaft. Von 2008 bis 2015 wurde Yaren dann 19 Mal in die türkische Nationalmannschaft berufen, wobei sie zehn Tore erzielte.

Weit mehr Aufsehen erregten jedoch ihre Auftritte als Ball-Artistin. Erstmals mediale Aufmerksamkeit erhielt die Berlinerin 2007, als sie beim Torwandschießen im ZDF-Sportstudio den französischen Superstar Franck Ribéry mit 4:3 schlug. Dass dies kein Zufall war, stellte Aylin Yaren seitdem bei vielen Gelegenheiten unter Beweis. So begeisterte sie 2011 bei der Verleihung des Fußball-Kulturpreises der Deutschen Akademie für Fußball-Kultur mit ihrer Einlage als Ball-Artistin und Freestylerin die anwesenden Fachleute und Journalisten.

Im Herbst 2019 nahm sie an der deutschen Fernsehshow „Das Supertalent“ teil, bei der sie in die Endauswahl für das Finale kam. Und seit 2022 ist Aylin Yaren in einem Fernseh-Werbespot für einen Lebensmittel-Hersteller zu sehen, in dem sie in einer farbenfrohen Straßenszene zusammen mit einer Gruppe von Mitspielern und einem imaginären Ball mehrere Gegner nach allen Regeln der (Fußball-)Kunst austanzt und zum Schluss auf den siebenfachen Weltfußballer Lionel Messi trifft.

Johannes „Hans“ Zoschke

*28. Januar 1910 † 26. Oktober 1944

Widerstand gegen die Nationalsozialisten

Johannes „Hans“ Zoschke, wuchs in Lichtenberg auf, einer Hochburg des Arbeitersports und insbesondere des Arbeiterfußballs. Als Kind und Jugendlicher erlebte er in der Zeit des Ersten Weltkrieges und der Weimarer Republik Entbehrung und soziale Härten. Schon früh musste er sich als ungelernter Arbeiter durchschlagen, da seine Großeltern, bei denen er aufwuchs, das Geld für eine Berufsausbildung nicht aufbringen konnten.

Der fußballbegeisterte Zoschke schloss sich dem Sportclub Empor Lichtenberg an. Dieser Verein wurde sehr bald nach dem Verbot des Arbeitersports und seiner Organisationen zu Beginn der NS-Herrschaft von ehemaligen Mitgliedern Sparta Lichtenbergs gegründet. Die Fußballer spielten sich in wenigen Jahren bis in die Bezirksklasse hoch. Welchen sportlichen Anteil Zoschke daran hatte, ist nicht zu rekonstruieren.

Während zahlreiche Arbeiterfußballer ab 1933 ihrem Sport in bereits bestehenden Vereinen des VBB nachgingen, wollten die in der Weimarer Republik erfolgreichen Spartaner ihre Gemeinschaft fortsetzen und ihre Eigenständigkeit bewahren. Bemerkenswert viele Mitglieder des Vereins nahmen in den kommenden Jahren den kommunistisch motivierten Widerstand gegen die NS-Diktatur auf.

Auch Zoschke schloss sich dem politischen Widerstand an. Überliefert sind seine Teilnahme an Plakataktionen gegen den Krieg 1939 in der Umgebung des Hauptwerkes von Knorr-Bremse. Im Februar 1942 von der Gestapo verhaftet, verurteilte ihn 1944 der nationalsozialistische Volksgerichtshof unter Roland Freisler zum Tode. Am 26. Oktober 1944 wurde er im Zuchthaus Brandenburg-Görden ermordet.

Der 1952 an der Normannenstraße errichtete Sportplatz wurde im gleichen Jahr nach Hans Zoschke benannt. Respekt vor der Tradition und den früheren Namensgebungen im Ostteil der Stadt bewiesen die Berliner Fußballer, Politiker und ein Unternehmen im Fall der heutigen Heimstatt des SV Lichtenberg 47, die nach der „Alten Försterei“ die zweitgrößte reine Fußballarena der Stadt ist. Das Stadion trägt seit 2009 den Namen „HOWOGE Arena ‚Hans Zoschke'“.

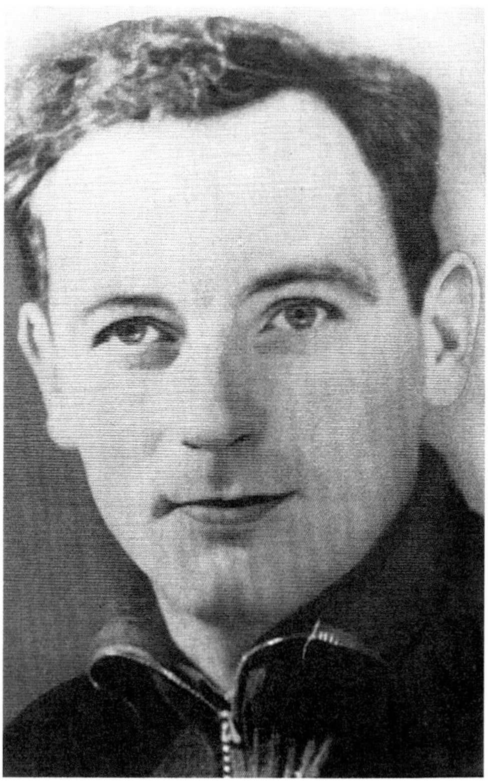

Porträt von Hans Zoschke

Editorische Anmerkungen

Im Verlauf seiner 125-jährigen Geschichte hat sich der als Verband Deutscher Ballspielvereine gegründete BFV mehrfach umbenannt und verschiedene Bezeichnungen geführt. In den Texten wird häufig einfach vom Verband Berliner Ballspielvereine oder eben vom Berliner Fußball-Verband gesprochen.

Im Anhang des Buches findet der Leser eine Chronik, anhand der die verschiedenen Umbenennungen nachzuvollziehen sind. Außerdem sind eine Liste der Präsidenten des Berliner Fußball-Verbandes und eine Übersicht über das Präsidium des BFV im Jubiläumsjahr beigefügt.

Die Autoren des Bandes griffen bei ihren Recherchen auf eine Vielzahl bisher erschienener Bücher, Artikel, Interviews und Online-Beiträge zurück. Auf einzelne Hinweise wird in den Porträts verzichtet, da sich das Buch nicht als wissenschaftliche Darstellung versteht und ein breites Publikum ansprechen soll.

Um die Leistungen der Kolleginnen und Kollegen zu würdigen, die wichtige Arbeiten zur deutschen oder zur Berliner Fußballgeschichte oder zu einzelnen Vereinen vorgelegt haben, seien hier all jene aufgeführt, die durch ihre Publikationen wichtige Informationen, Bewertungen und Impulse gaben:

Andreas Baingo, Bernd M. Beyer, Jan Buschbom, Erik Eggers, Nils Havemann, Michael Horeni, Michael Horn, Michael Jahn, Gerald Karpa, Daniel Koerfer, Hanns Leske, Carina Sophia Linne, Jörn Luther, Lorenz Peiffer, Juliane Röleke, Frank Schurmann, Henry Wahlig, Frank Willmann, Christian Wolter.

Die Autoren danken darüber hinaus dem Präsidium des Berliner Fußball-Verbandes (BFV), den Mitarbeiterinnen und Mitarbeitern der BFV-Geschäftsstelle, den Co-Autorinnen und -Autoren dieses Buches, dem Verleger Christian Becker sowie der DFB-Kulturstiftung für die Förderung dieser Publikation.

Chronik des Berliner Fußball-Verbandes

11. September 1897
Im „Dustren Keller“, der Vereinskneipe des BFC Preussen von 1894 in der Bergmannstraße, gründen die Vertreter von sieben Berliner Vereinen am 11. September 1897 den Verband Deutscher Ballspielvereine (VDB), der als Berliner Fußball-Verband bis heute existiert.

28. Januar 1900
Auf Initiative des Berliners Georg Demmler kommt es am 28. Januar 1900 in Leipzig zur Gründung des Deutschen Fußball-Bundes. An der Versammlung nehmen zahlreiche Vertreter von Berliner Vereinen teil, treten jedoch nicht sofort bei.

1902
Nach dem Beitritt der Berliner Vereine zum Deutschen Fußball-Bund benennt sich der Verband Deutscher Ballspielvereine in Verband Berliner Ballspielvereine um.

1911
Auf Druck des DFB fusioniert der Verband Berliner Ballspielvereine mit dem Märkischen Fußball-Bund und dem Verband Berliner Athletik-Vereine und nennt sich fortan Verband Brandenburgischer Ballspielvereine, auch um das Kürzel „VBB“ beibehalten zu können.

September 1928
Der DFB bezieht im September 1928 seine Bundesgeschäftsstelle in der Brückenstraße in Berlin und stellt einen hauptamtlichen Geschäftsführer ein.

1933
Der DFB sowie der VBB lösen sich faktisch selbst auf und werden als „Fachamt Fußball“ in den Nationalsozialistischen Reichsbund für Leibesübungen eingegliedert. In dessen territorialer Struktur werden Berlin und Brandenburg zu „Gau III“.

1945
Nach dem Ende des Zweiten Weltkriegs wird der organisierte Sport in Berlin aufgelöst und die Vereine durch die Alliierten verboten, der Fußball stattdessen in bezirklichen Sportgemeinschaften organisiert.

2. Dezember 1949
Nachdem der organisierte Sport durch die Alliierten wieder zugelassen wird, gründet sich am 2. Dezember 1949 im „Swinemünder Gesellschaftshaus“ am Gesundbrunnen der Verband Berliner Ballspielvereine neu.

21. Januar 1950
Der Deutsche Fußball-Bundes wird am 21. Januar 1950 in Stuttgart wiedergegründet. Die Geschäftsstelle befindet sich zunächst provisorisch in Stuttgart, ehe sie 1951 nach Frankfurt am Main umzieht.

3. Juli 1950
Unter dem Dach des Deutschen Sportausschusses konstituiert sich der „Fachausschuss Fußball“ als Vorgänger des Deutschen Fußball-Verbandes der DDR; im Dezember 1950 erfolgt die Umbenennung in „Sektion Fußball“.

17./18. Mai 1958
Am 17./18. Mai 1958 erfolgt in Ost-Berlin die Gründung des Deutschen Fußball-Verbandes der DDR, der Spielbetrieb im Ostteil der Stadt wird fortan im Bezirksfachausschuss Fußball organisiert.

1985
Der Verband Berliner Ballspielvereine benennt sich nach einem Beschluss der Mitgliederversammlung in Berliner Fußball-Verband um, um das Wort „Fußball“ im Verbandsnamen sichtbar zu machen.

22. Juni 1990
Mit Unterstützung des Berliner Fußball-Verbandes wird in Ost-Berlin der Fußball-Verband Berlin gegründet. Im Gebäude der Werner-Seelenbinder-Halle wird eine eigene Geschäftsstelle eingerichtet, um für eine Zwischenzeit die Organisation des Spielbetriebs zu übernehmen und die Vereine bei der Anpassung ihrer Strukturen zu beraten.

21. Oktober 1990
Im Rahmen des DFB-Länderpokals treffen im Hans-Zoschke-Stadion in Lichtenberg die Amateur-Auswahlmannschaften des Fußball-Verbandes Berlin (Ost) und des Berliner Fußball-Verbandes (West) zum ersten und einzigen Mal aufeinander. Nur 200 Zuschauer erleben den 4:2-Sieg des BFV-Teams.

17. November 1990
Nachdem der Fußball-Verband Berlin seine Auflösung beschlossen hat, treten die Mitglieder auf der außerordentlichen Mitgliederversammlung im Hotel Intercontinental dem Berliner Fußball-Verband bei. Ein Überleitungsvertrag regelt die Einzelheiten bis zum ordentlichen Verbandstag im Herbst 1991.

20. November 1990

Der Deutsche Fußball-Verband der DDR löst sich am 20. November 1990 in Leipzig selbst auf und konstituiert sich als Nordostdeutscher Fußballverband neu, um am Tag darauf als Regionalverband in den Deutschen Fußball-Bund (DFB) integriert zu werden.

11. September 2022

Der Berliner Fußball-Verband feiert mit einem Festakt im Roten Rathaus sein 125-jähriges Bestehen.

Vorsitzende/Präsidenten des Berliner Fußball-Verbandes

Von der Gründung bis zur Gleichschaltung in der NS-Zeit:

1897–1898	Paul Jablonski
1898	Richard Noack
1899–1900	Fritz Boxhammer
1901	Gerhard Wagner
1902	Hans Darkow
1903	Fritz Boxhammer
1904	Paul Faber
1905–1911	Fritz Boxhammer
1912–1914	Paul Ebelt
1915	Fritz Boxhammer
1916–1917	Heinrich Schulze
1919–1920	Felix Linnemann
1921–1925	Dr. Fritz Martin
1926–1932	Paul Faber

Im Fachamt Fußball des Nationalsozialistischen Reichsbundes für Leibesübungen:

1933–1936	Oskar Glöckler
1937–1938	Dr. Klaus Vialon
1939–1940	Heinrich Stöhr
1941–1945	Richard Genthe

In der Fußballsparte des Zentralen Sportausschusses unter der Alliierten Kommandantur:

1946	Arthur Priefert
1947–1949	Richard Genthe

Nach der Wiedergründung bis heute:

1950–1970	Paul Rusch
1971–1981	Eberhard Hartlep
1982–1989	Uwe Hammer
1990–2004	Otto Höhne
seit 2005	Bernd Schultz

Vorsitzende des Bezirks-Fachausschusses Fußball

1952–1967	Johannes Pohl
1967–1968	Werner Schwachulla
1969–1970	Gustav Beetz
1971–1982	Robert Musiol
1983–1984	Gerhard Maychrzak
1985–1986	Günter Schläwe
1987	Roland Trautenhahn
1988–1990	Uwe Piontek

Das Präsidium des Berliner Fußball-Verbandes im Jubiläumsjahr

Bernd Schultz
Präsident
BFC Alemannia 1890

Mehmet Matur
Vizepräsident Gesellschaftliche Verantwortung
Türkiyemspor Berlin

Ralph Rose
Vizepräsident Finanzen & Marketing
SC Charlottenburg

Jan Schlüschen
Vizepräsident Recht
SV Rot-Weiß Viktoria Mitte 08

Christian Gaebler
Vizepräsident Öffentlichkeitsarbeit
Tennis Borussia Berlin

Malte Schruth
Präsidialmitglied Innovation, Vereins- und Verbandsentwicklung und Qualifizierung
Türkiyemspor Berlin

Nadine Fröhnel
Präsidialmitglied Frauen und Mädchen
BSV Grün-Weiss Neukölln

Joachim Gaertner
Präsidialmitglied Spielbetrieb
TSV Mariendorf 1897

Klaus Sonnenschein
Präsidialmitglied Sportinfrastruktur
FC Hertha 03 Zehlendorf

Lisa Marie Großer
Präsidialmitglied Junge Generation U27
FFC Berlin 2004

Uwe Blaschke
Präsidialmitglied Jugend
SC Staaken

Alexander Molzahn
Präsidialmitglied Schiedsrichter
SC Staaken

Otto Höhne
Ehrenpräsident
im Präsidium mit beratender Stimme
FC Hertha 03 Zehlendorf

Kevin Langner
Geschäftsführer

Die Autoren dieses Buches

Jan Buschbom

Jan Buschbom (Jahrgang 1970) ist Historiker und Pädagoge. Jan arbeitet seit über 20 Jahren ehrenamtlich zur Geschichte seines Vereins, u.a. publizierte er zahlreiche Artikel und einige Buchbeiträge, er war verantwortlich für die Homepage TeBe-Geschichten (tebe.de/geschichten), außerdem erarbeitete er 2018 eine Ausstellung zur Geschichte der jüdischen Mitglieder des Clubs. Als Pädagoge arbeitet er gerade mit Jugendlichen in herausfordernden Lebenslagen zu Themen rund um Sport und Sportgeschichte.

Erik Eggers

Erik Eggers (Jahrgang 1968), arbeitet seit 2000 als freier Historiker, Verleger und Sportjournalist (u. a. Der SPIEGEL, FAZ, Deutschlandfunk). Er hat zahlreiche Aufsätze und Bücher zur Sportgeschichte publiziert, etwa „Fußball in der Weimarer Republik“ (2018) oder „Handball. Geschichte eines deutschen Sports“ (2014, 3. Auflage). 2000 war er Mitarbeiter bei der großen DFB-Ausstellung „Der Ball ist rund“ in Oberhausen. Er lebt in Kellinghusen/Holstein.

Michael Jahn

Michael Jahn (Jahrgang 1952), Diplom-Journalist; 30 Jahre Sportredakteur der Berliner Zeitung; Autor von neun Büchern über Hertha BSC seit 1999; Autor des ersten Hertha-Hörbuches „Mein Herz schlägt Blau-Weiß“ (zusammen mit Marcus Zander); Weitere Bücher (Arete-Verlag, Hildesheim): „Allein in Las Vegas – Reisenotizen eines Sportjournalisten“ und „Lucien Favre – der Bessermacher. Streifzüge durch ein Trainerleben“. Im Juli 2022 erschien von Jahn im Arete-Verlag „Hertha BSC – die 100 wichtigsten Spiele“.

Gerald Karpa

Gerald Karpa (Jahrgang 1965), Journalist, Klubchronist des 1. FC Union Berlin. Für den 1. FC Union Berlin Hauptautor der Publikationen „1. FC Union Berlin“ (2005) und „Stadion An der Alten Försterei – Das Buch zum Bau“ (2009).

Daniel Küchenmeister

Daniel Küchenmeister (Jahrgang 1956) arbeitet als freier Publizist und Kurator zu kultur- und zeithistorischen Themen sowie zur Sport- und Fußballgeschichte. Unter anderem realisierte er – gemeinsam mit Thomas Schneider – die Ausstellungen „Die ersten Elf“ (2008), „Tor für Europa!“ (2012) und die „FUSSBALL ROUTE BERLIN“ (2015) sowie die Publikationen „Emanzipation und Fußball“ (2011) und „Fußball-Einheit in Berlin 1990–2015“ (2015).

Juliane Röleke

Juliane Röleke (Jahrgang 1989) ist Historikerin und studierte Geschichts- und Sozialwissenschaften in Berlin und Belfast. Sie arbeitet seit vielen Jahren als Bildungsreferentin zur Geschichte des Nationalsozialismus für NS-Gedenkstätten in Berlin und Brandenburg. Besonders widmet sie sich der Schnittstelle von NS-Erinnerung und Fußball, in diesem Kontext hat sie verschiedene Projekte mit und für Fans konzeptioniert und durchgeführt.

Thomas Schneider

Thomas Schneider (Jahrgang 1970) ist Literatur- und Kulturwissenschaftler und arbeitet freiberuflich auf dem Gebiet der Sport- und Fußballgeschichte. Unter anderem realisierte er – gemeinsam mit Daniel Küchenmeister – die Ausstellungen „Die ersten Elf" (2008), „Tor für Europa!" (2012) und die „FUSSBALL ROUTE BERLIN" (2015) sowie die Publikationen „Emanzipation und Fußball" (2011) und „Fußball-Einheit in Berlin 1990–2015" (2015).

Frank Schurmann

Frank Schurmann (Jahrgang 1964) besucht seit 1970 die Spiele von Hertha BSC im Olympiastadion. Seit 2016 betreibt der gelernte Industriekaufmann in verschiedenen sozialen Netzwerken das Projekt „Hertha BSC Museum 1892". Seit März 2019 ist er Archiv- und Historienbeauftragter bei Hertha BSC und für den Aufbau eines digitalen Vereinsarchivs zuständig. Er ist Ansprechpartner für die Vereinshistorie und Autor der Beiträge der Reihe #HerthaMuseum auf der offiziellen Homepage von Hertha BSC.

Bildnachweise

Seite	12	Lena Giovanazzi
Seite	14	Landessportbund Berlin/Roland Horn
Seite	16	DFB/Thomas Böcker
Seite	18	Berliner Fußball-Verband
Seite	20	privat
Seite	26	imago/Horstmüller
Seite	30	Berliner SV 1892
Seite	32	Bildarchiv Heinrich von der Becke im Sportmuseum Berlin
Seite	33	Sportmuseum Berlin
Seite	37	Deutscher Fußball-Bund (Archiv)
Seite	40	Bildarchiv Heinrich von der Becke im Sportmuseum Berlin
Seite	44	Berliner SV 1892
Seite	47	imago/Fishing 4
Seite	51	Deutscher Fußball-Bund (Archiv)
Seite	55	imago/Camera 4
Seite	57	BFC Germania 1888
Seite	61	Berliner SV 1892
Seite	64	Bildarchiv Heinrich von der Becke im Sportmuseum Berlin
Seite	67	Risto Hurskainen (Fotograf)
Seite	73	Jan Buschbom (Fotograf)
Seite	75	Peter Gabor
Seite	77	Berliner Fußball-Verband (Archiv)
Seite	80	Privatarchiv Frank Schurmann
Seite	83	ullstein bild
Seite	86	Bundesarchiv, Bild 183-65298-0001/Zastrow
Seite	90	Berliner Fußball-Verband (Archiv)
Seite	92	imago/Sven Simon
Seite	97	Deutscher Fußball-Bund (Archiv)
Seite	100	imago/Ulmer
Seite	103	imago/Matthias Koch
Seite	104	Markus Krämer (Fotograf)
Seite	107	Privatarchiv Frank Schurmann
Seite	111	BFC Germania 1888
Seite	115	1. FC Union
Seite	117	privat
Seite	121	Sammlung Erik Eggers
Seite	123	imago/Matthias Koch
Seite	127	rbb

Seite 129	Berliner Fußball-Verband (Archiv)
Seite 131	imago/Matthias Koch
Seite 135	Sammlung Jan Buschbom
Seite 136	privat
Seite 139	Berliner Fußball-Verband
Seite 141	ullstein bild
Seite 144	Chris Lopatta
Seite 149	Berliner Fußball-Verband
Seite 151	Bildarchiv Heinrich von der Becke im Sportmuseum Berlin
Seite 154	Hertha BSC/City-Press GmbH Bildagentur
Seite 156	Berliner Fußball-Verband
Seite 159	privat
Seite 161	Berliner Fußball-Verband (Archiv)
Seite 164	imago/Petra Scheider
Seite 165	Berliner Fußball-Verband (Archiv)
Seite 169	Bildarchiv Heinrich von der Becke im Sportmuseum Berlin
Seite 171	Bildarchiv Heinrich von der Becke im Sportmuseum Berlin
Seite 174	imago/Camera 4
Seite 177	Hans-Rosenthal-Stiftung
Seite 181	Berliner Fußball-Verband (Archiv)
Seite 183	imago/Bernd König
Seite 189	1. FC Union
Seite 192	Bildarchiv Heinrich von der Becke im Sportmuseum Berlin
Seite 194	Hertha BSC (Vereinsarchiv)
Seite 196	1. FC Union
Seite 199	Tennis Borussia
Seite 201	imago/Christian Schroedter
Seite 204	imago/Horstmüller
Seite 206	Stefan Röhl/Wikipedia (CC BY-SA 2.0)
Seite 212	Hertha BSC (Vereinsarchiv)
Seite 215	Sammlung Jan Buschbom
Seite 218	BFC Viktoria 1889
Seite 221	Deutsche Akademie für Fußballkultur
Seite 223	Bildarchiv Dietz Berlin

Weitere Fußball-Bücher aus dem Arete Verlag

Sascha Kurzrock
Fußball – eine Deutschlandreise
100 Orte zum Entdecken, Erkunden und Erleben
280 Seiten, Hardcover fadengebunden, € 24,-
ISBN 978-3-96423-086-7

Olaf Jansen
Katar. Der Wüstenstaat und die Fußball-Weltmeisterschaft
Hintergründe, Standpunkte, Reise-Tipps
192 Seiten, kartoniert, € 16,95
ISBN 978-3-96423-091-1

Denis de Haas & Peter Plum
Schweigeminute Fußball-Bundesliga
Verstorbene Stars in über 50 Jahren Bundesliga
146 Seiten, Klappenbroschur, € 18,-
ISBN 978-3-96423-077-5

Olaf Jansen
Woran hat's gelegen?
Der verpasste Traum vom Fußball-Profi in 13 Porträts
240 Seiten, kartoniert, € 18,–
ISBN 978-3-96423-052-2

Miriam Bernhardt & Hermann Schmidt
„Männer trinken keine Fanta"
Eisenfüße, Laufwunder und andere Originale der Fußball-Bundesliga"
232 Seiten, kartoniert, € 18,-
ISBN 978-3-96423-047-8

Albrecht Breitschuh
Zobel
Ein Glückskind des Fußballes
222 Seiten, Klappenbroschur, € 18,-
ISBN 978-3-96423-049-2

Weitere Fußball-Bücher aus dem Arete Verlag

Marco Bertram
Fußballheimat Brandenburg
100 Orte der Erinnerung
216 Seiten, kartoniert, € 18,–
ISBN 978-3-96423-032-4

Klaus-Hendrik Mester
Die coolsten Clubs der Welt
40 besondere Vereine rund um den Fußball-Globus
212 Seiten, Klappenbroschur, € 19,80
ISBN 978-3-96423-046-1

Michael Jahn
Lucien Favre: Der Bessermacher
Streifzüge durch ein Trainerleben
210 Seiten, kartoniert, € 16,–
ISBN 978-3-96423-012-6

Werner Raupp
Toni Turek – „Fußballgott"
Eine Biographie
208 Seiten, kartoniert, € 16,–
ISBN 978-3-96423-008-9

Klaus-Hendrik Mester
Vom Stadion zur Arena
Wenn Herz und Seele verschwinden –
eine Hommage an alte Pilgerstätten deutschen Fußballs
172 Seiten, Klappenbroschur, € 19,95
ISBN 978-3-942468-73-2

Lars Schrodberger
Vom Abgrund
Der größte Abstiegskrimi in über 50 Jahren Fußball-Bundesliga
112 Seiten, kartoniert, € 18,–
ISBN 978-3-96423-065-2

Arete Verlag • Osterstr. 31-32 • 31134 Hildesheim • www.arete-verlag.de